中央财政支持高等职业学校提升专业服务能力项目成果教材

农村合作经济组织管理实务

吴俊丽　编著

中国农业大学出版社

·北京·

内容简介

本书通过丰富、翔实的案例分析，系统阐述了合作经济的基本原理与操作实务。本书特色是通俗易懂，不仅将合作经济理论与我国现阶段农业合作社的实践作了比较详细的归纳，而且将合作社基本理论以案例教学方式加以浅显地讲解，使学生在理解合作社理论的过程中，学习建立合作社的流程以及如何对合作社进行规范化管理。本书是高职高专学生学习合作社基本理论和学习合作社规范化建设与管理经验的实用性教材。

图书在版编目(CIP)数据

农村合作经济组织管理实务/吴俊丽编著.—北京：中国农业大学出版社，2013.8(2019.3重印)

ISBN 978-7-5655-0852-3

Ⅰ.①农…　Ⅱ.①吴…　Ⅲ.①农业合作组织-经济组织-管理-中国　Ⅳ.①F321.42

中国版本图书馆 CIP 数据核字(2013)第 274712 号

书　　名　农村合作经济组织管理实务

作　　者　吴俊丽　编著

策划编辑　康昊婷　伍　斌　　　**责任编辑**　冯雪梅

封面设计　郑　川　　　**责任校对**　王晓凤　陈　莹

出版发行　中国农业大学出版社

社　　址　北京市海淀区圆明园西路2号　　　**邮政编码**　100193

电　　话　发行部 010-62818525,8625　　　读者服务部 010-62732336

编辑部 010-62732617,2618　　　出　版　部 010-62733440

网　　址　http://www.cau.edu.cn/caup　　　**e-mail** cbsszs @ cau.edu.cn

经　　销　新华书店

印　　刷　涿州市星河印刷有限公司

版　　次　2014年3月第1版　　2019年3月第2次印刷

规　　格　787×1 092　16开本　11.25印张　274千字

定　　价　27.00元

图书如有质量问题本社发行部负责调换

前　言

农村合作经济组织管理是农村经济管理专业的一门重要专业课程。学习农村合作经济组织管理实务不仅能够掌握合作经济的基本理论，而且有助于了解农村合作经济组织筹建的一般流程以及农村合作经济组织管理的基本方法。

不同职业、不同学科的人，对于合作社有不同的见解。那么合作社与非合作社的区别是什么？作为一种企业形态，合作社和其他企业的组建与经营管理基本原则有什么区别？合作社社员的股份与一般的股份有限公司的股份有区别吗？合作社的顾客与其他类型企业的顾客一样吗？如果想筹建农村合作经济组织需要做哪些准备工作？农业合作社筹建之后，需要从哪方面进行经营管理？如此等等，所有这些问题都可以在《农村合作经济组织管理实务》这本书中找到答案。

本书在编写过程中，尽量使用描述性的语言，由浅入深、循序渐进地介绍合作经济的基本理论，并通过大量、翔实的案例，介绍了当前农村合作经济组织管理的基本方法。在内容的选取上，尽可能地做到全面而简明扼要，通俗易懂。

本书在编写中，参阅、借鉴并引用了很多专家、学者的相关专著、教材及案例素材，主要书目列于本书的参考文献中，特此说明，并表示诚挚的谢意！

本书在编写过程中，得到了北京农业职业学院经济管理系各位领导、同事的大力支持和帮助，在此表示诚挚的感谢！

尽管编者已做出极大的努力，但由于编者水平有限，书中难免存在欠妥和不足之处，恳请广大读者和同行批评指正。

编　者

2013 年 12 月

目　录

学习任务一　认识合作经济基本理论

学习目标

1. 了解合作社的定义和分类方法。
2. 理解合作社的价值观念。
3. 掌握合作社的基本原则及对合作社核心原则的解释。

任务描述

子任务1　分析合作社的治理结构中控制决策权与经营决策权是如何行使的。

子任务2　分析合作社是如何遵循合作社的基本原则的。

案例导入

孟香果蔬专业合作社

河南焦作市下属的孟州市河雍办事处东田文村，有1 080人，286户，6个村民小组，共有83.3公顷(1 250亩)耕地。2006年6月，在村双委(村委会和党支部)的指导下，组建孟香果蔬专业合作社，当时村中有30户入社。入社社员基本都入股，10元一股，总股金几万元。支部书记兼村委会主任入了700股(7 000元)；双委委员、村务公开小组长任合作社理事长，入了500股(5 000元)。理事会共7人，监事会3人，村支书任监事长。该村以专业合作社作为土地流转的平台(主体)。全村83.3公顷耕地，大棚占地20～27公顷(300～400亩)，果园占地40公顷(600亩)，由合作社统一流转、统一建蔬菜大棚，再转给社员。现在该村已有200多户入社。

合作社为社员提供以下服务：

协调和组织贷款的还本付息。2007年社员从信用社贷款100多万元，合作社统一组织贷款户缴利息或还本金，组织严密，一户不落，全部还款或付息。由于建立了良好的信誉，信用社愿意给合作社贷款，2008年大棚户从信用社贷款近300万元(每户5万～10万元)。

投入品统一供应。从草帘到种子、化肥，直到一根钢丝，全部由合作社在市场上以批发价进货，再提供给社员。

提供技术服务。

提供销售服务，了解各大市场的信息。合作社与市场敲定价格，每天合作社公布收购价。合作社按照大棚地净面积向社员提取管理费，用于打井、修路、参观、架线和培训等。

合作社今后还想建蔬菜批发市场、冰厂、塑料泡沫厂、纸箱厂、拉膜厂等，争取把加工和流通的利润也留在社员手中。

学习资料

一、合作社的定义及价值观念

关于合作社的定义，一直以来国际合作运动中不同的合作学派有着不同的理论观点，直到国际合作社联盟在成立100周年的第31届代表大会上才对合作社作出权威性的定义。

合作社是人们自愿联合组成的自治性的协会，通过共同所有和民主控制的企业来满足其经济、社会和文化方面共同的需求和渴望。

在国际合作运动中，合作社不仅被认为是一种特殊的经济组织形式，而且也是不同哲学思想的反映。国际合作社联盟第31届代表大会指出，合作社价值观念的基点是自助、民主、平等、公平和团结；合作社成员相信诚实、公开性、社会责任感及关心他人等伦理价值观。

二、合作社的基本原则

1. 合作社的基本原则

合作社原则的雏形出现在罗奇代尔公平先锋社的社章中，罗奇代尔公平先锋社是1844年英格兰北部小镇罗奇代尔的28个织布工人创立的。

1860年，罗奇代尔公平先锋社提出了12条合作社原则，这些原则大多成为1921年国际合作社联盟制定的规章的主要内容，并被1937年国际合作社联盟第15届代表大会认定为组织合作社的国际标准。

1966年，国际合作社联盟又确认并部分修订了这些原则，将其扩展为6项，作为国际合作运动的指南。

1984年，国际合作社联盟第28届代表大会再次确认了上述6项原则。这6项原则的主要内容是：

①社员资格开放；

②民主管理；

③资本报酬适度；

④盈余返还；

⑤合作社教育；

⑥合作社之间的合作。

1995年9月，国际合作社联盟进一步修改了上述原则，重新确立了适应新形势的合作社的基本原则，包括7项：

第一，自愿与开放的社员资格。

合作社是自愿加入的组织，它向能利用其服务并承担社员责任的所有人开放，不允许有任何性别、社会、种族、政治或宗教的歧视。

第二，民主控制。

合作社是由社员控制的民主组织，社员积极参与制定政策和做出决策，选出的代表对全体社员负责。在基层合作社，社员有平等的投票权（一人一票），其他层次的合作社也以民主的方式组成。

第三，社员的经济参与。

社员对合作社的资本做出公平的贡献并加以民主的控制，资本至少有一部分是作为合作社的共同财产，社员对其为具备社员资格所认缴的资本最多只能得到有限的回报。社员盈余的分配应用于下列部分或全部的目的:发展合作社(如设立公积金,其中至少有一部分是不可分割的);按社员与合作社之间交易额的比例返还给社员;支持社员同意的其他活动。

第四,自治和独立。

合作社是由其成员控制的自治和自助的组织,如果它们与其他组织(包括政府)达成协议或通过社外渠道筹措资本,社员的民主控制和合作社的自治原则不应由此受到损害。

第五,教育、培训和信息。

合作社为其社员、选出的代表、经理及雇员提供教育和培训,以使他们能有效地促进合作社的发展。合作社要使公众(尤其是青年和社会杰出人士)广泛了解合作的本质及其优越性。

第六,合作社之间的合作。

合作社要最有效地为其社员服务,并通过与地区、国家及国际的组织机构通力协作,加强合作运动。

第七,关心社区发展。

合作社根据社员批准的政策来促进其所在社区的持续发展。

2. 合作社的核心原则

从上述七个合作社的原则来看,合作社的所有权、控制权和受益权都属于合作社的社员。

①合作社的所有权属于合作社社员

合作社是由成员共同所有和民主控制的一种特殊的企业组织形式,是建立在确认与保障合作社社员个人的所有者权益基础上的社员联合所有的企业,合作社的最大特点是合作社的所有者也是合作社提供服务的使用者,即:合作社社员将所有者与使用者两种身份集于一身,由使用企业服务的合作社社员联合拥有该企业。

【知识链接】　合作社联合社

在市场经济全球化的冲击下,大多数企业竞相以策略联盟、兼并、重组等方式扩大经营规模,以提高市场竞争力,使自身不断发展壮大。对此,农民专业合作社也可以吸收的方式进行合并或者互相协作形成联合社,这样以联合社的形式实现合作社之间动态的分工与整合,借以取代扩大单体合作社的静态组织规模,利用合作社之间的合作来增强市场竞争力,这也是合作社生产经营的又一创举。(实例见本学习任务训练资料 2)

【实例 1-1】

台州市黄岩院桥番茄合作社

♣股权设置。原来合作社股权集中在少数营销、种植大户手里,普通社员难以成为真正主人,利益难以保障。2004 年底,合作社对股权设置实行“三个限制”、“两个按照”、“一个规定”:生产社员股金必须占有 80%以上、单个社员的股金不超过 20%,单个社员的表决权不超过 20%;按照番茄种植面积、番茄提交量设定股金,每个社员必须认购股金,社员最少认购股金 500 元,最高 2 万元,设 28 股。一股一票表决权。进一步体现了合作社的群众性和互助合作性,有利于把社员的利益与合作社的利益紧密地结合起来,使社员从切身利益上关心合作社的发展,改变了过去社员无股份难以与合作社紧密结合起来的状况。既发挥了核心社员的积极性和作用,同时也防止“一股独大”,保障了普通社员的民主决策权力。

♣利益分配。合作社年终盈余,除按 35%提取公积金、5%提取公益金后,60%作为社员返还收入，充分体现了合作社“民受益”的原则。上级拨下的补助纳入公积金范畴，社员必须交足与其股金规模相适应的产品（如每亩交足2 000千克），未交足额的（除外部不可抗拒的因素外）按当年平均价计算，须交纳不足部分40％的合作社积累金或相应扣除认购股金，若全年未交产品，由理事会提出，经社员代表大会通过给予除名，确保社员履行交售产品的义务。

②合作社的控制权属于合作社社员

合作社基本原则中的民主控制原则，主要是指在基层合作社里投票权平等，这个原则既为防止合作社的决策权过分集中，由经济实力雄厚的社员所控制，又可以避免合作社决策不合理、风险承担不平等的现象发生，一般以一人一票为基础，另增添有上限限制的以交易额为比例的投票数。

【实例1-2】

丽水市莲都区农副产品产销合作社

丽水市莲都区农副产品产销合作社成立于2000年6月，现有股东22人，社员320人。现有资产192万元。

股份设置。根据社员的能力状况把合作社社区分为3个层次：一是核心社员（主要股东5人），在社内占有较大股份；二是紧密型社员（17人），主要是经济实力较强，经营能力较强的社员，每人入股2 000元；三是联系型社员。

利益分配。对不同层次的股东实行不同的政策，核心社员与紧密型社员承担经营风险，年终分红；联系型社员不承担经营风险，按与合作社的蔬菜交易量，享受二次返利。合作社专门印制了产品交售登记卡，对社员每次交易的产品品种、数量进行详细登记，年终合作社统一计算后，专门安排30％以上的利润用于社员的二次返利。

运行机制。一是民主选举，实行一人一票制，合作社理事会和监事会成员都由社员民主选举产生。二是民主决策，每年召开一次全体社员大会，并且不定期召开社员代表大会，民主讨论和决策重大问题，使每个社员能充分发表各自的意见和建议。三是提高财务管理的民主程度，制定符合本社实际的、操作性强的财务管理制度，并定期实行财务公开，每年实行年度审计。四是修订完善各项管理制度，使各项工作都能有章可循。

社员的农产品基本上都出售给合作社，价格以当日的市场价计；如果当日市场价低于一定金额，合作社则以保护价收购。合作社的收购保护价不仅涵盖所有社员，而且对非社员出售的农产品也尽数收购。

【知识链接】 合作社的治理与管理

合作社的治理——合作社成员通过合作社成员大会或成员代表大会，民主选举出理事会及监事会来行使控制决策权。

合作社的管理——合作社聘任的专业经理通过领导专职经营管理人员来行使其经营决策权。

例如，在一个草莓销售合作社里，成员大会或成员代表大会是最高权力机构，成员或成员代表通过民主程序选举出理事会和监事会。其中：成员大会（成员代表大会）负责重大投资决策；理事会负责投资决策、不同合作社的合并、改变战略以及成员交售不同质量草莓的不同支付款、交售草莓的规则和利润的年终分配等与成员直接有关的事情，以上都属于合作社治理的范畴。属于合作社管理范畴的包括受雇的经理决定企业的生产、雇员的工资、根据市场需求进行业务调整、销售方法的选择和与消费者的价格谈判等企业的日常经营。所有这些责任在合作社的章程中都有明确规定。

【知识链接】 合作社的“三会”制度

合作社的“三会”制度，包括成员大会、理事会、监事会。“三会”各自的职责、权限和互相之间的制衡关系如下：

成员大会——是合作社的最高权力机构，决定着组织发展的方向和一切重大事项，成员大会选举产生理事会和监事会。

理事会——是成员大会决策的具体执行机构，负责开展各项业务，处理组织在运转过程中出现的各种具体事务。

监事会——是监督机构，职责包括监督理事会执行成员大会的决策；当理事会因故不能行使职责时，监事会有权暂时代行其职责，并尽快主持召开成员大会，选举产生新的理事会等。

【实例 1-3】

临海市上盘西兰花合作社的运行机制

临海市上盘西兰花专业合作社于 2002 年 6 月成立，是我国最大的无公害西兰花生产基地，产品销往日本、新加坡、中国香港等地。

运行机制：经社员大会选举产生理事会、监事会，下设三部一室，即市场开拓部、科技服务部、食品加工部、办公室。该社由 12 个加工企业、4 个运销大户和 834 户种植农户实行双向选择，产生 16 个分社，各分社以各自的种植田地划分作业区，实行以销定产，形成种植、销售、加工为一体的产业链。

【实例 1-4】

西安郊区某辣椒合作社的运行机制

西安郊区某辣椒合作社实行社员代表大会制，每村每百户社员选 2 名社员代表，共有 40 余名社员代表。经社员代表大会送举产生理事会，理事会由 7 人组成，4 名农户、3 名公司成员。理事会的职权范围是，决定经营机构的设立与调整、经营人员的聘用、经营业务方案、大额费用开支、资产购置与处理等。

合作社下设物资经营部、商品购销服务部以及社员股金服务部，其中，物资经营部的主要职责是按照成本价向社员提供化肥、农膜等农用物资；商品购销服务部负责帮助社员联系客户并统一进行广告宣传；社员股金服务部负责社员股金的吸收、使用、管理与核算等业务。为了更好地服务社员，规范合作社的管理，由社员代表大会修订并通过了《合作社管理制度》，包括“经营管理制度”、“物资经营管理制度”、“商品购销管理制度”、“社员股金管理制度”、“财务管理制度”、“分配制度”、“议事决策制度”和“经营服务部管理制度”等。除此之外，还在村一级设立了 8 个综合服务部。

③合作社的受益权属于合作社社员

这里有 4 个名词紧密联系在一起：服务、贡献、交易（交易额）和合作社。首先是服务，社员加入合作社的首要目的与厂商投资企业不同，合作社社员不是为了使自己的股本增值、谋求自已投资收益的最大化，而是通过入社来使用合作社的服务，如通过合作社购买生产资料、销售农产品、获取贷款、在合作社中劳动等。其次是贡献，虽然从合作社社员的角度来看，合作社是在为社员提供服务，但是从合作社的角度来看，合作社社员使用合作社的服务就是为合作社做贡献，因为，合作社社员使用合作社的服务越多，就说明社员对合作社的需求越大，合作社越有其存在的价值；否则，说明社员对合作社的需求越小；如果不使用合作社的服务，则说明社员可通过自助或其他渠道完成自己产品的交易，合作社则无存续的必要，这说明合作社社员通过使用合作社的服务为合作社作出贡献。第三是交易（交易额）和合作社，合作社为社员提供的服务和社员为合作社做贡献实际上是同一个事情的两个方面，即服务与贡献统一在合作社与社员的交易中，社员使用合作社的服务越多，说明二者的交易额越多，否则，交易额越少。显然，合作社是提供交易的载体。因为合作社的经营需要依赖合作社与社员之间的交易，交易额即是合作社赖以存续的衡量指标，也是社员对合作社贡献的准确计量，所以，合作社要按交易额对社员实行盈返还余，合作社的受益权属于合作社社员。

【实例 1-5】

山东莱阳市宏达果蔬加工合作社

山东莱阳市宏达果蔬加工合作社是由宏达食品有限公司联合 283 户种植大户组建而成的，目前社员已发展到 583 户。合作社供应给宏达食品有限公司的原料占该公司需求量的 90%。1998 年，宏达食品有限公司从利润中拿出 82 万余元返还给合作社，其中 63 万余元用于社员分红，具体分配是：每户的资格股（1 000 元）按 10%的利率共分走 5.83 万元，余下的 57 万余元则按交易额返还。1997 年返还最多的社员（某甲）获 17 751 元，1998 年返还最多的社员（某甲）获 18 667 元。根据全国供销合作总社的调查，“2001 年，公司拿出利润 72 万元返还合作社，合作社对社员按股金分红 8.24 万元，按照社员农资购买量和产品销售量返还社员 41 万元，最多的一户返还利润 1.8万元”。

山东莱阳宏达果蔬加工合作社的分配方式是较规范的合作社的分配方式，按照经典理论和发达国家农村合作社的实践，在这类合作社中，资本报酬有限，剩余主要按社员（惠顾者）的贡献（交易额）返还给社员。

【知识链接】 惠顾额与惠顾者

惠顾额——合作社社员与合作社之间的交易额也叫惠顾额。

惠顾者——指那些符合条件并被批准按其与合作社的交易额的比例获取惠顾返还金的顾客。对于合作社来说，顾客就是使用及享受合作社服务的人，包括惠顾者与非惠顾者。其中，非惠顾者是指一些不定期的、临时性的顾客（图 1-1）。在合作社的惠顾者中，由于某些条件的限制，如许多与农业有关的合作社要求社员必须是农业生产者，或者即使是农业生产者也不一定被批准入社，使得合作社的惠顾者中存在着非合作社社员。例如，在一个农用生产资料供给合作社中，一些顾客定期向该社购买化肥、种子等商品，他们符合条件，可作为惠顾者获取惠顾返还金，但他们不是农业生产者，因而不具备社员身份。另据美国 1980 年的调查表明，在美国的农场主中，只有 40%的农场主为合作社社

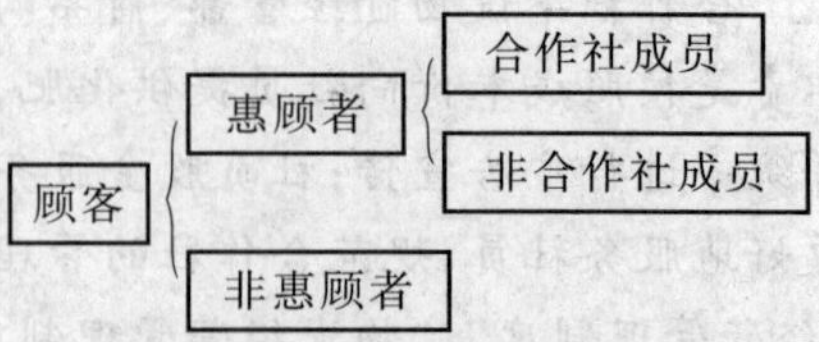

图 1-1 合作社顾客分类

员，另有16%的农场主作为非社员的惠顾者使用合作社的服务。

【知识链接】　合作社社员(顾客)与其他类型企业的顾客的区别

合作社社员——集多种角色于一身，不仅是顾客中的惠顾者，还是所有者，更是控制者。当合作社的最终利润通过各种形式返还给所有者时，也就是返还给了惠顾者。

惠顾者：合作社的社员作为顾客中的惠顾者不但以相对优惠的价格从合作社中购买投入品、获得贷款、以较有利的价格销售个人的农产品，还能按照使用合作社服务的数量获得惠顾返还金、分享合作社的净收益。

所有者：合作社员作为所有者向合作社投资，形成合作社的原始资本。合作社社员投资方式有直接投资和间接投资，直接投资包括按照合作社的要求购买身份股股金，缴纳入社费、会费，购买投资股等；间接投资包括在社员从合作社获得的交易返还金(如批零差价)中扣除一定比例作为投资。

控制者：合作社的社员作为控制者参与制定和修改合作社章程，选举社员代表大会代表、理事会和监事会成员，决定合作社的筹资方式，审批合作社的合并和解散等诸事项，讨论通过本年度的经营报告、财务报告、分配方案以及下年度的经营计划等合作社的各项重大决策。

其他类型企业的顾客——顾客通过在市场体系中与企业的购销关系影响企业，但是没有正式的控制权。

【知识链接】　合作社社员的股份与一般股份有限公司的股份的区别

第一，一般来说，任何人只要能购买1股以上的普通股，即可成为股份有限公司的股东，股份购买额通常没有限制；而在合作社中，只有社员才能购买股份，成为股东，许多合作社对社员认股有最高额的限制，主要是防止少数人利用资本的力量来操纵合作社的业务活动。

第二，股份有限公司的股份红利没有任何限制；而合作社股份资本的红利受到严格限制，股份红利占纯收入的比例很小，有些合作社根本不支付股份红利。

第三，股份有限公司的股份可通过谈判或股票在市场上的买卖而自由转移其所有权；而合作社的资产转移受到高度限制，许多合作社对成员股份的转移有明确的规定，目的是把合作社的资产所有权限制在合格的社员——惠顾者手中。

第四，股份有限公司的控制权是按拥有股票的份额来决定的，一股一票；而大多数合作社的控制权则由成员掌握，不论拥有股份多少，一人一票，即使有些合作社在一人一票的基础上另增添以交易额为比例的投票数，但增加的票数亦有上限限制。

第五，股份有限公司中的股东与服务对象往往是分离的，而在合作社中这二者是统一的。

三、合作社的分类

合作社的分类依据不同，分类结果也不同。

1. 合作社按功能不同可分为生产合作社和服务合作社两大类。其中，服务合作社包括产品销售、生产资料供给、消费及共享服务(住房、信贷、保险、公用事业)合作社等。生产合作社主要是指工业和农业生产合作社。从这种分类方法的分类结果来看，除了少量的生产合作社外，所有其他类型的合作社都是服务合作社。

2. 合作社按领办人不同可分为农民自发创办型合作社、农技推广及服务部门牵头领办型合作社、基层科技部门或科技协会牵头领办型合作社、龙头企业带动型合作社、(乡镇政府或村组织等)政府牵头型合作社、供销合作社牵头领办型合作社、国际组织牵头领办型合作社等。

3. 按合作社的活动领域及功能不同可分为农业合作社、共享服务合作社、消费合作社、手工业合作社等,其中,农业合作社又分为农业生产合作社、农产品销售合作社、农业供给合作社和农业服务合作社,农业服务合作社包括农业信贷、农业保险、专业服务和公用事业服务合作社(图 1-2)。

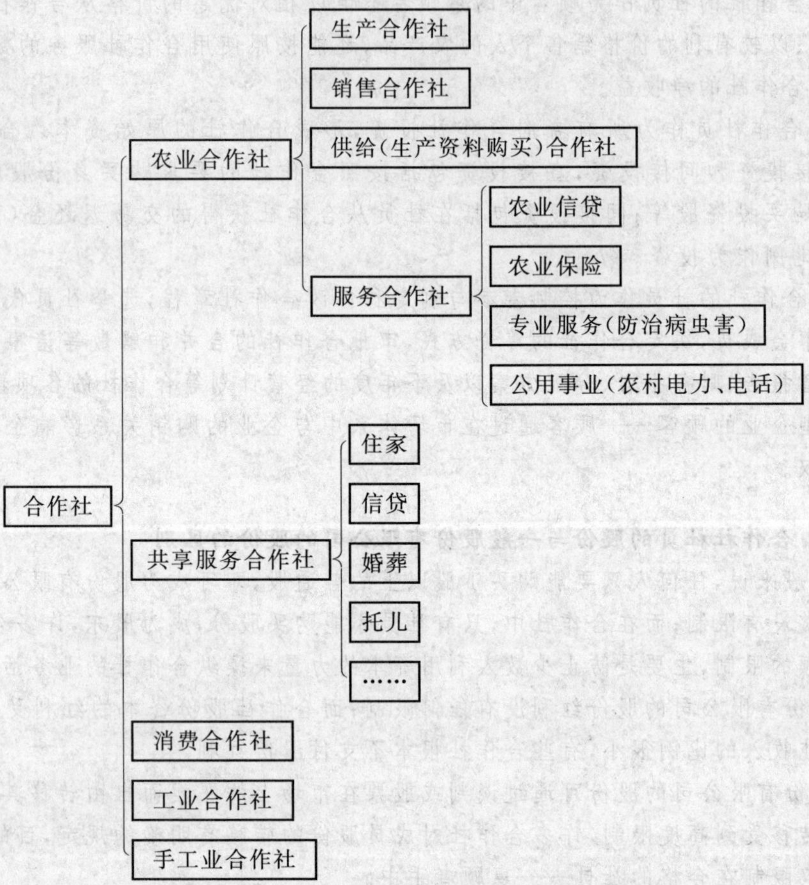

图 1-2　合作社的类型

本书是按照合作社的活动领域及功能不同的分类方法编排的。

四、合作社产生的基本条件

绝大多数合作社是经济实体,作为经济实体,合作社对内不以营利为目标,宗旨是为其成员提供服务——提供消费者服务(零售商品、金融服务、医疗、住房等)或是生产者服务(农产品销售、工业和手工业生产等)。

合作社产生的基本条件是存在着一个消费者或生产者群体,而且他们都有着以下共性问题,促使了合作社的产生。

1. 对某(些)项的消费服务或生产经营服务有着相同的需求,而这些服务依靠消费者或生产者自己投资(包括物资资本和社会资本)是无力解决的,或至少个人投资解决很不经济、不合算。

2. 消费者或生产者有着联合起来共同解决上述消费或生产经营中的“公共服务”问题和

消除消费或生产障碍的愿望。

3. 消费者或生产者的对“公共服务”的需求除了通过合作社自助解决以外往往别无选择，即当人们的经济和社会需求从其他渠道得不到满足时才建立合作社，因为其他私人组织或公共部门不愿意或无能力提供这些服务项目。

【知识链接】　国外农产品供应市场中合作社的市场份额

据不完全统计，到20世纪90年代中期，在欧洲的农产品市场上，农业合作社平均占据了60%的份额。其中，在欧盟许多国家（如丹麦、爱尔兰、奥地利、芬兰、瑞典、英国等），农业合作社几乎垄断了全部奶制品的国内供应市场；在美国，近3 000家农产品营销合作社主要产品的市场份额分别是：奶制品占85%，棉花占35%，谷物和花生占42%，水果蔬菜占21%；在亚洲，日本95%的大米和小麦、90%的渔产品、74%的水果、51%的蔬菜等是通过农协进行销售的；印度市场的奶制品主要由合作社提供，25%的种子也是在合作社企业中加工；在拉丁美洲，巴西50%以上的牛奶、17%的蔬菜、29%的大豆、28%的咖啡以及40%的棉花由合作社经销和供应；阿根廷合作社经销的茶叶占全国产量的45%，粮食、奶制品加工占35%，加工的大米和葡萄酒分别占全国的30%和20%。

任务训练

【训练资料1】

井研县哈哥兔业合作社

♣合作社的基本情况

井研县哈哥兔业合作社成立于2003年1月，由井研县哈哥兔业企业发起，联合养兔农户、兔产业加工企业和兔业技术人员成立的。该合作社于2007年7月在工商局注册为农民专业合作组织。截至2009年，该合作社覆盖四川省5市16县，有98个分社，9 580户社员。合作社现有总资产4 000万元，其中固定资产2 000万元，流动资产2 000万元，其资金主要来源于哈哥公司，每年公司都会提取利润的10%用于合作社的发展基金。2008年合作社年出栏商品兔600万只，占井研县出栏商品肉兔总量的90%，实现销售收入1.5亿元，社员户均养兔收入15 000元。

♣合作社的运行机制

井研县哈哥兔业合作社按照合作社章程的规定，建立了一整套合作社管理规章制度，对合作社生产、经营、服务、技术指导、营销等都有具体的规定。按照章程规定，养兔农户加入合作社需缴纳社员股金，兔农以种兔“两公十八母”20只折价500元为一股，兔业加工企业以设备厂房折价入股，技术人员以技术入股。合作社还成立了合作社管理机构，选举了合作社社长1人，副社长2人，理事会12人，监事会9人，社员代表700人。合作社下设98个分社，各分社作为合作社的办事机构联系农户。合作社的理事会和监事会相互独立，重大决策、利润分配方式等由理事会决定，接受监事会的监督，并交由社员代表大会通过。合作社理事会和监事会每年召开5～6次会议，而社员代表大会则召开1次，平均每次有300人参加。合作社内部还设置了技术服务部、营销部、财务部和兔子医院等职能部门，其中技术服务部有6人，负责选种；兔子医院有8人，负责病疫的防治；信息中心有3人，负责技术培训、良种推广。

合作社实行了规范化运作，对社员户实施“1234助农增收工程”，即一个中心、两个依托、三个服务、四个统一。

一个中心：

以为广大养兔农民服好务，帮助兔农增收致富为中心。

两个依托：

依托井研县已经建成投产的四川省农业产业化经营重点龙头企业——四川省哈哥兔业有限公司，并吸收其加入合作社，多层次壮大合作社实力，把合作社社员作为加工厂“第一车间”的成员，以加工龙头企业的强大经济实力，扶持带动养兔农户。

依托科技创新作为兔业发展的切入点，合作社积极同省内“两所两校”(四川省畜牧科学研究院兔业研究所、四川省草原研究所、四川农业大学和成都大学食品工程学院)合作，将合作社的兔业基地作为科研单位的产、学、研基地，请专家为合作社进行技术培训，每年请有关专家根据不同层次的养殖户需求开展技术培训50期，每次培训养兔农民300多人次，培训内容涉及饲草种植、良种兔繁育、养殖、兔疫病防治、标准化养殖、绿色食品规程等兔农需要的相关技术，非常受兔农欢迎。

三个服务：

技术服务，合作社技术服务部以及兔子医院共有专业技术人员14人，同县、乡畜牧兽医技术人员共同联手，组建成较完善的技术服务网络，技术人员经常上门为兔农解决日常性技术难题，免费举办技术培训班，发放技术资料82 000多份。

信息服务，合作社对兔农免费提供各种市场、技术、价格、引种、防疫等信息，除在各分社张贴、发布外，还在县电视台、广播中轮番滚动发布，使兔农随时掌握各种所需信息。

防疫服务，合作社组建的兔子医院，重点担负对全县兔农的防病治病服务指导，指导农民根据季节，针对不同区域和疫情开展防疫工作，建立有效防疫体系，值班电话24小时服务，随叫随到，均是无偿服务。兔子医院三年来为兔农配送药品药械12 500多件，开展全县大型疫病防疫服务28次。

四个统一：

统一选品种，合作社为防止良种老化退化，不断通过四川省兔业研究所引进新品种供应兔农，几年来引进优良品种齐兴、齐卡、比利时、加利福尼亚优良种兔22 000多只，提高了良种繁育水平。

统一饲养规程，合作社同龙头加工企业签订绿色食品良种兔供应合同，在全县建立了绿色食品基地5个，共3 000亩，并已通过国家认证；建立“公司＋科技示范园＋农户”的示范养殖基地76个，组织社员开展标准化、规范化、规模化饲养，并以加工厂绿色食品种草、养殖规范为标准，统一实行标准化饲养，既提高兔农技术水平，又确保加工厂原料的安全性。

统一物资配送，合作社零利润为兔农服务，统一购置配送兔笼兔舍物资、养兔用具和标准化养兔饲料，几年来合作社组织配送兔笼兔舍用品物资21 600多件，工用具13 500件，养兔专用饲料3 860多吨，为兔农节约成本60多万元。

统一合同收购，合作社同加工龙头企业签订商品兔收购合同，由各兔业合作分社同社员签订合同。合作社还向加工厂争取各项优惠政策，如实行“保护价收购”、“二次返利”，保证了社员的切身利益，调动了广大兔农养兔积极性。以2009年为例，合作社的保护价是7.5元/只，年终对社员按照0.12元/只对成员进行二次返利，返利总额230万元。

【训练资料 2】

井研县联合水果专业合作社

♣合作社的基本情况

井研县联合水果专业合作社成立于 2008 年 5 月，在工商局登记注册为农民专业合作组织，注册资本 6 300 元。2006—2008 年，井研县的柑橘销售困难，原因是柑橘生产合作社不了解市场，柑橘营销合作社不负责生产，合作社的经营不能适应市场的变化，致使柑橘的价格在 2007 年低至 0.2 元/千克，不足以支付种植成本，因此出现了农民大量砍树的情况。2008 年，由强龙营销合作社牵头，当地 8 家生产合作社和 3 家营销合作社成立了井研县联合水果专业合作社。2009 年，合作社有 38 000 亩果园，覆盖了 3 个县的 33 个乡镇，吸收了 1 680 名社员户。目前合作社的总资产为 52 万元。合作社的经营范围包括水果种植、销售、运输、贮藏以及与水果种植、经营有关的技术、信息服务。2008 年，合作社申请了中国南方联合水果的商标，并通过无公害农产品认证。

♣合作社的运行机制

联合社以合作社为单位进行管理，每两年每个合作社需缴纳 200 元的会费。联合社的管理人员有 7 人，分别是 7 家营销生产合作社派出的代表，另外 4 家纯生产合作社没有参与管理。合作社的理事会有 5 人，监事会 2 人。在理事会和监事会的领导下，联合社设立了生产、营销和财务部门。由于营销合作社的成员基本都是供销社的下岗职工，掌握了供销社的市场网络，因此他们在开拓联系市场方面有着强大的能力。营销合作社搜集市场信息并反馈给联合社，联合社再制订生产计划，根据各合作社的特点指导种植特定的水果，基本规划一社一品，再由营销合作社进行销售。合作社还吸纳了 8 位稳定客户作为社员，可以为合作社提供市场信息，同时保障了联合社水果的销售。联合社没有经营收入，各合作社实行独立核算，总社技术服务等方面的支出由各合作社分摊，经营利润由负责销售的营销户获得。

联合社的经营方针为：产前生产技术紧密联合，产后运销松散联合，信息市场共享。联合社在产前为社员户联系种苗厂家，并以低于市场价 10%的价格卖给农户。在生产中，联合社安排技术人员根据不同季节安排不同的培训内容在田间为农户进行技术培训，平均一年举办 8 次技术培训，每次到会 300～400 人；合作社还组织了 10 人的机防队，以 10 台机动喷雾器为果树喷洒农药。联合社有 9 000 亩的核心示范基地，以订单的方式与基地农户确立了十分紧密的合作关系，基地的社员必须通过联合社销售水果。而对于一般的社员，联合社的约束力要弱一些，农户可自愿选择销售渠道。2009 年，联合社生产的水果中有 70%是通过联合社的网络销售的。联合社共有 30 名营销户，分别负责 11 个合作社的柑橘收购，其收购价格一般高于市场 0.02～0.04 元/千克，营销户还需负责联系市场、运输、销售等，并提取部分营销利润。

总结：营销合作社与生产合作社组成联合社后，以不同人力资源禀赋结成的合作社使得异质性的社员互通有无，避免了生产和销售的盲目性，从而解决了井研县柑橘销售难的问题，成功地实现了生产与市场的对接，使生产合作社、营销合作社和社员的利益都得到了保障。

【训练资料 3】

黑龙江省黑河地区某村土地合作社

黑龙江省黑河地区某村土地合作经营促进了农村社区的建设并降低了社区管理成本。某村农户加入到合作经营之中后，一个明显的变化是村里在土地管理、合同纠纷等方面的矛盾减少，而组织各项公益事业的活动明显易于开展了，村子风气好，村民致富的主动性、积极性高，思想道德素质提高，农村社区发展稳定。村集体不但没有外债，反而有集体积累金30余万元。

【训练资料4】

泰兴市溪桥蔬菜种植专业合作社

泰兴市溪桥蔬菜种植专业合作社年终核算时，在扣除当年生产经营和管理服务成本、弥补亏损后的分配方法经成员大会决议，按照下列顺序分配：首先是从当年盈余中提取5%的公积金，用于扩大生产经营，弥补亏损或者转为成员出资；再在当年盈余中提取2%的公益金，用于成员的技术培训、合作社知识教育以及文化、福利事业和生活上的互助互济。在提取公积金和公益金后的可分配盈余则首先是按成员与本社的业务交易量(额)比例返还，返还总额不低于可分配盈余的60%，其次是将按前项规定返还后的剩余部分，以成员账户中记载的出资额和公积金份额，以及合作社接受国家财政直接补助和他人捐赠形成的财产平均量化到成员的份额，按比例分配给合作社成员，并记载在成员个人账户中。合作社如有亏损，经成员大会讨论通过，用公积金弥补，不足部分可以用以后年度盈余弥补。合作社的债务用公积金或者盈余清偿，不足部分依照成员个人账户中记载的财产份额，按比例分担，但不超过成员账户中记载的出资额和公积金份额。

【训练资料5】

宿迁市泗阳县乐口福食用菌专业合作社

宿迁市泗阳县乐口福食用菌专业合作社建立了利益联结机制。合作社按每个社员出资额的多少，依据合作社章程规定进行分红。以年度为单位，核算经营利润，合作社年净利润除去法定的公益金和公积金，余下部分的60%作为一次分红资金，按社员与合作社的交易额进行分配，40%按照各社员出资额进行二次分红。

子任务训练1 结合训练资料分析合作社的治理结构中，控制决策权与经营决策权是如何行使的。

子任务训练2 结合训练资料分析合作社的基本原则的运用。

任务总结

____

____

思考题

合作理论界有人认为，在合作社的集体积累中，不可分割的资产比例越大，脱离社员控制和监督的资产就越多，合作社和社员之间的距离就越远，最终的结果是社员不再关心合作社的发展。在实践中，不可分割的集体资产占合作社资产总额的比例在各国合作社之间也差别较大，高的达到80%～90%，少的仅占2%～5%。以色列的合作学者认为：最好的合作社是剩余为零的合作社。他们举例说明，若创建一个购买合作社(消费合作社)，土地租金2 000元，建筑物成本10 000元，设备成本10 000元，办公用品8 000元，运输工具30 000元，共需60 000

元，30 个社员，每人应出 2 000 元股本。合作社购买某种商品，批发价是 10 元/个，营销成本 2 元/个，如剩余为零，卖给社员 12 元/个，现卖给社员 14 元/个，2 元是合作社留的剩余，作为风险金。社员甲买 1 000 个，则为合作社提供 2 000 元剩余，乙买 100 个，则提供 200 元剩余。二人共为合作社提供 2 200 元剩余。合作社购置一个冰箱，耗资 1 100 元，这个冰箱甲应有多少份，乙应有多少份？你对这个份数之比有什么看法？

学习任务二 农业生产合作社的规范化建设

学习目标

1. 了解农业生产合作社的定义和我国农村近年来的农业生产合作社的基本形式。
2. 理解围绕土地承包权而展开的两种农业生产合作经营方式的差异。
3. 掌握农业生产合作社的规范化建设方法。

任务描述

子任务1 发起筹备(明确发起人,进行设立农业生产合作社可行性分析)。

子任务2 起草发布农业生产合作社倡议书。

子任务3 起草合作社章程。

子任务4 吸纳合作社成员。

子任务5 召开设立大会,建立合作社组织机构。

子任务6 注册登记。

案例导入

(一)黑龙江省黑河地区某村土地合作经营联合体

黑龙江省黑河地区某村人均耕地1.12公顷,1984年实行家庭联产承包经营责任制后,农户的耕地基本在5～9块,一片地最多分给50户耕种,最少的也有10户,种植品种杂,严重地影响了大型机械的使用。

为此,党支部和村委会动员农民、引导农民投亲、投缘,自愿组合组建生产互助联合体,并以村里的4套农机具为依托,采取农民自愿组合的方式组成4个生产互助联合体,每个联合体都有30户左右,联合体内实行统一耕种、分散管理。但由于部分成员拖欠农机购置款,加之缺乏流动资金,联合体无法正常运转,除了1个联合体外,其余的3个陆续解体。

1994年,新上任的村党支书记看到村里的一些纯农业户由于缺乏实用技术、市场信息和农业机械,生产水平低,收入少,生活非常贫困,而联合体内的农户普遍经济效益好,即便是缺乏劳动力或常年有病的农户也保持了较好的收入水平。总结联合体的经验,他带头成立了新的土地合作经营联合体。在他的示范带动下,其他农户也纷纷效仿,在有能力的村干部、种地大户、农机大户的牵头下,以土地连片种植为联合的纽带,按照自愿原则,自发地组建起各种形式的土地合作经营联合体。

按照生产管理的方式,该村农户目前采取的土地合作经营可以分为3种模式:一是统种分管统收模式。联合体内7户农民的40多公顷耕地采取统一播种、分户管理、统一收获的方法。二是统种统管统收与统种分管统收相结合模式。联合体内的18户农民将他们的80公顷耕地统一耕种后,对于小麦生产实行统一播种、统一管理、统一收获,按组内人口平均分配,而大豆生产则采取分户管理、统一收获，各户责任田内的收获物归己所有。三是机具共有、统种分管模式。联合体内的8户农民合伙购置农机具，统一耕种社员的38公顷耕地，分户管理。目前全村共有6个联合体，全村有70%以上的农户加入联合体。

无论哪种合作模式，都坚持了民主管理原则。6个联合体都实行组务公开，重大事项（如利益分配原则）集体讨论、民主决策。在财务管理上，坚持钱、账分管，收支积累定期公布，公开透明，接受监督。

（二）苏州吴中区胥口镇土地股份合作社

2001年8月，苏州吴中区胥口镇部分农民在全省建立起了第一个土地股份合作社，将农户土地承包经营权折价入股，组成土地合作社，合作社将自己的土地出租或承包给镇土地流转发展中心进行以二、三产业为核心的开发经营，所获收益依照章程对社员实行保底红利分配，通过组建土地股份合作社，农民社员取得了稳定的土地收益，改变了长期以来开发商通过征地一次性“买断”农民土地的做法。截至2003年底，苏州全市已组建这类土地股份合作社29个，比2002年增加了1.5倍，入社农户近7 000户，入社承包地近1 067公顷，农民每股的平均保底分红在300～800元。

学习资料

农业生产合作社是指社员共同开展农产品种植（或采集）、加工等全部或一部分生产经营活动的合作社。

我国农业生产者经营规模非常小、经济实力薄弱、抵抗市场风险能力差，所以相对于西方发达国家来说，客观上有联合起来的需要，为农业生产合作社的发展提供了可能性。

20世纪90年代初，我国出现了以广东省南海、深圳等地社区土地股份合作经营为代表、由村集体到村民全员性的社区土地股份合作制。

20世纪90年代后期，以浙江等地为代表在发展土地规模化经营中出现了“股田制”。“股田制”是由部分村民自我发展起来的、以土地为纽带的农业生产合作经营。“股田制”的基本形式是农户以自我选择、自愿参加为基础，将承包土地一定时期内的使用权折价入股后，对连片土地进行统一规划、合作经营，实行农业企业化生产。“股田制”在我国沿海发达地区的浙江、江苏、山东，以及土地资源相对丰富的黑龙江等地发展相对较快。

我国农村近年来的农业生产合作社的合作主要有两种基本形式：一是围绕土地承包权而展开的各种形式的农业生产合作；二是围绕农产品的初级加工环节进行的合作生产。

一、围绕土地承包权而展开的农业生产合作

围绕土地承包权而展开的农业生产合作经营方式有以下两种：

一种方式是农民联合起来自主经营或入社农户民主选举若干名威信高、技术好的社员留在合作社工作，负责对全体社员入社土地进行统一种植、统一管理、统一收获，合作社支付他们的劳动报酬，其余的社员则脱离土地从事副业生产，合作社土地经营的最终收益在扣除各种费用开支后，按照村民入股的耕地数量进行分配。

另一种方式是合作社将土地（长期）租赁给第三方（通常是农业企业）开发经营，甚至是直接与农业企业进行合股经营。在此种方式下，农业企业通常投入大量的资金进行土地的基础设施建设，发展现代农业。把土地租赁出去的农户除了获得土地租赁收入外，部分农户还可以

到农业企业工作或外出打工，获得一份工资收入。

【实例 2-1】

土地流转合作社

安徽省肥西县三河镇木兰村成立“土地流转合作社”，483 户农户以 1 600 亩抛荒地和低洼地的土地承包经营权入股，发包流转给 32 个大户从事粮油和特种水产养殖等规模经营。

【实例 2-2】

兴农土地流转专业合作社

2009 年 5 月，河南省济源市首家土地股份制合作社——思礼镇涧南庄“兴农土地流转专业合作社”经工商部门批准成立。农户在充分了解入股程序、利润分配等基本情况后，本着平等自愿、利益共享、风险共担的原则，将其所承包的土地以入股的形式交给合作社统一经营。合作社将农民入股的土地集中分类后，通过公开招标拍卖土地承包经营权的形式，以每年每亩 300～350 千克小麦的价格，将该村农民入股的 800 余亩土地转包给 12 个大户经营。

【实例 2-3】

北京市平谷区绿色方圆畜禽养殖专业合作社

2008 年 1 月，土地资源丰富的北京平谷区峪口镇西樊各庄村流转了村民的 755 亩土地，成立了“北京绿色方圆畜禽养殖专业合作社”，与北京平谷区政府、北京银行、正大集团共同实施“北京平谷现代蛋鸡养殖基地”项目。在这个项目中，北京绿色方圆畜禽养殖专业合作社作为立项主体，拥有全部产权，由它来委托专业公司融资、建设、运营管理。合作社获取固定回报，作为入社农民持续稳定的收入来源。“北京平谷现代蛋鸡养殖基地”项目合同期 20 年，其中：2 年建设期，12 年还贷期，剩下 6 年就是纯盈利期了。在建设期，农户只有地租收益，第一年每亩 1 000 元地租收入，以后每年递增 5%；在还贷期，分红少一点，但也保证每人每年不低于 2 000 元；还贷期结束后，每人每年分红不少于 8 000 元。以一个三口之家为例，一人入社 3 分地。到第 15 年，地租收入 2 000 元，分红 24 000 元。坐在家里什么也不干，一年就能进账 26 000 元。老人孩子都有收入，年轻人还能进企业打工赚钱。不仅如此，20 年合同期满后，这个投资 5.82 亿元建起的养殖基地的经营权也将收归合作社，到时候，合作社可以自己来经营。经过 20 年的熏陶，农民应该有这个能力经营。

二、围绕农产品的初级加工环节进行的合作生产

我国农业生产主体是由超小规模的兼业小农构成，他们经济实力非常有限，具有内在的、围绕家庭工业开展一些互助活动的需求，从而开展在农产品的初级加工环节的生产合作。

从未来发展看，农副产品加工合作社或手工业生产合作社在我国有相对较大的发展空间。（实例见学习任务二的训练资料。）

任务训练

本学习任务的任务训练主要是按照合作社的设立程序，进行合作社的规范化建设。

合作社的设立程序如下：首先要明确发起人，在进行可行性研究的基础上，制定合作社章

程、吸纳合作社成员、召开设立大会并建立合作社组织机构，最后要到国家工商行政管理部门注册登记，领取农民专业合作社法人营业执照。

合作社的规范化建设主要包括以下内容：

①健全合作社的组织机构和规章制度，包括合作组织章程、合作组织内部机构、以社员为主体的明晰的产权制度以及财务管理公开制度等。②切实建立合作社的“三会”制度，即定期召开成员大会，建立理事会、监事会，并确定各自的职责、权限和互相之间的制衡关系。③增强农民合作组织的凝聚力和向心力。合作社在对内服务于社员，提供非营利性服务的前提下，对外参与市场竞争，其盈余和积累归全体社员共同所有，对于年度可分配的盈余，在留取必要的公共积累后，要按照交易量（额）返还给本社成员。④合作社实行民主决策、民主管理的原则。在健全合作社的组织机构和规章制度基础上，切实履行职能；培养普通成员参与决策、行使权力的意识；使组织的发展目标更贴近农民的需求，从而更加激发农民的热情，积极参与决策。

【训练资料】

安徽省六安地区某竹农协会

♣协会的创建过程

竹农协会所在乡盛产毛竹，当地农民收入的40%以上来自毛竹，对于那些没有能力外出打工的农户来讲，销售毛竹的收入在家庭收入中的比例更高。但是，自20世纪90年代以来，当地建筑行业逐步用钢管替代了毛竹作为原料，导致本地的毛竹市场开始萎缩，毛竹价格日益走低，毛竹销售难的问题凸显出来，部分竹农因此出现了返贫现象。

20世纪90年代末，荷兰政府与中国政府合作，在当地启动了为期5年的中荷扶贫项目。项目的目标是寻求一条能够提高农户自身脱贫能力、防止他们因疾病或自然灾害返贫的有效途径。在项目扶贫办专家的直接指导下，引入参与式的社区发展模式，发动村干部、群众开展了长达3个月的建立竹农协会必要性的大讨论。经过反复讨论，全村干部、群众达成了共识，一致认为，要解决竹农收入低的问题，必须成立竹农协会，开展竹加工生产。根据群众的意见，村党支部按照专家组介绍的方法，进行了较为详尽的可行性分析，在做了一番充分的准备后，2000年11月，全村村民按照自愿参加、联合入股、民主管理、利益共享、风险同担的方式成立了竹农协会，共同开发竹资源。入会会员每年缴纳会费20元，每个从事加工的会员按照1劳1股（每股100元）入会；贫困会员可以免缴、缓交，或用竹子实物折款。全村1 700余人（456户）有160人申请入会，考虑到厂房和管理水平的限制，协会起步阶段将入会农户限定在100户，即先申请的农户先入会、贫困户优先入会。

在扶贫项目的支持下，竹农协会从浙江购置了加工设备，成立了小型加工厂，总投资16万元。其中：项目扶持资金7万元，作为社区股；农民入股1万元；管理人员共同贷款8万元。资金主要用于设备和厂房投资（8万元），并有流动资金8万元。加工厂联系到外贸订单加工简单的竹制品，如餐帘、寿司卷、竹笼、棉球棒等。协会组织骨干会员外出学习竹编技术，再由这些骨干会员将技术传授给其他会员。一些会员在竹加工厂做工，还有不少会员特别是妇女会员，从协会领取原料在家利用闲散时间加工产品。

♣管理和分配机制

协会和加工厂实行民主管理，加工厂厂长由协会会长兼任，协会理事会成员由全体会员采取无记名投票方式进行两轮选举产生。首先由成员中推选候选人，候选人必须具备初中以上文化程度，有奉献精神，有较强的经济管理能力。再选取候选人中得票多的前7名进行二轮选举，选取前5名作为协会理事会成员，最高得票者为理事长。全厂百余名工人，只设3名专职管理人员：理事长负责市场开发、联系业务；一名副厂长负责生产协调、机械维修管理等；还有一名工作人员负责记账、仓库、保管、办公室等日常工作。会计外聘，每季度来工厂整理一次财务，并公开企业的资产负债表、损益表以及每个职工的收入状况。工人全部实行计件制，工资标准由管理人员制定，经会员大会讨论通过，工人（全部是会员）实际工资从200元至600元不等。管理人员的工资自定，每天为12元，不出勤就无工资。

加工厂年终的盈余分配按照3∶3∶3∶1比例分配，即股金、管理人员奖金、企业积累各30%，10%是企业的福利，此比例由会员大会讨论制定。

♣初步效果

竹加工活动的开展取得了明显效果，主要表现在以下几个方面。

第一，为当地的竹资源开辟了新的需求市场，稳定了当地的毛竹市场价格。有了加工厂后，当地毛竹的销路问题得到解决，并且毛竹价格稳中有升，从2000年的10.5元/根（直径36.67 cm≈11寸）提高到2002年的12.8元/根；同时也带动了其他乡镇毛竹加工企业的发展。

第二，竹农收入明显增加。据协会初步推算，入社会员从销售毛竹、加工毛竹中获得的收入平均增长1 300元/（户·年），不仅入会会员受益，而且非会员也受益，因为加工厂消耗毛竹的60%来自非会员。

第三，解决了当地部分富余劳动力的就业问题，特别是贫困家庭、妇女劳动力的就业问题。全村在册贫困户54户，入社的就有34户，当年全部脱贫。目前，全村在加工厂工作的由当初的100人扩大到132人，其中妇女社员94名，占72%，她们可以充分利用闲余时间在家中从事加工工作，体现出合作社扶持经济弱势群体的功效。

（训练资料背景：安徽省六安地区某竹农协会地处大别山腹地，自然资源匮乏，所在县是安徽省的贫困县。在20世纪90年代末，荷兰政府与中国政府合作，在该县启动了为期5年的中荷扶贫项目。项目的目标是寻求一条能够提高农户自身脱贫能力、防止他们因疾病或自然灾害返贫的有效途径。经过3年的发展，中荷项目涌现出上百家类型各异的农民自助组织，在帮助农民实现脱贫致富中发挥了重要的作用，本训练资料中的竹农协会就是典型的一例。）

子任务训练1 结合训练资料，做合作社发起筹备工作。（明确发起人，进行设立农业生产合作社的可行性分析。）

在某个产业或区域条件基本成熟或具备时，由发起人（带头人）发起和创建农业生产合作社。在创建合作社的初期，要先进行合作社的可行性分析，写出可行性分析报告。

一、明确发起人

发起人就是发起并创办农业生产合作社的创始人。农业生产合作社的发起人可以是从事同类或相关的农产品生产经营的自然人，也可以是企业法人。如果发起人是自然人，至少要有5人组成筹备工作小组；如果发起人是企业法人，如龙头企业，则有一个即可以。

1. 农业生产合作社发起人应具备的条件

农业生产合作社发起人一般应具备以下条件：

①坚持党的路线、方针、政策，有较好的政治思想素质；

②自身综合素质高，组织能力强，有较好的业务水平；

③在本地区、本行业内有较大的影响力，一般为专业大户、农村经纪人、技术能手、乡村干部等；

④具有完全民事行为能力。

2. 合作社筹备委员会(筹备小组)的主要职责

合作社发起人在筹建合作社的过程中要组建筹备委员会或筹备小组，其主要职责有：

①进行可行性的分析论证；

②制定合作社章程；

③落实经费；

④吸纳成员；

⑤筹备召开设立大会；

⑥向有关部门提出申请，进行注册登记；

⑦组织筹建合作社的其他相关事宜。

二、可行性分析

可行性分析就是农业生产合作社的筹备委员会调查研究本地区、本行业的农民群众对合作社的需求状况及市场对合作社产品或服务的需求状况、合作社产品或服务所在行业生产的现状、市场前景和竞争对手情况等，确定所要组建合作社的经营和服务范围。

三、合作社发起筹备阶段的其他相关工作

合作社发起筹备阶段的其他相关工作主要有：获得当地农业主管部门或基层政府部门对合作社的指导、扶持；与生产资料出售、农产品的购买企业建立初步的合作意向，畅通购买和销售渠道；争取县乡农业科研单位、农技推广部门对合作社推广新品种和新技术的支持。

子任务训练 2 起草一份×××农业生产合作社的发起倡议书。

一、倡议书的主要内容

农业制合作社的发起倡议书的主要内容有合作社的宗旨、经营和服务范围、社员入社后享有的权利、义务及所享有的优惠政策等。

【知识链接】 合作社的宗旨

合作社的宗旨是为成员提供产前、产中、产后服务。

【知识链接】 合作社的经营和服务范围的确定

《中华人民共和国民专业合作社法》第二条规定：合作社以农村家庭承包经营为基础，以合作社成员为主要服务对象，提供农业生产资料购买，农产品加工、销售、运输、贮藏以及与农业生产经营有关的技术、信息等服务。

1. 合作社的经营和服务范围

合作社的经营和服务范围具体可以分成如下几项：

①某个专业产品（如水稻或小麦、苹果、梨、桃、柑橘、枇杷、枣、蔬菜、茶叶、生猪、奶牛、鸡、鸭、鱼等）的生产（种植或养殖等）；

②组织采购供应成员需要的种子种苗、生产原料和农用物资等农业投入品；

③开展成员需要的运输、贮藏、保鲜、加工等服务；

④制定并组织成员实施产品生产质量标准，组织开展成员生产经营中的技术指导、咨询、培训和交流等活动，向成员提供生产技术和经营信息等资料；

⑤建设标准化示范基地，开发、引进、试验和推广新品种、新技术、新设备、新成果；

⑥为成员提供经济信息，组织销售成员的产品，对外参加农产品交易会、博览会；

⑦注册商标，认定无公害农产品生产基地，认证无公害农产品、绿色食品、有机食品和著名商标、驰名商标及地方名牌等；

⑧申报各种科研、示范、开发项目，组织实施国家农业政策支持保护项目；

⑨开展成员需要的法律、保险、贷款等服务和文化、福利等其他事业。

2. 确定合作社的经营和服务范围需要注意的事项

农业生产合作社在确定合作社的经营和服务范围主要考虑以下几点：

首先，要考虑当地发展优势产业条件和国家对农业产业发展的政策导向。因为国家的产业导向往往与政策支持相联系，如果某一专业合作社的经营业务符合要求，则获得国家财政支持的可能性就大大增强；如果再与当地发展优势产业保持一致，则就可以获得更好的经济效益。

其次，针对主营产业的特点以及成员的需求，选定专业合作社统一经营的内容。目前，从产业分布上看，我国农民专业合作社涉及种植业、畜牧水产养殖业、农机及林业、用水等。其中，农机、用水类合作社属于生产资料共同利用类型合作社，合作社的统一经营内容就是为成员提供单一生产资料的共同使用。但对以某种主导产品经营为内容的专业合作社而言，就存在选择哪些经营服务内容作为合作社统一生产经营的问题，这需要根据该合作社成员从事的产业和农户成员的共同需要而定。

最后，合作社的生产经营要达到适度的经营规模。经营规模影响着合作社的经营绩效，如果经营规模过大，服务能力可能跟不上，导致成员合作共赢的利益下降；如果经营规模过小，合作社则难以取得与经营成本相匹配的规模经济效益，影响合作社的影响力和市场竞争力。应该从对成员农户和非成员农户负责角度考虑，从合作社服务能力出发，结合合作社的经济实力、合作社管理人员的经营素质和能力、成员出资总量和成员数量等因素确定。

【实例 2-4】

山东青岛顺科蛋鸡产销专业合作社经营和服务范围

青岛顺科蛋鸡产销专业合作社的主要业务范围是：蛋鸡的养殖与鲜蛋销售、蔬菜种植与销售、生物有机肥的产销。

合作社提供给社员的服务内容主要有：

♣统一的生产资料购进服务

鸡苗和饲料是蛋鸡养殖过程中成本的主要载体，购进廉价、高质量的鸡苗和饲料是降低生产成本、增加社员收入的重要途径。在鸡苗引进上，合作社经多方考察选择了北京市华都峪口禽业有限责任公司作为供货方，并与其签订合同，要求雏鸡品种一致，大小一致，抗体水平一致，健康水平一致，2007 年统一购进了 200 万只，由于享受优惠价格，每只比原来降低成本 0.1 元，合计降低成本 20 万元，且具有抗病力强、生长快和产蛋量高等特点，60 日龄成活率达到 98%以上，逐步淘汰了原有杂乱品种，在质量和规模上成为平度市蛋鸡产业的龙头。

在饲料购进上，为了最大限度地降低成本和保护社员免受假冒伪劣的侵害，合作社根据社员需要提前做好统计，与厂家签订合同，统一组织批量购进预混料，成本价出售给社员，既能保证产品质量，又能得到价格优惠，由社员自己按科学比例配以玉米、豆粕、蔬菜等喂养，这样不仅质量有保证，且预混料每千克比市场价降低 0.1 元，每年采购可达 5 000 吨，为社员节省资金 50 余万元。

♣生产技术服务

①养鸡技术的培训与宣传

从 2007 年开始，合作社先后邀请农业部动植物检疫所、中国农业大学、青岛农业大学专家教授来合作社举办社员培训班 6 次，主要讲授合作理念、动植物防疫、禽流感预防、生产特种营养蛋、创名牌及名牌经营等知识，培训合作社成员和养鸡户 2 500 余人次，使大家的知识有了新的提高。

为增强感性认识，合作社还组织技术骨干、理事先后到北京、上海、龙口、济南、郑州、河北实地参观，学到了很多好的经验，为进一步提高蛋鸡的产销奠定了坚实的基础。在平时的日常生活中，如果会员遇到问题，会电话联系合作社的技术人员咨询，技术人员也提供上门服务、机械安装、蛋鸡的防疫等服务。此外，合作社给会员发放光盘，讲解保证鸡蛋的质量安全方法，共免费发放光盘 1 万张。

②标准化管理

为提高产品质量，规范社员养殖，合作社制定了《顺科蛋鸡标准化生产操作规程》，对饲料添加剂的使用、水和环境的控制、疫病的防治以及喂养技术都做了规定，并且增加了检测设备，对畜禽用水、饲料、鸡抗体按时抽样检查，发现问题及时解决；为了使社员的生产与市场接轨，合作社还订阅了《农产品市场》、《齐鲁牧业报》、《中国家禽》、《中国养鸡》等 12 种专业刊物供会员学习。

疫病是养鸡行业的大忌。为避免鸡疫病的发生，合作社邀请专家讲解小鸡从出壳到长成成鸡需要预防的 18 次疫病及用药，并定时向养殖户通报疫情，对重点疫情，重点采取措施，较好地避免了疫情发生。会员需要疫苗时，打电话给合作社，合作社派人去打疫苗。

♣统一的销售服务

成立合作社之前，由于协会管理比较松散，加之鸡蛋生产户市场信息不灵，价格受到鸡蛋贩子的控制，他们每千克鸡蛋至少赚走 0.3 元，自从合作社成立以后，统一了鸡蛋价格，每千克鸡蛋至少比原来提高了 0.1 元，质量好的和特种鸡蛋比原来提高了 0.3 元以上，且供不应求。目前，每天合作社都有专门的工作人员上会员家收购鸡蛋，会员的鸡蛋 60%是通过合作社销售，40%是自己销售。合作社每天有 3 辆车专门收购会员的鸡蛋，如果是用于出口的鸡蛋，还要送到技术监督局检测，每次的检测费用在 200～1 800 元不等，自合作社成立以来，在此项上的花费共计 6 000 元，送进超市或送到青岛农贸市场的则不检验以降低费用。现在合作社鸡蛋的销售渠道主要有：超市，销售量占总量的 5%；出口企业（可以比市场价格每千克高出 1.2 元）销售量占总量的 10%；青岛的农贸市场，销售量占总量的 85%。

①树立品牌意识，以品牌促销售。

在合作社成立前,"顺科"鸡蛋2004年4月被农业部认定为无公害农产品,2005年通过ISO9001国际质量体系认证,并被评为绿色产品科技示范基地,2006年被评为青岛市名牌农产品,合作社成立后,凭借着前几年的经营信誉,积极打"品牌战",引导合作社成员树立品牌意识,以品牌促销售。通过不断地培育壮大,2007年3月合作社生产的"顺科"牌鸡蛋经中国绿色食品发展中心审核,被认定为绿色食品A级产品,2007年8月通过了奥帆赛食品企业养殖场备案,2008年1月顺利通过了出口企业养殖场备案,以上认证为扩大合作社的鸡蛋销售量打下了坚实的基础。

②加强包装和宣传。

信息灵通是搞活市场的重要法宝。为了使"顺科"鸡蛋的品牌效应继续做大做强,合作社制作了专门的网页,通过网络发布产销信息。为提高产品档次,青岛聘请一流的设计师精心设计农产品包装盒,充分运用电视、报纸等多种媒介进行推广、宣传。2007年12月18日,山东卫视农科栏目免费为青岛顺科蛋鸡产销合作社做了专题报道,在省、市电视台轮番播出,提高了合作社农产品的知名度,营造了良好的舆论氛围。

③拓展外埠市场,提升产品竞争力。

为了扩大产品销售,合作社将营销的重点放在了平度以外的市场上,为推销产品,去年10月合作社参加了在济南举办的全国农产品博览会、在东省农产品博览会,2008年元月参加了青岛市政府举办的庙会。目前,还已成功地开拓了日韩在半岛地区的食品企业及青岛、济南、烟台、威海,淄博等地的超市,产品受到了消费者的好评;实施品牌战略,拓宽了销售渠道,社员效益和规模不断扩大。

【实例2-5】

平原县益农蔬菜专业合作社

2007年10月,天津德瑞特种业有限公司在后迟设立后迟蔬菜育种基地,与后迟村签订了30年的合作协议,租赁该村200亩土地建设黄瓜育种基地,专门进行黄瓜种子的培育。平原县益农蔬菜专业合作社便是在此基础上,于2008年7月份由村干部和种植大户发起成立,成立时注册资金为66万元。合作社业务范围是黄瓜育种。合作社成立后,便与天津德瑞特种业有限公司采取"返租倒包"方式进行合作。即由公司以每亩地400千克小麦的市价价格向农户租用土地,租期30年,然后再无偿承包给农户种植和管理。公司出资承担土地上的大棚和配套设施建设,并提供相关建设和种植技术支持。产品采取订单销售方式。合作社现有社员44户,分布于4个村。合作社与企业的这种合作给社员农户带来了巨大经济效益。2010年,周边许多农户都表示了极大的参与热情,合作社与企业已计划进一步扩大规模。

合作社为社员提供和争取到融资服务等多种服务,其中融资服务包括以下几种:

♣预支雇工费用

为减轻种植户黄瓜生产初期的人工授粉、缠秧等生产环节的雇工支出负担,公司通过合作社向农户预支2万元的雇工费用。

♣预付定金

合作社采用订单销售方式,订单公司在产前向社员户预付50%种子款,产后对产品检测合格后向农户支付另外50%种子款。

♣农资赊销

种子是由订单企业免费提供，灌溉器材也由订单企业一并投资供农户使用。在农药和化肥采购方面，合作社从农药厂、化肥厂按出厂价直接进货，然后以比优惠于市场价10%的价格赊销给农户，货款可随时结算，也可在农户收获后支付(直接从种子款中扣除)。

♣贷款担保和直接借款

合作社由于资金有限，仅为社员提供有限的贷款担保和直接借款服务。贷款担保和借款对象侧重于信誉较好、有良好还贷能力的农户。担保额度最高为10万元/户。累计已为4户提供担保，总额为16万元。

♣组建贷款联保小组

合作社还在其内部积极推动建立贷款联保小组。合作社现已组织社员成立联保贷款小组4个。这4个联保小组从2008年至今，获得农村信用社总计达10万元的贷款。

二、发起倡议书(范本)

关于成立×××合作社的倡议书

各(种、养或运销)农户、经纪人、企业(公司)：

目前，我县(市、乡、镇、村)××产业不断发展壮大，前景广阔。但是，单个农户小而散的生产经营方式难以抵挡大市场竞争的风险和压力。通过组建×××合作社，可以提高我们的组织化程度，统一规范我们的生产经营行为，通过合作实现标准化、规模化生产，达到提高农产品品质，增加农产品产量，提高我们的国内外市场竞争力，增加我们收入的目的。为此，我们倡议成立×××合作社。

×××合作社的宗旨是为成员提供产前、产中、产后服务。成员将优惠得到合作社提供的廉价的农资供应、免费或优先获得合作社提供的各项生产技术服务、优先得到农产品市场的营销服务。

加入×××合作社后，社员享有以下权利：

1. 有权参加本社成员(代表)大会，并有表决权、选举权和被选举权；
2. 享有本社提供的各项服务和产品优先交易权；
3. 享有按股金和交易额参加盈余分配权；
4. 享有民主管理、民主监督权，有权对本社的工作提出质询、批评和建议；
5. 有权建议本社召开成员(代表)大会；
6. 有权拒绝本社不合法的负担；
7. 有权申请退出本社；
8. 享有本社终止后的剩余财产分配权。

另外，加入本社的社员还要履行下列义务：

1. 遵守本社章程及本社的各项规章制度，执行成员(代表)大会和理事会的决定，支持理事会和监事会履行职责；

2. 按本社规定认购股金，本社总股金为×××万元，每股×××元，单个社员和法人认购的股金(出资额)最多不能超过总股金的20%，几个农民也可以联合出资，其代表人为社员。社员也可以用实物、知识产权、土地承包经营权或者其他非货币财产作价出资；

3. 严格履行与本社签订的各项协议或合同，按规定的生产质量标准和要求进行生产、提供产品；

4. 积极参加本社组织的学习、培训等各项活动，积极向本社提供信息；

5. 根据社内工作分工，发扬互助协作精神，积极开展生产、经营和服务活动；

6. 维护本社利益，保护本社财产，爱护本社设施；

7. 承担本社认为需要承担的其他责任。

请相信我们，参加×××合作社将使你获益，合作社是我们共同致富的家，所有成员都是大家庭中的平等一员，都将充分地行使章程中规定的各项权利，平等地享受合作社所带来的各项利益。欢迎你成为合作社中的一员，让我们携手并肩，共创美好未来。

有意加入合作社者，请与我们联系。

联系电话：

倡议人：

年　月　日

【实例 2-6】

关于成立荆沙机插秧专业合作社的倡议书

各位插秧机机主：

农民专业合作社是国家大力倡导发展的农村经济合作组织，它是在农村家庭承包经营基础上，农业经营者采取自愿联合、民主管理的方式成立的互助性经济组织。目前在农业生产和流通领域已经有一大批专业合作社在成功运作，很好地维护了农民的合法权益，增加了农民收入。

机械化插秧是一项深受农民欢迎的新技术，我们作为机插秧的先行者率先购置了插秧机，率先开展了机插秧作业服务，成为机插秧的带头人和领路人。但是我们也面临着一些困难和问题，如作业面积不能保证、机具利用不充分、作业价格不高、产品质量不能保证、产品售后服务不到位、相关技术培训难等。

怎样解决这些困难和问题？这就要求我们团结起来，加强联合，组建合作社，通过合作社的运作来使我们的利益最大化。为此我们倡议成立荆沙机插秧专业合作社，市内所有插秧机用户可以用已购置的插秧机及其他实物或资金入社。

合作社将以服务成员、谋求全体成员的共同利益为宗旨，实行自主经营，民主管理，盈余返还；合作社内所有成员地位平等，加入自愿，退出自由，利益共享，风险共担。

合作社主要开展以下业务：宣传和贯彻落实国家有关农业机械化的方针、政策和法律法规，为社员购置农业机械争取政策支持；向政府和有关部门反映社员的意见和合理要求，维护社员的合法权益；组织社员开展机插秧与配套育秧技术的辅导与培训，组织社员与社员之间、社员与有关单位之间的技术交流与合作；组织社员开展机插秧服务，向社员提供机插秧市场需求信息并组织社员开展跨区机插秧作业。

加入荆沙机插秧专业合作社后，社员享有以下权利：

1. 有权参加本社成员(代表)大会，并有表决权、选举权和被选举权；

2. 享有本社提供的各项服务和产品优先交易权；

3. 享有按股金和交易额参加盈余分配权；

4. 享有民主管理、民主监督权，有权对本社的工作提出质询、批评和建议；

5. 有权建议本社召开成员(代表)大会;

6. 有权拒绝本社不合法的负担;

7. 有权申请退出本社;

8. 享有本社终止后的剩余财产分配权。

另外,加入本社的社员还要履行下列义务:

1. 遵守本社章程及本社的各项规章制度,执行成员(代表)大会和理事会的决定,支持理事会和监事会履行职责;

2. 严格履行与本社签订的各项协议或合同,按规定的生产质量标准和要求进行生产、提供产品;

3. 积极参加本社组织的学习、培训等各项活动,积极向本社提供信息;

4. 根据社内工作分工,发扬互助协作精神,积极开展生产、经营和服务活动;

5. 维护本社利益,保护本社财产,爱护本社设施;

6. 承担本社认为需要承担的其他责任。

让我们携起手来,一起努力,建好我们共同的家—荆沙机插秧专业合作社。

联系电话:8467509

联系人:唐玉梅

倡议人:荆州市农机化技术推广站

沙市区岑河镇西湖村　孙运友

沙市区岑河镇东湖村　王双福

荆州区纪南镇岳场村　熊　标

荆州区纪南镇岳场村　吕天武

荆州市良种场　梅　华

荆州区马山镇安碑村　曾凡松

(注:倡议书实例已作了部分改动)

子任务训练 3　起草合作社章程。

一、合作社章程的起草程序

合作社章程按照农民专业合作社章程的起草程序来起草,农民专业合作社章程要先由合作社筹备委员会根据《中华人民共和国农民专业合作社法》,结合合作社的实际情况,以《农民专业合作社示范章程》为范本起草草案,再提交给设立大会审定,经全体成员共同审议、进一步修订后,由设立大会全体成员讨论通过,全体设立人在章程上签名、盖章。

二、起草合作社章程的基本原则

①符合国家法律法规、政策的规定。

②坚持民主管理原则。

③坚持“民受益”原则。

④坚持因地制宜原则。

三、合作社章程的基本内容

《中华人民共和国农民专业合作社法》第十二条规定农民专业合作社章程应当载明下列

事项：

名称和住所；业务范围；成员资格及入社、退社和除名；成员的权利和义务；组织机构及其产生办法、职权、任期、议事规则；成员的出资方式、出资额；财务管理和盈余分配、亏损处理；章程修改程序；解散事由和清算办法；公告事项及发布方式；需要规定的其他事项。

章程中每个事项的具体规定如下。

（一）名称和住所

1. 农民专业合作社都必须有自己的名称和住所，且只能有一个。

2. 农民专业合作社的名称应符合国家法律、法规的规定，由行政区划、字号、行业、组织形式依次组成，其组织形式统一标明为“合作社”，以向工商局取得的企业名称预先核准通知书为准。

如：建始县马坡明珠茶业专业合作社、平原县益农蔬菜专业合作社。

3. 合作社的住所，也就是农民专业合作社的办公地点，只能有一个，由合作社全体成员自己决定，依法登记，其住所应该在合作社登记机关管辖区域内，变更住所时，要在迁入新住所前申请变更登记，并提交新的住所使用证明。

（二）业务范围

合作社章程中应当明确农民专业合作社经营的产品或者服务的内容，也是进行工商登记时确定农民专业合作社经营范围的依据。

具体的业务范围实例见学习任务二的子任务训练 2。

（三）成员资格及入社、退社和除名

1. 成员资格

《中华人民共和国农民专业合作社法》第十四条规定具有民事行为能力的公民，以及从事与农民专业合作社业务直接有关的生产经营活动的企业、事业单位或者社会团体，能够利用农民专业合作社提供的服务，承认并遵守农民专业合作社章程，履行章程规定的入社手续的，可以成为农民专业合作社的成员。但是，具有管理公共事务职能的单位不得加入农民专业合作社。同时，《中华人民共和国农民专业合作社法》第十五条对以上两类成员的数量比例做出规定，农民专业合作社的成员中，农民至少应当占成员总数的百分之八十。成员总数为二十人以下的，可以有一个企业、事业单位或者社会团体成员；成员总数超过二十人的，企业、事业单位和社会团体成员不得超过成员总数的百分之五。

2. 入社

《农民专业合作社示范章程》第十条规定凡符合合作社成员资格条件的可向合作社理事会（或者理事长）提交书面入社申请，经成员大会（或者理事会）审核并讨论通过后，即成为合作社成员。

3. 退社

《中华人民共和国农民专业合作社法》第十九条规定农民专业合作社成员要求退社的，应当在财务年度终了的三个月前向理事长或者理事会提出；其中，企业、事业单位或者社会团体成员退社，应当在财务年度终了的六个月前提出；章程另有规定的，从其规定。退社成员的成员资格自财务年度终了时终止。同时对合作社成员在其资格终止前后的权利和义务在第二十条和第二十一条做出相应规定，第二十条规定成员在其资格终止前与农民专业合作社已订立的合同，应当继续履行；对另有规定或者与本社另有约定的除外。第二十一条规定成员资格终止的，农民专业合作社应当按照章程规定的方式和期限，退还记载在该成员账户内的出资额和公积金份额；对成员资格终止前的可分配盈余，依照《中华人民共和国农民专业合作社法》第三十七条第二款的规定向其返还。资格终止的成员应当按照章程规定分摊资格终止前合作社的亏损及债务。

《中华人民共和国农民专业合作社法》第四十四条规定“农民专业合作社因本法第四十一条第一款的原因解散，或者人民法院受理破产申请时，不能办理成员退社手续。”，第四十一条第一款是“章程规定的解散事由出现”。

4. 除名

《农民专业合作社示范章程》第十七条规定合作社成员有不履行成员义务，经教育无效的；给合作社名誉或者利益带来严重损害的及成员共同议决的其他情形中的任一情形的，经成员大会（或者理事会）讨论通过予以除名。对被除名成员，要退还记载在该成员账户内的出资额和公积金份额，结清其应承担的债务，返还其相应的盈余所得。如果是因给合作社名誉或者利益带来严重损害的而被除名的，还须对合作社做出相应赔偿。

除此之外，农民专业合作社章程还可以根据本社的实际情况，在符合法律规定的前提下，对合作社成员资格、人社、退社和除名做出更为具体、明确的规定。

【实例 2-7】

陕西省宝鸡市某村养殖协会

陕西省宝鸡市某村养殖协会的章程规定，养猪规模在 20 头以上、人品好、守信誉的养殖户可以加入到协会中来。

【实例 2-8】

台州市黄岩院桥番茄合作社

台州市黄岩院桥番茄合作社章程规定，社员必须交足与其股金规模相适应的产品（如每亩交足 2 000 千克），未交足额的（除外部不可抗拒的因素外）按当年平均价计算，须交纳不足部分 4%的合作社积累金或相应扣除认购股金，若全年未交产品，由理事会提出，经社员代表大会通过给予除名，确保社员履行交售产品的义务。

（四）成员的权利和义务

1. 成员的权利

《中华人民共和国农民专业合作社法》第十六条规定农民专业合作社成员享有下列权利：

①参加成员大会，并享有表决权、选举权和被选举权，按照章程规定对合作社实行民主管理。

关于选举和表决权《中华人民共和国农民专业合作社法》第十七条规定农民专业合作社成员大会选举和表决，实行一人一票制，成员各享有一票的基本表决权。除基本表决权外，出资额或者与合作社交易量（额）较大的成员按照章程规定，可以享有附加表决权。合作社的附加表决权总票数，不得超过其成员基本表决权总票数的百分之二十，而且，章程可以限制附加表决权行使的范围。享有附加表决权的成员及其享有的附加表决权数，应当在每次成员大会召开时告知出席会议的成员。

②利用合作社提供的服务和生产经营设施。

③按照章程规定或者成员大会决议分享盈余。

④查阅合作社的章程、成员名册、成员大会或者成员代表大会记录、理事会会议决议、监事会会议决议、财务会计报告和会计账簿。

⑤章程规定的其他权利。

2. 成员的义务

《中华人民共和国农民专业合作社法》第十八条规定农民专业合作社成员承担下列义务：

①执行成员大会、成员代表大会和理事会的决议；

②按照章程规定向本社出资；

③按照章程规定与本社进行交易；

④按照章程规定承担亏损；

⑤章程规定的其他义务。

对于《中华人民共和国农民专业合作社法》规定的农民专业合作社成员的权利和义务可以根据合作社的实际情况做出详细规定，也可以增加其他适应合作社需要的权利和义务。如：成员有对合作社的工作提出质询、批评和建议的权利；成员有提议召开临时成员大会的权利；成员有保护合作社共同财产的义务；成员有不从事损害合作社成员共同利益活动的义务。

(五)组织机构及其产生办法、职权、任期、议事规则

农民专业合作社的组织机构一般包括三个层次：第一层次是股东，即合作社成员(代表)大会，它是农民专业合作社的最高权力机构；第二层次是理事会和监事会，它是执行机构和监督机构，它对成员大会或成员代表大会负责，其中，理事长是农民专业合作社的法人代表，负责理事会的日常工作；第三层次是理事会下设的内部组织机构，具体负责农民专业合作社的生产经营及产品销售等各个环节的工作，对理事会负责，是合作社的具体经营管理机构。在以上三个层次中，第一和第二层次具有控制决策权；第三层次具有经营决策权。

农民专业合作社的成员(代表)大会、理事会、监事会等组织机构的产生办法、职权、任期、议事规则依据《中华人民共和国农民专业合作社法》和合作社章程的规定。

1. 成员(代表)大会

①产生办法

《中华人民共和国农民专业合作社法》第二十二条规定农民专业合作社成员大会由全体成员组成，是合作社的权力机构。第二十五条规定当农民专业合作社成员超过一百五十人时，可以按照合作社章程的规定设立成员代表大会，成员代表大会按照章程的规定可以行使成员大会的部分或者全部职权。《农民专业合作社示范章程》第十九条规定成员代表任期由合作社自行决定，可以连选连任。《中华人民共和国农民专业合作社法》第二十三条规定了农民专业合作社召开成员大会时，出席人数应当达到成员总数三分之二以上，同时，《农民专业合作社示范章程》第二十二条又规定成员因故不能参加成员大会，可以书面委托其他成员代理，一名成员最多代理的成员人数由合作社自行决定表决。成员大会选举或者做出决议，应当由合作社成员表决权总数过半数通过；做出修改章程或者合并、分立、解散的决议时，应当由合作社成员表决权总数的三分之二以上通过。如果合作社章程对表决权的以上各种比例数据另有较高规定的，则遵从合作社章程的规定。

《中华人民共和国农民专业合作社法》第二十四条规定农民专业合作社成员大会每年至少

召开一次，会议召集时间由合作社章程规定，但是当百分之三十以上的成员提议，或者执行监事（或者监事会）提议，或者章程规定的其他情形之一发生时，应当在二十日内召开临时成员大会。《农民专业合作社示范章程》第二十条规定成员大会由理事长或者理事会负责召集，提前十五日向全体成员通报会议内容。合作社每年至少于会计年度末召开一次成员大会。如果理事长或者理事会不能履行或者在规定期限内没有正当理由不履行职责召集临时成员大会的，如果合作社设立执行监事或监事会的，则可以由执行监事或者监事会在合作社规定的日期内召集并主持临时成员大会。

②职权

合作社成员（代表）大会行使的职权包括修改章程；选举和罢免理事长、理事、执行监事或者监事会成员；决定重大财产处置、对外投、对外担保和生产经营活动中的其他重大事项；批准年度业务报告、盈余分配方案、亏损处理方案；对合并、分立、解散、清算作出决议；决定聘用经营管理人员和专业技术人员的数量、资格和任期；听取理事长或者理事会关于成员变动情况的报告；合作社章程规定的其他职权。

③任期

在具有合作社成员资格期间就有资格出席成员（代表）大会。

④议事规则

《中华人民共和国农民专业合作社法》第二十七条规定农民专业合作社的成员大会应当将所议事项的决定做成会议记录，出席会议的成员应当在会议记录上签名。

2. 理事会

①产生办法

《中华人民共和国农民专业合作社法》第二十六条规定农民专业合作社设理事长一名，可以设理事会。理事长、理事会成员由成员大会从合作社成员中选举产生，理事长为本社的法定代表人。《中华人民共和国农民专业合作社法》第三十一条规定执行与农民专业合作社业务有关公务的人员，不得担任农民专业合作社的理事长、理事。

②职权

《中华人民共和国农民专业合作社法》第二十八条规定农民专业合作社的理事长或者理事会可以按照成员大会的决定聘任经理和财务会计人员，理事长或者理事可以兼任经理。第三十条规定农民专业合作社的理事长、理事不得兼任业务性质相同的其他农民专业合作社的理事长、理事、监事、经理。《农民专业合作社示范章程》第二十三条规定理事长具体行使的职权包括主持成员大会，召集并主持理事会会议；签署本社成员出资证明；签署聘任或者解聘本社经理、财务会计人员和其他专业技术人员聘书；组织实施成员大会和理事会决议，检查决议实施情况；代表本社签订合同等。

③任期

《农民专业合作社示范章程》第二十三条和第二十四条规定合作社的理事长和理事会成员的任期由合作社自行决定，且可连选连任。

④议事规则

依照《中华人民共和国农民专业合作社法》和合作社章程的规定行使职权，对成员大会负责。理事会会议的表决，实行一人一票。第二十七条规定农民专业合作社的理事会应当将所议事项的决定做成会议记录，出席会议的理事应当在会议记录上签名。

3. 监事会

①产生办法

农民专业合作社可以根据自身发展的实际情况决定是否设执行监事和监事会。《中华人民共和国农民专业合作社法》第二十六条规定农民专业合作社可以设执行监事或者监事会。理事长、理事、经理和财务会计人员不得兼任监事。执行监事或者监事会成员，由成员大会从合作社成员中选举产生。第三十一条规定执行与农民专业合作社业务有关公务的人员，不得担任农民专业合作社的监事。《农民专业合作社示范章程》第二十七条规定合作社监事人数由合作社自行决定，设监事长一人，监事长可以列席理事会会议。如果是卸任理事做监事，须待卸任数年后方能当选监事，卸任时间与《农民专业合作社示范章程》第二十三条规定的理事长任期年数相同。

②职权

《农民专业合作社示范章程》第二十七条规定监事会或者执行监事职权包括监督理事会对成员大会决议和本社章程的执行情况；监督检查本社的生产经营业务情况，负责本社财务审核监察工作；监督理事长或者理事会成员和经理履行职责情况；向成员大会提出年度监察报告；向理事长或者理事会提出工作质询和改进工作的建议；提议召开临时成员大会；代表本社负责记录理事与本社发生业务交易时的业务交易量(额)情况等。第二十八条规定监事会会议由监事长召集，会议决议以书面形式通知理事会。理事会在接到通知后在规定的时间内就有关质询做出答复，这个规定的时间由合作社在合作社章程中确定。第二十九条规定监事会会议须有三分之二以上的监事出席方能召开。重大事项的决议须经三分之二以上监事同意方能生效。监事个人对某项决议有不同意见时，其意见记入会议记录并签名。

③任期

《农民专业合作社示范章程》第二十七条规定监事长和监事会成员的任期由合作社自行决定，可连选连任。

④议事规则

《农民专业合作社示范章程》第二十九条规定监事会会议的表决，实行一人一票。《中华人民共和国农民专业合作社法》第二十七条规定农民专业合作社的监事会应当将所议事项的决定作成会议记录，出席会议的监事应当在会议记录上签名。

(六)成员的出资方式、出资额

成员认购的股金组成了农民专业合作社的注册资本，合作社章程对成员认购的股金、出资方式、成员股金的退出及继承做出规定。

1. 成员认购的股金

《中华人民共和国农民专业合作社法》第三十六条规定农民专业合作社应当为每个成员设立成员账户，主要记载该成员的出资额，即成员认购的股金；量化为该成员的公积金份额和该成员与本社的交易量(额)。(见附录中的《成员账户表》)。

2. 出资方式

《农民专业合作社示范章程》第三十八条规定合作社成员可以用货币出资，也可以用库房、加工设备、运输设备、农机具、农产品等实物、技术、知识产权或者其他财产权利作价出资，但不得以劳务、信用、自然人姓名、商誉、特许经营权或者设定担保的财产等作价出资。成员以非货币方式出资的，由全体成员评估作价。

3. 成员股金的退出

《农民专业合作社示范章程》第十五条规定成员资格终止的，在成员资格终止的会计年度决算后不应超过三个月时间内退还记载在该成员账户内的出资额和公积金份额。第十七条规定退还记载在被合作社除名的成员账户内的出资额和公积金份额，结清其应承担的债务，返还其相应的盈余所得。另外，《中华人民共和国农民专业合作社法》第四十四条规定农民专业合作社因合作社章程规定的解散事由出现而解散的，或者人民法院受理破产申请时，不能办理成员退社手续。

4. 成员股金的继承

《农民专业合作社示范章程》第十六条规定成员死亡的，其法定继承人符合法律及本章程规定的条件的，在合作社规定的时间内提出入社申请，经成员大会或者理事会讨论通过后办理入社手续，并承继被继承人与本社的债权债务。

(七)财务管理和盈余分配、亏损处理

合作社有独立的账号，实行独立的财务管理和会计核算。《中华人民共和国农民专业合作社法》第三十五条规定农民专业合作社可以按照章程规定或者成员大会决议从当年盈余中提取公积金。公积金用于弥补亏损、扩大生产经营或者转为成员出资。第三十七条规定在弥补亏损、提取公积金后的当年盈余，为农民专业合作社的可分配盈余，可分配盈余要按成员与合作社的交易量(额)比例返还或者分配给成员，返还总额不得低于可分配盈余的百分之六十；返还后的剩余部分，以成员账户中记载的出资额和公积金份额，以及合作社接受国家财政直接补助和他人捐赠形成的财产平均量化到成员的份额，按比例分配给合作社成员，具体分配办法按照章程规定或者经成员大会决议确定。第四十六条规定农民专业合作社接受国家财政直接补助形成的财产，在解散、破产清算时，不得作为可分配剩余资产分配给成员，处置办法由国务院规定。

(八)章程修改程序

《农民专业合作社示范章程》第五十八条规定修改农民专业合作社章程时，须经半数以上成员或者理事会提出，理事长或者理事会负责修订。第二十二条规定对修改合作社章程，须经成员表决权总数三分之二以上的票数通过，再报登记管理机关核准、生效、实施。

(九)解散事由和清算办法

1. 解散事由

《中华人民共和国农民专业合作社法》第四十一条规定农民专业合作社出现下列原因时要解散：章程规定的解散事由出现；成员大会决议解散；因合并或者分立需要解散；依法被吊销营业执照或者被撤销。除因合并或者分立原因需要解散外，因其他三个原因解散的，应当在解散事由出现之日起十五日内由成员大会推举成员组成清算组，开始解散清算。逾期不能组成清算组的，成员、债权人可以向人民法院申请指定成员组成清算组进行清算，人民法院应当受理该申请，并及时指定成员组成清算组进行清算。

2. 清算办法

《中华人民共和国农民专业合作社法》第四十三条规定清算组应当自成立之日起十日内通知农民专业合作社成员和债权人，并于六十日内在报纸上公告。债权人应当自接到通知之日起三十日内，未接到通知的自公告之日起四十五日内，向清算组申报债权。如果在规定期间内全部成员、债权人均已收到通知，免除清算组的公告义务。债权人申报债权，应当说明债权的有关事项，并提供证明材料。清算组应当对债权进行登记。在申报债权期间，清算组不得对债权人进行清偿。第四十五条规定清算组负责制定包括清偿农民专业合作社员工的工资及社会保险费用，清偿所欠税款和其他各项债务，以及分配剩余财产在内的清算方案，经成员大会通过或者申请人民法院确认后实施。清算组发现农民专业合作社的财产不足以清偿债务的，应当依法向人民法院申请破产。第四十八条规定农民专业合作社破产适用企业破产法的有关规定。但是，破产财产在清偿破产费用和共益债务后，应当优先清偿破产前与农民成员已发生交易但尚未结清的款项。《农民专业合作社示范章程》第五十五条规定合作社财产优先支付清算费用和共益债务后，按下列顺序清偿：与农民成员已发生交易所欠款项；所欠员工的工资及社会保险费用；所欠税款；所欠其他债务；归还成员出资、公积金；按清算方案分配剩余财产。

（十）公告事项及发布方式

合作社应当根据本社的业务特点和成员、债权人的分布等情况，在合作社章程中对有关公告事项以何种方式做出规定，确保农民专业合作社的成员、交易相对人及其他利害关系人及时了解合作社的生产经营以及其他重要情况。

（十一）需要规定的其他事项

农民专业合作社需要规定的其他事项还可依据具体情况，在上述事项以外做出其他规定。

子任务训练 4　吸纳合作社成员。

吸纳合作社成员入社要明确《中华人民共和国农民专业合作社法》对成员入社的规定。

一、入社的规定

《中华人民共和国农民专业合作社法》第十四条规定具有民事行为能力的公民，以及从事与农民专业合作社业务直接有关的生产经营活动的企业、事业单位或者社会团体，能够利用农民专业合作社提供的服务，承认并遵守农民专业合作社章程，履行章程规定的入社手续的，可以成为农民专业合作社的成员。但是，具有管理公共事务职能的单位不得加入农民专业合作社。

二、对加入农民专业合作社的法律规定的分析

《中华人民共和国农民专业合作社法》第十四条对自然人、法人和其他组织成员加入合作社提出了不同的要求。

如果是自然人加入合作社，要符合两个条件：第一个是必须是中国公民，这是对自然人成员国籍身份的要求；第二个是必须具有民事行为能力，即符合法定条件，并能以自己的名义在合作社中享有权利和承担义务。《农民专业合作社法》对自然人成员的民事行为能力的规定，是根据我国农村和农业生产的实际情况做出的，即在保障生产顺利进行的条件下，保证自然人成员许可资格的广泛性和适用性。农民专业合作社可以根据经营业务情况和自身的实际需要，对成员的民事行为能力提出不同的要求。

如果是企业、事业单位和社会团体加入合作社，要求企业、事业单位和社会团体必须从事与农民专业合作社业务直接有关的生产经营活动。这一规定虽然明确了企业、事业单位和社会团体等组织可以以组织成员的身份加入农民专业合作社，但是在业务的相关性、数量及资格方面提出了要求。首先，在业务的相关性方面的要求是企业、事业单位和社会团体的经营业务

与合作社的业务必须是直接相关的。因为允许其他形式的组织成为农民专业合作社的成员，在各种组织通过合作社提高自身的竞争力的同时，也可以增强合作社的经营实力，实现双赢。如允许龙头企业、科研院(所)或者科技协会等单位可以以组织成员的身份加入农民专业合作社，参与合作社的生产经营。其次，企业、事业单位和社会团体加入农民专业合作社的数量受到限制，要求合作社农民成员数量占全体成员的 80%以上，且合作社成员总数在 20 人以下的，只可以有一个企业、事业单位和社会团体组织成员；成员总数超过 20 人的，企业、事业单位和社会团体成员数不得超过合作社成员总数的 5%；第三，明确规定了具有管理公共事务职能的单位不得加入农民专业合作社。

【实例 2-9】

浙江省余姚市田螺山农机服务专业合作社

浙江省余姚市田螺山农机服务专业合作社在扩大合作社普通社员规模时，为把好社员准入关、夯实组织基础，经成员大会讨论决定对入社成员提出自己的要求，即必须符合 3 个条件：一是社会口碑好；二是必须流转承包土地 20 亩以上；三是认可并遵守合作社章程。

子任务训练 5 召开设立大会，建立合作社组织机构。

一、设立大会的筹备工作

在设立大会的筹备工作阶段，主要是起草筹备工作报告和确定选举方法。

二、起草筹备工作报告

筹备工作报告主要包括 3 个方面内容：筹备设立农民专业合作社的必要性和重要意义；筹备阶段做了哪些具体工作，如组建合作社经费的筹集，成立筹备委员会，起草合作社章程，成员的吸纳召集，股本、股金的确定，初步确定理事会、监事会及内设组织的框架，推荐组织结构领导候选人，确定办公场所等；说明筹备工作已完成，设立的条件和时机已成熟，可以举行设立大会。

三、确定选举方法

在农民专业合作社设立大会阶段，要审议产生理事会、监事会及其负责人的办法，要求说明选举的人数，候选人提名的程序，选举的方式和办法。

四、召开设立大会

设立大会即第一次成员(代表)大会由发起人筹备小组或筹委会负责人主持召开，全体设立人参加(设立人是合作社设立时自愿成为本社成员的人)，同时可以邀请当地农业主管部门代表出席大会并进行指导。

设立大会的议程一般包括以下几方面内容：

1. 正式讨论通过合作社章程，由全体设立人一致通过。
2. 选举产生合作社理事会成员、理事长、监事会成员或执行监事，建立合作社组织机构。
3. 形成设立大会会议决议。内容包括合作社章程的确定；每个成员出资额和出资总额的确认；办公地点的确定；以及聘请的经理、会计、出纳和其他部门负责人等。
4. 审议合作社需要在设立大会上通过的其他重大事项。

1. 申请设立农民专业合作社应当依照《农民专业合作社登记管理条例》第十一条的规定向其住所所在地登记机关提交有关文件(详见申请书内《农民专业合作社设立登记提交文件目录》)。

2. 农民专业合作社名称依次由行政区划、字号、行业、组织形式组成。名称中的行政区划是指农民专业合作社住所所在地的县级以上(包括市辖区)行政区划名称。名称中的字号应当由2个以上的汉字组成,可以使用农民专业合作社成员的姓名作字号,不得使用县级以上行政区划名称作字号。名称中的行业用语应当反映农民专业合作社的业务范围或者经营特点。名称中的组织形式应当标明“专业合作社”字样。

3. 住所使用证明:农民专业合作社以成员自有场所作为住所的,应当提交该社有权使用的证明和场所的产权证明;租用他人场所的,应当提交租赁协议和场所的产权证明;因场所在农村没有房管部门颁发的产权证明的,可提交场所所在地村委会出具的证明。填写住所应当标明住所所在县(市、区)、乡(镇)及村、街道的门牌号码。

4. 农民专业合作社申请登记的业务范围中有法律、行政法规和国务院决定规定必须在登记前报经批准的项目,应当提交有关的许可证书或者批准文件复印件。

5. 农民专业合作社设立时自愿成为该社成员的人为设立人。

6. 提交文件、证件复印件应当使用A4纸。

7. 应当使用钢笔、毛笔或签字笔工整地填写表格或签名。

8. 以上需设立人或出资成员签署的,设立人或出资成员为自然人的由本人签名;自然人以外的设立人加盖公章。

【知识链接】 ③

农民专业合作社法定代表人登记表

<table>
<tr><td>姓名</td><td></td><td>联系电话</td><td></td></tr>
<tr><td>现住所</td><td></td><td>邮政编码</td><td></td></tr>
<tr><td>居民身份证号码</td><td colspan="3"></td></tr>
<tr><td colspan="4">(身份证复印件粘贴处)</td></tr>
<tr><td colspan="4">《中华人民共和国农民专业合作社法》第三十条规定:“农民专业合作社的理事长、理事、经理不得兼任业务性质相同的其他农民专业合作社的理事长、理事、监事、经理。”第三十一条规定:“执行与农民专业合作社业务有关公务的人员,不得担任农民专业合作社的理事长、理事、监事、经理或者财务会计人员。”
本人符合《中华人民共和国农民专业合作社法》第三十条、第三十一条的规定,并对此承诺的真实性承担责任。

法定代表人签名:

年 月 日</td></tr>
</table>

【知识链接】 ④

农民专业合作社成员出资清单

项目 序号	出资成员 姓名或名称	出资方式	出资额(元)	出资成员 签名或盖章

成员出资总额：　　　　　　　　　　　　(元)

法定代表人签名：

年　　月　　日

填写农民专业合作社成员出资清单须知：

1. 出资方式：农民专业合作社成员以货币作为出资的填写“货币”。以实物、知识产权等可以用货币估价并可以依法转让的非货币财产作为出资的，填写非货币财产的具体种类，如房屋、农业机械、注册商标等。

2. 出资额是成员以货币出资的数额，或者成员以非货币财产出资由全体成员评估作价的货币数额。

3. 出资成员是自然人的由其签名，是单位的由其盖章。单位盖章可以加盖在出资清单的空白处。

4. 因出资成员多出资清单写不下的，可另备页面载明。

5. 应当使用钢笔、毛笔或签字笔工整地填写表格和签名。

【知识链接】 ⑤

农民专业合作社成员名册

项目 序号	成员姓名 或名称	证件名称及号码	住所	成员类型
1				
2				
3				
4				
5				
6				
7				
8				
9				
10				
11				
12				
成员总数：　　　　　(名) 其中：农民成员：　　　　　(名)所占比例：　　% 企业、事业单位或社会团体成员：　　　　　(名)所占比例：　　%				

本农民专业合作社的成员符合《农民专业合作社登记管理条例》第十三条、第十四条的规定，并对此承诺的真实性承担责任。

法定代表人签名：

年　　月　　日

填写农民专业合作社成员名册须知：

1. 单位成员主体资格：符合《农民专业合作社登记管理条例》第十三条规定条件的企业、事业单位或者社会团体，可以成为农民专业合作社的成员。企业、事业单位或者社会团体的分支机构不得作为农民专业合作社的成员。农业植保站、农业技术推广站、畜牧检疫站以及卫生防疫站、水文检测站等具有管理公共事务职能的单位不得成为农民专业合作社成员。

2. 证件名称及号码：成员为自然人的，填写“居民身份证”及其号码；成员为单位的，填写主体资格证书及其号码。

3. 住所：农民专业合作社成员是自然人的住所为现住所，是企业、事业单位或社会团体成员为登记证书上载明的住所。

4. 成员类型：分为农民成员、非农民成员和单位成员(企业、事业单位或社会团体)三类。

5. 成员身份证明复印件：农民成员应当提交农业人口户口簿复印件，因地方户籍制度改革等原因不能提交农业人口户口簿复印件的，可以提交居民身份证复印件，以及土地承包经营权证复印件或者村民委员会出具的身份证明。非农民成员应当提交居民身份证复印件。企业、事业单位或者社会团体成员应当提交其登记机关颁发的企业营业执照或者登记证书复印件。成员身份证明复印件粘贴处粘贴不下的，可另备页面粘贴。

6.《农民专业合作社成员名册》写不下的，可另备页面载明。

7. 证件复印件应当注明“与原件一致”并由本人签名或者单位盖章。

8. 提交文件、证件复印件应当使用A4纸。

9. 应当使用钢笔、毛笔或签字笔工整地填写表格或签名。

【知识链接】⑥

农民专业合作社成员身份证明复印件

成员身份证明复印件粘贴处

【知识链接】⑦

指定代表或者委托代理人的证明

指定代表或者委托代理人姓名：

指定代表或委托代理人的权限：

同意□　不同意□　修改有关表格的填写错误。

指定或者委托的有效期限：自　　年　　月　　日至　　年　　月　　日

<table>
<tr><td rowspan="2">指定代表或委托代理人联系电话</td><td>固定电话：</td></tr>
<tr><td>移动电话：</td></tr>
<tr><td colspan="2">（指定代表或委托代理人身份证复印件粘贴处）</td></tr>
</table>

委托人(全体设立人□　法定代表人□　清算组全体成员□　)签名或盖章：

年　　月　　日

注：1. 指定代表或者委托代理人的权限按授权内容自行填写，主要包括：办理名称预先核准、设立登记、变更登记、注销登记或备案等；指定代表或者委托代理人更正有关材料的权限，选择"同意"或"不同意"并在□中打√。

2. 在选择的委托人类型□中打√，委托人是自然人的由其签名；委托人是法人的由其盖章。

3. 指定代表或者委托代理人证件复印件应当注明"与原件一致"并由本人签名或者单位盖章。

4. 委托人签名、盖章写不下的，可另备页面签名、盖章。

特别提示：经办人为法定代表人的，不必向登记机关提交此证明。

【知识链接】 ⑧

农民专业合作社名称预先核准申请书

申请名称		
备选名称(请选用不同的字号)	1.	
	2.	
业务范围		
住所		
设立人		
姓名或名称	成员类型	证照类别及号码
姓名或名称	成员类型	证照类别及

经办人签名:

年　　月　　日

注:经办人为农民专业合作社全体设立人指定代表或者委托代理人。

填写农民专业合作社名称预先核准申请书须知:

1. 农民专业合作社申请名称预先核准,应当向其住所所在地的登记机关提交:全体设立人指定代表或者委托代理人签署的《农民专业合作社名称预先核准申请书》;全体设立人签署的《指定代表或者委托代理人的证明》(见申请类1.10)。

2. 农民专业合作社名称依次由行政区划、字号、行业、组织形式组成。名称中的行政区划是指农民专业合作社住所所在地的县级以上(包括市辖区)行政区划名称。名称中的字号应当由2个以上的汉字组成,可以使用农民专业合作社成员的姓名作字号,不得使用县级以上行政区划名称作字号。名称中的行业用语应当反映农民专业合作社的业务范围或者经营特点。名称中的组织形式应当标明"专业合作社"字样。名称中不得含有"协会"、"促进会"、"联合会"等具有社会团体性质的字样。

3. 农民专业合作社的业务范围包括:农业生产资料的购买,农产品的销售、加工、运输、贮藏以及与农业生产经营有关的技术、信息等服务。

4. 农民专业合作社的住所是其主要办事机构所在地,填写住所应当标明住所所在县(市、区)、乡(镇)及村、街道的门牌号码。

5. 农民专业合作社设立时自愿成为该社成员的人为设立人;设立人写不下的,可另备页面载明。

6. 农民专业合作社的成员应当符合《农民专业合作社登记管理条例》第十三条、第十四条的规定。成员类型:分为农民成员、非农民成员、单位成员(企业、事业单位或者社会团体)三类。

7. 证照类别:农民成员为农业人口户口簿;非农民成员为居民身份证;单位成员为其登记机关颁发的企业营业执照或者登记证书。

8. 应当使用钢笔、毛笔或签字笔工整地填写表格或签名。

《农民专业合作社登记管理条例》第十六条规定:工商行政管理部门审查了以上材料,认为材料齐全、符合注册登记条件,登记部门能够当场登记的,应给予当场登记,发给营业执照。注意:《农民专业合作社登记管理条例》第三十一条规定登记机关办理农民专业合作社登记不收任何费用。

如不能当场登记的,登记部门应当自受理登记申请之日起 20 日内办理完毕,向符合登记条件的申请者颁发营业执照,如不予登记的,应当给予书面答复,并说明理由。

合作社领到法人营业执照后依法取得了法人资格,可以开始正式从事农产品生产经营活动。

《农民专业合作社登记管理条例》第十七条和第十八条规定营业执照分为正本和副本,正本和副本具有同等的法律效力。任何单位和个人不得伪造、变造、出租、出借、转让营业执照。

二、变更登记

《农民专业合作社登记管理条例》第二十条、二十一条规定农民专业合作社法定登记事项变更的,应当申请变更登记(见知识链接⑨-ⅰ至知识链接⑨-ⅲ)。法定登记事项变更主要是指:经成员大会法定人数表决修改章程的;成员及成员出资情况发生变动的;法定代表人、理事变更的;农民专业合作社的名称或住所变更的;业务范围变更的以及法律法规规定的其他情况发生变化的。第二十四条规定变更登记事项涉及营业执照变更的,登记机关应当换发营业执照。除法定变更事项外,合作社可以根据自身发展需要和情形对相关登记事项进行变更,以保证自身的正常发展以及维护交易相对人的权益。

【知识链接】 ⑨-ⅰ

农民专业合作社变更登记提交文件目录

序号	文件名称	份数
1	法定代表人签署的变更登记申请书	
2	成员大会或者成员代表大会做出的变更决议	
3	法定代表人签署的修改后的章程或者章程修正案	
4	变更后的住所使用证明(变更住所须提交)	
5	修改后的出资清单(变更成员出资总额须提交)	
6	经营项目前置许可文件(变更业务范围涉及前置许可的须提交)	
7	农民专业合作社法定代表人登记表(变更法定代表人姓名须提交)	
8	指定代表或者委托代理人的证明	
9		
10		

经办人签名:

年　　月　　日

注:经办人为法定代表人本人或其指定代表或者委托代理人。

【知识链接】 ⑨-ⅱ

农民专业合作社变更登记申请书

注册号：

<table>
<tr><td>项　　目</td><td>原登记事项</td><td colspan="2">申请变更登记事项</td></tr>
<tr><td>名　　称</td><td></td><td colspan="2"></td></tr>
<tr><td rowspan="3">住　　所</td><td rowspan="3"></td><td colspan="2"></td></tr>
<tr><td>邮政编码</td><td></td></tr>
<tr><td>联系电话</td><td></td></tr>
<tr><td>成员出资总额</td><td>（元）</td><td colspan="2">（元）</td></tr>
<tr><td>业务范围</td><td></td><td colspan="2"></td></tr>
<tr><td>法定代表人姓名</td><td></td><td colspan="2"></td></tr>
<tr><td colspan="4">本农民专业合作社依照《中华人民共和国农民专业合作社法》、《中华人民共和国农民专业合作社登记管理条例》申请变更登记，提交文件材料真实有效。谨此对真实性承担责任。
法定代表人签名：
年　　月　　日</td></tr>
</table>

填写农民专业合作社变更登记申请书须知

1. 农民专业合作社变更登记事项的，应当提交下列文件：法定代表人签署的《农民专业合作社变更登记申请书》；成员大会或者成员代表大会作出的变更决议；法定代表人签署的修改后的农民专业合作社章程或者章程修正案；法定代表人指定代表或者委托代理人的证明。

2. 农民专业合作社变更成员出资总额的，还应当提交全体出资成员签名或盖章、法定代表人签署的修改后的《农民专业合作社成员出资清单》。

3. 农民专业合作社变更住所的，还应当提交新的住所使用证明。

4. 农民专业合作社变更业务范围涉及法律、行政法规或者国务院规定须经批准的项目的，还应当提交有关许可证或者批准文件。

5. 农民专业合作社变更法定代表人姓名的，还应当提交拟任法定代表人签名的《农民专业合作社法定代表人登记表》。

6. 提交文件、证件复印件应当使用 A4 纸。

7. 应当使用钢笔、毛笔或签字笔工整地填写表格或签名。

【知识链接】 ⑨-ⅲ

农民专业合作社法定代表人登记表

姓名		联系电话	
现住所		邮政编码	
居民身份证号码			
（身份证复印件粘贴处）			
《中华人民共和国农民专业合作社法》第三十条规定："农民专业合作社的理事长、理事、经理不得兼任业务性质相同的其他农民专业合作社的理事长、理事、监事、经理。"第三十一条规定："执行与农民专业合作社业务有关公务的人员，不得担任农民专业合作社的理事长、理事、监事、经理或者财务会计人员。" 本人符合《中华人民共和国农民专业合作社法》第三十条、第三十一条的规定，并对此承诺的真实性承担责任。 法定代表人签名： 年　月　日			

三、合作社的分支机构的设立

农民专业合作社可以设立分支机构，按照《农民专业合作社登记管理条例》第三十条规定，比照《农民专业合作社登记管理条例》有关设立合作社登记的规定，向分支机构所在地登记部门申请办理登记。在办理登记时，除了不提供章程外，其他材料与设立合作社一样，向登记机构提供。合作社分支机构不具有法人资格。如果合作社分支机构有违法行为，与合作社一样按照法律规定进行处罚。

任务总结

思考题

1. 合作社的设立程序有哪些？

2. 如何进行合作社的规范化建设？

3. 简要说明20世纪90年代后期，在我国发展土地规模化经营中出现的以浙江等地为代表的"股田制"的基本形式。

4. 说明我国农村近年来出现的土地合作经营方式特点，并分析这种土地合作经营方式的优点。

5. 分析工商资本进入农业的利与弊。

学习任务三　农产品销售合作社的规范化建设

学习目标

1. 了解农产品销售合作社产生的动因。
2. 理解农产品销售合作社的类型及区别。
3. 掌握农产品销售合作社的规范化建设方法。

任务描述

子任务1　发起筹备(明确发起人,进行设立农产品销售合作社可行性分析)。

子任务2　起草发布农产品销售合作社倡议书。

子任务3　起草合作社章程。

子任务4　吸纳合作社成员。

子任务5　召开设立大会,建立合作社组织机构。

子任务6　注册登记。

案例导入

天津市邑农农副产品专业合作社

♣合作社的创立

邑农农副产品专业合作社成立于2004年12月8日,2006年2月在工商部门注册,注册资本50万元。合作社在创办与运作过程中,始终坚持"以成员为主体,以合作社为依托,以经济为纽带"这一指导思想,并在实践中不断完善。

合作社的成员分为3个层次:一是核心成员,在社内占有较大股份;二是紧密成员,主要是经济实力较强,经营能力较强的成员;三是联系成员。在利益分配上,对不同层次的股东实行不同的政策,其中核心和紧密成员的入股股金承担经营风险,同时年终参加分红;联系成员不承担风险,只按与合作社的蔬菜交易量,享受二次返利。

邑农农副产品专业合作社以"邑农合作社＋傲绿公司＋基地农户＋邑农有机食品专卖店＋消费者"为模式,把分散的农户联合起来,形成大规模的种植养殖基地,农户通过联合与合作,形成标准化、产业化、规范化的经营优势,从而提升合作社抗风险能力。合作社以基地良好的有机生产环境为依托、傲绿公司完善的国内外营销网络为平台,保证成员利益最大化。同时,推广订单农业,提高农产品的品质、品牌优势,在市场竞争中获取更大的利益。

♣合作社的决策机制

①机构逐步完善。合作社制定了章程,确定了成员(代表)大会为合作社的最高权力机构,理事会为日常执行机关,实行理事会领导下的总经理负责制。根据业务需要,合作社设置了营

销、加工、基地、市场和财务5个部门，各司其职、互相配合。

②产权确认趋于明晰。合作社的资产形成主要来源于：成员股金、国家扶持资金、合作社下属部门上交的利润、有关单位捐赠形成的资产等。邑农合作社资产财务单独设立明细账反映，任何单位和个人无权平调。合作社下属各部门的资产与合作社的资产分别核算，各部门设立股份，入股成员根据自愿选择入股。各部门按规定上交合作社的盈余，根据需要进行再分配，其分配后盈余净额作为新增加的合作社资产。

③内部管理逐步规范。为了增强合作社的凝聚力、提高内在活力和发展生命力，合作社加强民主管理、民主决策。一是民主选举，实行一人一票，合作社理、监事会成员都由成员民主选举产生；二是民主决策，每年召开一次全体成员大会并不定期召开成员代表大会，民主讨论和决策重大问题，使每个成员能充分发表各自的意见和建议；三是提高财务管理的民主程度，制定了符合本社实际、操作性强的《财务管理制度》，规范了财务行为，并定期实行财务公开，接受成员监督，每年主动请有关部门进行年度审计；四是修订完善各项管理制度，使各项工作都能有章可循。

♣邑农合作社的销售情况

①邑农合作社销售实行五统一，即统一收购、统一质量、统一价格、统一包装、统一销售。成立了15人的营销队伍，负责销售、运输、搜集信息、编成信息。合作社免费提供给成员，为准确定位、定向、定量组织生产和销售提供决策依据；引导成员关注市场，搞好外销；同时邀请外地客商、厂商进行座谈，主要是总结经验，提高营销人员的素质，为外地客商、厂商创造良好外销环境。

②加大市场营销力度，建立可追溯制度。邑农合作社率先在国内建设农副产品全程可追溯体系，通过数字编码系统对无公害、绿色、有机农副产品生产流通全程进行记录。

③建成了全国最大的无公害、绿色、有机农副产品专卖店。为了寻求进一步发展，实现新的突破和多元化发展，在充分考察论证的基础上，邑农合作社用短短的两个多月时间就在天津市开发区新建成了全国最大的无公害、绿色、有机农副产品专卖店——邑农达超市，它向国外来考察的同行友人和国内消费者充分展示天津农业产业化发展现状。

④国内市场销售情况：邑农合作社经过近几年的苦心经营，已经在天津市场打下了坚实的基础，合作社的产品在天津市包括伊士丹、海信广场、易买得、家乐福等大型超市的30多家分店销售，在天津市场农副产品进店占有率达75%以上。主要经营：无公害蔬菜、无公害水果、有机蔬菜、有机水果、有机杂粮等农副产品，2007年1～9月，在天津市场的营业额为3 620万元。在北京、上海、重庆、郑州、苏州、长沙、济南、青岛等外埠十几个大中城市中有80多个店面销售邑农农副产品，并拥有完整的销售网络和覆盖经济发达地区的销售终端。2007年1～9月外埠营业额为4 830万元。

⑤国际市场发展情况：邑农合作社从建社开始就十分注重品牌和发展国际市场，目前，合作社农副产品已销往新加坡、日本、澳大利亚、欧盟等10多个国家(地区)。2007年，先后接待了日本、新加坡、意大利、德国等外商来合作社基地和农副产品专卖店考察，邑农合作社农副产品质量和信誉获得国际客商一致好评。邑农合作社农产品获得了欧盟的BCS认证、日本JAS认证，伴随今后欧盟、美国、日本对有机食品需求的不断扩大，像邑农合作社这样的有机食品加工与有机农产品生产农户迎来了较大的机遇。

据合作社2007年1～9月财务统计，在国内市场，合作社无公害蔬菜销量为10 520吨、有机蔬菜销量为1 100吨、有机杂粮销量为1 660吨;在国际市场,有机蔬菜出口345吨、有机杂粮出口575吨。为成员推销农产品近8 000万元,返利给成员约400万元,带动农户1 200户,使农民人均增收8 000元。合作社在天津市建立了有机苹果、有机蔬菜、无公害蔬菜、无公害食用菌、绿色杂粮等可追溯性的三农产品基地,辐射带动种植面积达10万亩以上。合作社的成功运作为组织农民走向市场、培育增大区域特色产业、发展规模经济、提升产业化经营水平、保护农民利益、增加农民收入、加快全面建设农村小康社会,开辟了一条切实可行的路子。

学习资料

世界各国百余年的国际合作运动经验表明,农业合作社是最为成功的类型,而农业合作社中又以农产品销售合作社为典型代表。

在许多发达国家,农产品销售合作社已经成为农产品销售的主渠道,尤其在一些附加值高、保鲜期短的初级产品生产部门,合作社所占的市场份额更是极高,如丹麦、荷兰、英国、瑞典、葡萄牙、奥地利、芬兰、冰岛等国合作社的奶制品市场份额达到了80%,甚至90%以上。

农产品销售合作社的发展能够加速当地农产品生产的专业化和市场化进程,充分体现农产品销售合作社的发展与推进农业产业化过程的一致性。它所带来的收益不仅仅是将农民组织起来、提高农民收入,更为重要的是彻底改变农民的传统经营方式,将农民引入到现代农业的工厂式的规范化、专业化、大规模生产中来,使他们积极地参与到面向高端市场、从供应商到客户、一环扣一环的农产品供应链中来,让农民从仅仅能分享到农产品生产所带来的增值,到进一步能分享到农产品深加工、农产品贮藏运输、农产品销售以及农业生产资料供应等多个环节的增值,最终全面提升农民的市场竞争地位和社会地位,使农民享受全球化和现代化带来的收益,这也是农业合作社的发展方向和最终目标。

【知识链接】 农业组织的发展趋势

20世纪初,俄国农民学家恰亚诺夫认为未来农业组织的发展趋势应是通过农民合作社实现的农户经营纵向一体化,它比资本主义的纵向一体化向前迈进了一大步,并且比横向的生产集中产生更大的利润。小农可以拥有一部分原料加工企业的控制权,并迫使小农依据合作社的销售和加工政策来制定自身的生产和经营计划,改善技术和耕作方法,以符合市场的需要。

一、农民加入农产品销售合作社的动因

农民加入农产品销售社的动因主要有将农产品销售出去、避免商贩的欺骗和提高农产品销售的议价能力。

1. 将农产品销售出去。将农产品销售出去这个动因是由于农业生产的特点和农产品市场的特点形成的。农业生产有季节性和生物性的特点。农业生产的季节性特点造成农产品大量集中上市,供应量变化很大;农业生产的生物性特点使农产品受自然环境影响大、保鲜期短、不易贮藏及品质参差不齐。因此农户要承担较大的自然风险。

农产品的生产以家庭经营为主,农户个体的生产规模普遍过小,市场集中度非常低,使得农产品市场接近于完全竞争市场,农户则成为市场价格的被动接受者,所以农户还要承担较大的市场风险。

为规避风险,单个经济实力薄弱的小农户大多选择尽早将手中的农产品卖出去,其结果往

往是竞相削价出售。特别是在农产品市场出现了买方市场的格局时，农产品销售难的问题更加突出，无法保证农民的经济利益。

为了能够获得一个稳定的经营收入，农民想加入到合作社中来，给自己的农产品找到一个稳定的销售渠道。

【实例 3-1】

农户产品销售难

2004 年春，对浙江省某县对一家龙头企业领办的畜产品合作社进行调查时，企业主认为不可能再给合作社的农民二次返利，他认为龙头企业向合作社提供技术、向农民提供保护价、让农民把产品销售掉就很不错了，已经解决了农民自己解决不了的销售难的问题。企业主的这个的观点也说明了当前农产品销售难的现状。

2. 避免商贩的欺骗。目前，我国家庭承包经营制度下农户的能力、规模决定了其在市场交易中的劣势地位。农民由于生产规模过小、距最终农产品销售市场较远，所以农民销售农产品的方式在较大程度上还处在地头交易阶段，即由商贩直接到生产地头采购。再加上农民的信息不畅，造成农民在与商贩的谈判中很容易被商贩欺骗。

农民加入合作社后，获得市场信息的渠道拓宽了，避免了商贩的欺骗。

【实例 3-2】

大庆市林甸县某蔬菜合作社

大庆市林甸县某蔬菜合作社成立前，农民出售蔬菜完全受商贩的控制摆布，如大白菜的销售，当时大庆市的市场价格是每千克 0.5 元，小贩向农民给出的收购价是每千克 0.32 元，农民提出的还价仅是每千克 0.36 元。当地供销社引导农民成立了蔬菜销售合作社，合作社直接开展网上农产品电子商务交易。有了全国各地市场的参考价后，合作社与商贩谈判时也做到心中有数，不再被欺骗。不仅如此，通过网上交易，合作社产品的市场范围大大延伸，拓展了市场需求空间，合作社直接同山东寿光建立起了业务联系，开展网上订购蔬菜，受此影响，产地的农产品销售价格大幅度上升，以萝卜为例，以前在生产地头销售，价格是每千克不足 0.4 元，而现在卖给寿光的价格每千克高达 1 元。

3. 提高农产品销售的议价能力。按照集体行动理论，农民选择联合销售农产品的集体行动，是因为他们作为单个的卖者与他们所面对的购买者相比在规模和活动范围上存在着差距。农民所面对的购买者是农产品的经纪人、加工商、分销商，与他们相比，农民的数量偏多而且规模偏小。农民联合组成合作社后，从营销力量上说，由于营销力量上的壮大，能够更加平等地与购买者谈判，而且从农产品的数量和等级上都集中了更多的分级产品，从而能够满足不同消费者的各种需求。

【知识链接】　美国的农业议价合作社

美国农民为了获得市场抗衡力量，联合起来组成了议价合作社，入社农民通过结成一个紧密的经济体来与加工商进行价格和其他贸易项目的谈判，从而获得了在完全市场竞争条件下个体生产者无法具有的更大的市场力量。最为普遍的谈判通常包括农产品的交货时间、支付方式、质量标准，其他的谈判内容还有等级、合同期限、生产期间的权利和义务等。从长期看，议价合作社的活力最终在于控制供给。美国的农业议价合作社所控制的农产品超过了本地区60%以上的市场份额，以便让加工者承认合作社是唯一的谈判代理，并且是他们产品原料供应的基本源头。为了获得市场抗衡力量和经营的稳定性，大多数议价合作社与社员签订了营销合同，并通过有效的沟通和教育项目培养成员的忠诚与信任，确保社员遵守规则。并且，合作社大都建立了田间代表制度，目的是让社员随时了解市场的开发情况和合作社的谈判情况，同时不断地吸收新的社员，避免加工商与那些非社员签订优惠合同来削弱合作社的力量。

二、农产品销售合作社的类型

农产品销售合作社按照发起人的不同分类，主要有公司领办的农产品销售合作社、村集体领办的农产品销售合作社和基层供销社领办的农产品销售合作社等。

1. 公司领办的农产品销售合作社

公司领办的农产品销售合作社具有公司与农户双赢的效应，特别是在公司法人与农民从事相同的农产品生产业务的合作社和公司法人与农民社员两者存在唇齿相依的内在业务联系的合作社中表现更为突出。

①公司法人与农民双方通过建立合作社，将外部交易关系内部化，通过产权纽带建立起风险共担、利益共享的机制，从而约束各自的经营行为，加大了各自的违约成本，促使双方结成利益共同体。

②从合作社角度讲，在农产品买方市场的条件下，龙头企业带领农民建立农产品销售合作社，有利于帮助农民快速提升农产品品质，建立起稳定的农产品营销渠道。从企业的角度讲，原材料的品质和数是有了保证。

③合作社不仅有利于企业的发展，而且由于延伸了农产品产业链条，使农民可以分享农产品产业链条上各个阶段的增值收益。

【实例3-3】

北京市大兴圣泽林果品专业合作社

合作社的领办人圣泽林庄园有限责任公司是一家农业企业，有13公顷(200亩)梨园，产品为华堂超市供货。

市场扩张后，企业产品供不应求，于是与当地从事相同种植品种的梨农签合同，采用“公司+农户”的方式合作，周边先后有百余户种梨农户加盟进来，为公司供货。

但是该模式运作中暴露出了突出问题，公司感到非常棘手：

问题1:公司无法控制农户的产品质量。一些农户将品质好的产品自己销售，剩下的二级果、落地果等卖给公司，以次充好，而公司难以监控，影响了公司的商誉。

问题2:收购农产品中的价格压力。每次收果，农户与公司都不间断地进行讨价还价，农户对公司表现出明显的不信任，公司与当地农民的关系呈恶化态势，公司觉得长久下去，非常不利于自我发展。

问题3:农户生产资料投入品的质量难以保证。很多农户为了降低成本，使用廉价的果袋，导致梨在储藏期变黑、受到污染，公司要求农户统一果袋，但是农户不响应。

为了解决上述问题，公司决定与农户共同出资，创办合作社，结合成真正的利益共同体。

合作社总股本20万元，公司股份占4万元，其余为农户入股。

作社成立后，农户将产品全部销售给合作社，合作社统一技术管理、统一提供果袋、统一收购社员产品，而后统一销售给华堂超市。

所获得的销售纯收入60%按照每个社员提供的农产品数量和品质进行返还，40%按股分红。公司作为数额最大的产品提供者(约占合作社产品销售额的20%)和最大的股东，返还额和分红额也最大。

这是一个典型的公司领办的农产品销售合作社，合作社使公司和农户双赢：公司的产品货源、产品品质有了保证；农户的优质产品外流现象得到遏制；农户收入水平也明显提高；技术水平得到改善；合作社吸引了周边一些农户为合作社供货，这些农户也要求加入合作社。

随着华堂超市网点在京的不断扩张，合作社的前景非常看好。

【实例3-4】

北京市大营宏光养鸭合作社

合作社的领办者是一家鸭子屠宰公司，该公司是由村里几户农民创办的，产品提供给北京某连锁餐饮店。

为保证产品货源和质量，公司组织本村及周边养鸭户成立合作社，养鸭户将产品卖给合作社，合作社再把产品卖给公司，公司将产品卖给连锁店。

成立合作社前，养鸭户直接把产品卖给公司，但是也可以卖给其他鸭贩子，公司无法控制货源，养鸭户则无法保证基本的收入，定价权都在公司一边。

合作社成立后，首先参照当地的市场价格收购农民的鸭子，而后与公司讨价还价，卖给公司。两者的价差扣除成本费用后，按照社员提交鸭子的数量进行返还。

与成立合作社前相比，公司获得的好处：能够按照自己的技术要求顺利地统一防疫、统一生产技术规程；鸭源和肉质有了保证；销售收入增加。

与成立合作社前相比，社员获得的好处：养殖成本降低；收购价格稳定，社员的基本利益得到保证；与公司谈判力提高。

合作社的理事会由4人组成，公司代表1人，养鸭户3人，合作社内部与公司讨价还价中，养鸭户的利益代表有较强的决策权。

合作社账目透明，接受广大社员监督。

社员认为通过与企业合作，养鸭收益水平有保障。

2. 村集体领办的农产品销售合作社

村集体利用容易对社员进行组织动员和号召，易于与乡镇政府等有关部门进行工作联系的自身特有的组织优势，强化社区成员的人际关系和相互信任，最大范围地引导社区成员自愿合作，从而实现资源的有效配置。

①村集体领办农产品销售合作社的优点

村集体领办的合作社的优点在于村集体在合作社发展的初期，能够在为合作社提供公共物品服务、帮助合作社拓展业务和提高合作社的商业信誉等方面提供便利，从而很大程度地降低合作社发展初期的运行成本。

【实例 3-5】

陕西省宝鸡市某村养殖协会

♣结构调整中发展起来的养殖协会

陕西省宝鸡市某村共有 666 户人家，是全镇生产经营搞得最好的一个村子。村支书是一位复员军人，高中毕业后入伍，曾在中央警卫团服役，1980 年返乡务农，1981 年被任命为村党支部副书记，1989 年起担任村党支部书记。

2001 年，镇里要求各村进行产业结构调整，每个村要培养一个龙头企业。当时，该村以粮食生产为主，经济效益低下，农民收入增长缓慢。如何进行结构调整，村支书心里没底，他找到了家在本村、现任省某食品公司经理的老乡。经理建议村支书发展养殖业，那时村里有两个养猪大户，仅养猪一项收入就达到了上千元，这在村民眼中是件了不起的事，然而村干部中没有养猪的。在经理的引荐下，村支部和村委会派人南下广州、北上兰州考察市场。结果发现，瘦肉型育肥猪市场看好。于是，村里决定发展养猪业。然而，首先遇到的问题是缺少启动资金。村党支部于是与镇信用社联系贷款，并得到了镇政府的支持，镇政府亲自帮助村集体协调。镇信用社为了保证贷款的回收，决定采取小额信贷方式。具体做法是：村民自筹资金建猪场、购回仔猪后，信用社及时发放贷款，猪育肥出栏后收回贷款。农户购买下期仔猪入栏后，信用社再进行第二轮贷款。该村首批共获得了 36 万元贷款，每户最低不少于 5 000 元。

2002 年，村里的育肥猪养殖初具规模。首批养殖户赚钱后，出现了邻里效应，村民养猪的积极性空前高涨，势头看好。镇政府及时总结了该村的经验，上报到县里。2003 年，在县农业局的直接帮助下，该村正式成立了养猪协会，并在县民政局登记注册，注册资金 5 000 元，县农业局将该村选定为县农民合作社示范试点。村党支部和村委会的干部以及养殖大户作为协会的发起人，第一批入社的农户共计 49 户，每户缴纳会费 10 元。在县农业局的帮助指导下，协会完善了示范章程，建立健全了内部决策和管理制度，组建了理事会和监事会。

♣合作社开展的 6 项服务

按照协会章程的规定，养猪规模在 20 头以上、人品好、守信誉的养殖户都可以加入到协会中来。会员入会后，只负责生猪的饲养管理，其余服务全部由协会统一提供。概括起来，协会有 6 个方面的统一服务：

①仔猪引进。由于本地仔猪市场供不应求，协会组织人员到四川引进，价格按照成本定价，平均价格比当地商贩的价格低 20 元/头。

②饲料供应。协会引进正规的饲料厂在协会设销售点，从生产厂家直接购货，每袋饲料平均低于市场价 5～8 元，每袋饲料协会加价 2 元，作为协会的管理费。

③组织防疫。协会专门配备防疫员，为养殖户统一组织防疫。当农户基本掌握了防疫技术可以独立开展生猪防疫工作后，协会改为统一购置疫苗，会员以成本价领取。

④技术指导。协会聘请杨凌农业高新区、西北农大等地的专家为会员讲课，帮助会员掌握科学的养殖技术。协会支付专家费用。

⑤销售服务。协会与多家食品经销商建立了稳定的供销关系，生猪全部外销，客商直接来村与协会签订意向性协议。2003 年，协会销售生猪上万头，主要销售到广州、汕头、兰州等地市场，平均销价达到 9.2 元/千克。农户在生猪销售的第二天就可拿到货款。协会按照每头 5 元提取管理费。

⑥资金服务。小额信贷取得良好效果后，镇信用社又与协会开展进一步的专项贷款合作，

并将贷款权交给了协会，只要会长签字，信用社即发放贷款。协会内部采取“会员申请——会计审核——会长签字并承担风险——信用社发款”的贷款流程。协会成立两年多，镇信用社共发放贷款200万元，会员个人从信用社获得贷款从5 000元到8万元不等。依靠这些资金扶持，全村先后建起存栏300头的猪场2个、存栏100头的猪场20个、存栏50头的47个，以及存栏20头的50余个。两年来，协会不但没有一笔贷款出问题，而且解决了4个农户长期拖欠信用社的3.9万元贷款。由于生猪育肥周期在4个月左右，协会会员的年资金周转达到两次以上。鉴于协会的突出业绩，2004年信用社和协会双方又签订了300万元的资金合作协议，决心将该村建成陕西西府第一养猪大村。

村里那些规模小没有入社的养殖户，与会员享受的服务基本一样，但是不能取得贷款。此外，村中还有部分会员和其他村民养牛，2004年全村的奶牛养殖初具规模，达到了170头。为此，协会还与宝鸡某奶粉厂协作，在本村设立收奶站，解决会员和其他奶牛户鲜奶难卖的问题。

♣协会的初步效果

协会的发展，带动了全村经济的振兴，到2004年8月，全村从事养猪的农户达到420户，超过全村总农户的60%，养猪业已经成为全村的主导产业，60%以上养殖户的养殖收入占家庭总收入的80%以上，会员的人均养殖收入达到近800元。到2005年底，协会出栏生猪3万头，占全县生猪出栏总量的17%，会员养猪收入达到人均1 500元。协会的发展还带动了第三产业的发展，全村有40多户发展起了个体运输。不仅如此，协会的发展还带动了周边地区6个乡、10余个村养殖业的发展。

②村集体领办的合作社与村两委的关系

村集体领办的合作社与基层组织建设之间应该形成一种相互促进的良性关系。

【实例3-6】

黑龙江省牡丹江地区林口县奎山乡吉庆村食用菌专业分会

黑龙江省牡丹江地区林口县奎山乡吉庆村在县食用菌协会的指导下，村党支部牵头成立了食用菌专业分会，开展滑子蘑、木耳等生产。

分会帮助农民协调菌种、菌料，县协会负责技术指导、联系加工企业收购产品以及提供信息服务等。

分会成立之初，村党支部广泛向农户宣传，并要求党员干部带头生产蘑菇，初试成功后，广大村民纷纷效仿，加入分会。

为了充分发挥基层支部的带动致富作用，村党支部建立了党员责任户制度，选拔技术过硬、人品好的党员作为党员责任户，并把党员责任牌高挂在村各街道的醒目建筑物上，会员有问题可以随时找党员户。伴随党员户的压力增大，学习技术的动力更强。

村里的年轻人被党员责任户为民服务的精神所感染，觉得“党员确实为农民做好事”、“当一名党员光荣”，一些人因此主动提出入党，年轻人的集体归属感、荣誉感普遍增强。村党支部将支部建设与专业分会发展有机结合在一起，在当地市场打响了本村滑子蘑产品的信誉品牌，并被县委评为农村基层优秀党支部。

【实例 3-7】

北京市密云县石城镇石塘村民俗旅游合作社

北京市密云县石城镇石塘村民俗旅游合作社成立前，农户各自拉客，争夺客源，无序竞争，旅客投诉不断，两败俱伤，村的名誉受损。

村委会牵头成立合作社后，引导社员民主选举社员代表议事，社员大会决定重大事项，合作社统一价格、统一服务标准、统一持证上岗、统一上网打广告，组织到北京开展宣传。旅游高峰季节，几户农户社员自愿联合组成小组，集体对外接客，扩大当地民俗旅游的影响力和资源。社员在此基础上又联合投资开发新旅游项目。

合作社发展开始步入良性循环，村集体的威信也提高了，村民积极参与村庄建设，村庄的卫生、生态环境明显改善，村民的民主意识增强，村民间的关系和睦，石塘村民俗旅游的品牌也在当地和周边地区叫响，它既树立了村集体良好的社会形象，又为合作社赢得了商誉。

3. 基层供销社领办的农产品销售合作社

【实例 3-8】

北京市房山区张坊柿子合作社

♣建立合作社的动议和合作社的创立

磨盘柿的种植在张坊镇已有600余年的历史。张坊镇所在的房山区是全国磨盘柿的最大生产地，种植面积在6 660公顷左右。2001年，国家林业局把房山区确定为全国优质磨盘柿生产基地。在计划经济时代，张坊基层供销合作社一直负责全镇的柿子收购工作。改革开放以来，供销社的主渠道地位被打破，在卖方市场环境下，柿子销售逐步形成多主体、多渠道的经营方式。1998年，柿子市场发生根本性变化，随着买方市场格局的形成，柿子销售遇到了空前的困难，春节临近，农民的柿子销售问题仍没有解决。房山区委、区政府动员一切社会力量帮助农民推销产品，其中点名要求基层供销社承担重任。在此背景下，地处房山柿子主产区的张坊基层供销社在帮助农民销售柿子的过程中开始思索组建合作社：一方面，它能够帮助柿农解决卖难的问题；另一方面它也为基层社未来的发展展示一条可持续发展的道路。张坊基层供销社在10余年的改革中，基本采取的是利用原有的设备、场地优势进行承包经营和租赁经营的方式，但由于市场竞争环境日趋严峻，这种经营方式显示出乏力的态势，承包和租赁的经营收入逐年下滑，路越走越窄。基层供销社欲求得生存，必须寻找新的发展途径，因此组织农民发展合作社，为基层供销社的发展提供了新契机。

本着互惠互利的基本原则，张坊基层供销社在全镇10个柿子产区中，避开交通便利、柿子质量上乘的村庄，选取了两个最偏远的、交通条件不好、农户收入水平低，但是群众基础好(供销社主任曾在其中的一个村代销点做过营业员)，易于认同、接受的经济弱村作为基地，通过走村串户宣传合作社能够帮助农民增收的好处，把两个村的24个专业大户都发动起来加入合作社。对30个社员的问卷调查统计结果显示，83%的社员加入合作社是想增加产品的销售收入，其余17%的社员希望通过加入合作社使自己的产品有一个稳定的销售渠道，没有一个社员入社是模仿他人(共设有3项选择)。张坊柿子合作社于1998年7月挂牌成立，直到2001年8月才正式在当地工商局登记注册，取得企业法人营业执照，企业性质为股份制(合作)，企业责任形式为有限责任。企业办理工商登记的一切手续均由上级业务部门房山农产品产销协会协助办理。

♣合作社的规模扩张

合作社的发展历史虽然很短，但是经营业绩突出，对合作社社员的问卷调查表明，100%的社员加入合作社后，收入水平有所提高。合作社的经济效应吸引越来越多的当地农民加入，经营规模快速扩张。截至2002年春，张坊合作社的社员由原来的24户扩展到600户，社员分布由原来的集中在两个村扩展到周围的4个村；2001年销售柿子约200万千克，占全镇柿子总销量的一半以上；销售收入4年累计达到了788万元，而建社之初的1998年销售收入只有47万元。

鉴于自身的经营能力和潜在发展实力，合作社已经决定在近期内不再发展新社员，控制合作社的社员规模，以避免承担较大的市场风险。此外，为降低社员产品的包装成本，合作社社员投资建立了纸箱厂。

♣合作社的决策机制

合作社建立了"社员(代表)大会—社务管理委员会—合作社经理负责"的决策机制。合作社的实际决策层是社务管理委员会。为保障农民的基本利益，合作社的决策层在人员组成上坚持农民代表占多数的基本原则。社务管理委员会(以下简称"社务会")由7名成员组成，其中农民代表5名，基层供销社人员2名，他们由建社之初的24名社员选举产生。

合作社每年至少召开3次社务会：春季会布置剪枝、打药等生产工作；秋季会统计柿子产量、通报市场信息、制订销售计划；冬季(年底)会总结一年的经营情况、确定分红方案、制订下年发展计划。此外，还根据合作社的需要不定期地召开若干次会议。

合作社的决策过程是：会前合作社经理根据社员提出的要求以及自身掌握的信息提出会议讨论的议题及初步方案，而后交社务会讨论决定。农民社员代表参政的意识非常强，在实地调查中，当问及某偏远山村担任村书记的农民代表是否每次都参加社务会时，他回答道，"我不去，他们怎么开会?"事实上，合作社的一些重大决策就是由社员理事提议，最后获得通过的。例如，建立合作社农资服务部，为社员提供生产资料供应的统一服务，就是由深受假农药之害的社员理事提出、社务会讨论通过的。社员调查问卷的统计结果也显示：①100%的社员认为他们了解合作社的章程并了解合作社的经营状况，一致回答他们是从社员代表大会了解到情况的；②100%的社员指出合作社社长是通过社员代表大会选举产生的，近100%的社员了解合作社的产品营销方式和销售途径。此外，对于合作社的盈余分配，77%的社员认为应当全部用于扩大再生产。

♣合作社的服务

张坊合作社的服务主要包括以下几个方面：

①为社员提供技术指导和服务。合作社成立后，在社员中广泛推广剪枝技术，打破了几百年来从不剪枝的传统粗放管理方式，使柿子的品质明显提高，果实大小均匀，并且不再有大、小年之分。在病虫害防治方面，合作社与有关农资公司联系，引进高效低毒的"绿色"农药，喷药人员由原来的5人降至3人，不仅降低了劳动强度，避免了环境污染，而且降低了劳动成本。

②组织供应社员所需的生产资料。合作社设有农用资料服务部(中心)，向社员提供所需的各种生产资料。社员可以赊账购买生产资料，待产品销售后从销售收入中扣除。这种方式不仅满足了社员的基本需求，而且保证了货源的质量，取得了农民的信任。问卷调查结果显示，100%的社员依靠供销社购买化肥、农药等生产资料，无一个社员从私人店购买农资。

③收购和销售社员生产的产品，向社员提供有关经济、技术信息。合作社采取代理制销售和一次性买断相结合的方式，在销售市场上主要依托基层供销社长期经销柿子中所建立起的业务关系。合作社购买社员的柿子基本是随行就市。此外，合作社是社员获得生产经营信息的主渠道。问卷的统计结果表明，97%的社员依靠供销社获得市场信息，只有极个别的社员通过书报杂志或亲朋好友收集市场信息，但是没有一个社员是通过上网获得信息。可见，社员的生产经营决策在很大程度上依赖于合作社所提供的经济与技术信息。

④打造合作社的品牌。合作社在产品销售中，还特别注重培育自己的产品品牌，张坊合作社的柿子注册了“御贡”牌，并统一商品外包装，在包装箱上打上合作社的地址与联系电话，这一举措扩大了合作社产品的影响力，使得前来合作社洽谈业务的客商明显增多。2001 年底，合作社的柿子产品被中华果品流通协会评为“中华名果”，房山区政府评定的 2000 年度“柿树王”、2001 年度“柿树管理状元户”也均被张坊合作社社员摘取，这些都扩大了合作社的影响力。

♣合作社的外部效果

①加速产业的专业化、市场化进程。由于合作社树立起自身的品牌，为当地创造了更多的商机，带动了所在地的生产专业化水平和产业结构调整。随着外地商人的大量涌入，柿子销路拓展，全镇柿子种植面积和产量都有了不同程度的提高，2001 年柿子种植规模及产量均比 1998 年提高了 60%左右。

②加快新品种、新技术的传播与应用，提高产品品质。前些年，受多种因素的影响，国家农业技术推广体系在县乡基层“线断、网破、人散”的局面没有得到根本性的扭转，广大农户的技术支持主要依靠自学以及亲朋邻里间的传播。组建销售合作社后，农村的科技推广又有了一个新的依托。合作社打破了当地农民祖祖辈辈粗放式的经营管理模式，新式生产管理模式得以应用，从而提高了柿子的品质，并在全镇范围内逐步普及开来。

③增加了就业机会。合作社社员户中的妇女、老弱劳动力也越来越多地加入到柿子树的日常管理之中。不仅如此，在合作社以外，合作社的发展还带动了当地包装业、农民经纪人队伍的发展，增加了新的就业机会。

基层供销社领办的农产品销售合作社与前面提到的龙头企业（公司）领办的农产品销售合作社在向农民提供信息、产品市场、技术服务等服务方面有着许多相似性，但也存在着许多不同，主要表现在五个方面。

①创办动因不同。

基层供销社领办农民专业合作社是自身改革和发展的需要。但是基层供销社在解决自身的生存与发展问题的同时，也体现出为农民服务的这个自身存在的社会价值。

实例分析：张坊柿子合作社的创办动机充分地说明了这一点：在帮助当地农民解决柿子卖难问题、为乡镇政府排忧的同时，也寻找到了自身未来可持续发展的新途径。

龙头企业领办的农民合作社是要建立企业的原料基地或培育企业的消费客户群体，是为了企业利润最大化。

②组织目标不同。

基层社的组织目标是多重的，包括追求自身经济利益；解决职工的生存问题；服务农民；发展合作经济；改善自身在农民、政府、社会中的形象等。

龙头企业的组织目标是要降低企业的经营成本、最大限度地实现资本的增值。

③与社区的联系不同。

基层社的生存空间始终立足于社区、依赖于社区，如果离开农村社区，基层社就失去了生存的土壤。

龙头企业与农村、农民的联系完全是选择原料基地或产品市场的需要，与农村社区没有天然的联系。

④领办者的实际身份不同。

基层社领办者大多来自本地农村，不少就是农民身份，在农村老百姓的眼中，他们与那些专业大户、经纪人一样，是农民中的能人、精英。

实例分析：如张坊柿子合作社的领办人、基层供销社主任就是当地人，并曾在一个村里做过供销社代销点的营业员，地缘、血缘的纽带将他们与当地农民紧密联系在一起。

龙头企业领办者的身份构成比较复杂，与农民之间没有内在的联系。

⑤履行社会责任不同。

基层社领办农民合作社是供销社参与农业产业化、改造基层社、发展真正的农民合作社的具体实践。

龙头企业领办合作社尽管客观上对促进农业产业化步伐、增加农民收入、解决就业等做出了巨大的贡献，但是在遵守商业道德、合法经营的基本原则下，并不需要额外承担任何社会责任。

【知识链接】　公司社会责任

近些年来，在消费者利益集团的政治压力下，西方社会在企业与社会关系处理上，提出了“公司社会责任”的新概念，倡导公司基于自愿原则将其对社会和环境的关心整合到公司的运营中、整合到与国民的交往中，促进经济、社会、环境的和谐发展，让企业家不仅因为盈利，而且因为满足了某些社会需求而得到社会的认可。但是公司的社会责任并没有成为公司的一种法定义务，成为指导公司行为的普适规则。

【知识链接】　供销合作社的历史变迁

供销合作社的成立。1950 年 7 月，中华全国合作社国内工作者第一届代表大会召开，成立了中华全国合作社联合总社，统一领导和管理全国的供销、消费、信用、生产、渔业和手工业合作社。1954 年 7 月，中华全国合作社第一次代表大会召开，修改了章程，并将中华全国合作社联合总社更名为中华全国供销合作总社，建立了全国统一的供销合作社系统。

供销合作社发展的黄金时期（新中国成立～1957 年）。这一时期，供销合作社在全国的发展速度很快，形成了一个上下连接、纵横交错的全国性流通网络，成为满足农民生产生活需要、组织农村商品流通的主渠道，成为连接城乡、联系工农、沟通政府与农民的桥梁和纽带，为恢复国民经济、稳定物价、保障供给、促进农业和农村经济发展发挥了重要作用。

供销合作社曲折发展时期（1958～1995 年）。20 世纪 50 年代以来，在中央政府的政治意志下，供销社的体制经历了由民办到官办、集体所有变为全民所有，再由官办回归民办、全民所有制向着集体所有制改革的几次波折。首先是供销合作社先与国营商业两次合并，两次分开。到了 1982 年，在机构改革中，全国供销合作总社第三次与商业部合并，但保留了全国供销合作总社的牌子，设立了中华全国供销合作总社理事会，保留了省以下供销合作社的独立组织系统。

中华全国供销合作总社恢复和新的发展时期(1995年2月～现在)。党中央、国务院根据建立社会主义市场经济体制和深化农村改革的要求,从农业、农村经济发展需要出发,在总结供销合作社过去改革和发展经验的基础上,做出了《关于深化供销合作社改革的决定》(中发[1995]5号),全面阐述了供销合作社改革和发展的方向及总体思路,系统地提出了供销合作社改革的总体思路、目标、重点、措施等,明确了供销合作社的性质、宗旨、地位和作用,并决定恢复成立中华全国供销合作总社,提出了支持供销合作社改革发展的若干政策措施。随着我国经济体制改革的不断深入,我国经济发展确立了社会主义市场经济取向。这既给供销合作社及供销合作经济的发展带来了严峻挑战,同时又带来了加快发展的新机遇。在党和政府的大力支持下,供销社系统从产权入手、对用工制度、分配制度、管理经营制度等进行了全方位、深层次的改革,按市场经济发展的基本规律和要求,实现了资源重组和优化配置。着力培育农业产业化龙头企业和农产品生产基地,健全和完善了农村商品流通服务网络;提出了"发展合作社是供销社的天职",依托基层社这个供销社体系的组织基础和推进农村合作经济事业发展的前沿阵地,引导农民走入市场,同时,也顺利完成了供销合作社经济由计划经济向社会主义市场经济的过渡,使供销合作社经济成为社会主义市场经济的重要组成部分,成为建设社会主义新农村的一支重要经济力量,展现了蓬勃的生机与活力。

供销社肩负着用合作经济理念深化体制改革、全面参与新农村建设,利用自身人才、组织和网络资源优势,与农民共同兴办或引导农民组建合作社,帮助农民增收,当好政府助手,提高为农服务质量和水平的社会责任。

任务训练

【训练资料】

四川省某果品合作社

♣创建合作社

四川省某县凭借得天独厚生产猕猴桃的资源优势,逐步发展成为亚洲最大的海沃特猕猴桃生产基地。然而,由于当地猕猴桃市场的无序恶性竞争,广大小农、经销商的经济利益得不到保证。而国外海沃特猕猴桃最大的生产出口国新西兰,虽然亩产只有1吨左右,低于国内平均产量的1倍以上,但是年收入却比我国高出许多。

借鉴国内外的先进经验,该县某猕猴桃生产经销公司决定按照国际通行的做法,引导农民走上合作社之路,由种植户、民办猕猴桃研究所、种植猕猴桃的公司以及拥有国际销售网络的香港公司共同组建合作社,并获得国家工商总局的特别认可,在成都市工商局注册了中外合作企业××合作社。合作社经过一年的运作,效果良好。

♣合作社的经营机制

合作社的内部分工:农民社员按照出口标准生产产品,并按照合作社章程和与合作社签订的生产指标交售产品;科研所负责提供全程技术服务;龙头企业负责农业生产资料的供应,以及生产管理、组织运输、贮藏、加工等,完成农民初级产品的商品化处理;香港公司负责获取国际市场订单、提供国际市场商品供求信息以及产品的发运与结算。合作社将这一产业链条形象地比喻为一棵大树,农民是根、企业是干、市场是果。

成立合作社前,果农的产品要经过乡镇果贩、县级果贩、国内果商3个环节,而成立合作社后，果农的产品销售环节减少为合作社、国内果商（或海外果商）两个环节，并与加工商、销售商、技术支持中介形成收益共享、风险同担的机制。

为提升合作社产品的市场竞争力，围绕创安全、优质、稳定性强、规模化的品牌产品，合作社重点加强技术队伍建设和社员技术素质的提高。合作社以猕猴桃研究所为依托，与北京大学、四川农业大学、四川省自然资源研究所等科研单位的专家合作，开展课题研究，同时建立技术服务队，保证常年有技术人员坚持在基层为社员服务，并设立技术咨询服务热线，提供即时服务。根据不同农时季节，合作社有计划地组织对社员的技能培训，保证每户有一名全面掌握果园管理和鲜果商品化处理的技术合格者。

此外，合作社十分重视生产管理的规范化和制度建设，按照猕猴桃出口管理标准对农户的生产基地进行改造，建设规范化的示范园区，编写种植实用技术手册，进行"生产管理记录"，所有资料进入计算机管理。同时建立社员档案，社员果园面积、株数、产量、价格等资料录入数据库，采收时包装箱注明社员的编码，如果出现质量问题，可以直接查到农户及相应的地块。按照自愿原则，社员组成互助小组（10 户一组），生产管理季节共同劳动，相互学习和监督，采收时实施社员回避制，由小组内其他社员负责采收，以有效控制质量。

♣合作社的治理结构及分配制度

合作社实行社员代表大会制度，社员代表由社员选举产生。社员代表大会常务委员会是社员代表大会的常设机构，常务委员会委员由社员代表推选产生，参与合作社重大经营决策和审查年度工作计划、年终财务决算、分配方案等。合作社的社长、副社长从社员中选举，由常务委员会任命。合作社日常经营实行社长负责制，社长向常务委员会负责。合作社另设监事会，监事在社员中选举产生，负责监督常务委员会和社长等的工作。合作社社员享有平等的权益，其管理者都由社员担任，实现民办、民管、民受益。

合作社的收益分配机制是：首先，合作社按照市场平均价格加价 20% 收购社员的产品，使农民获得第一次盈余返还；其次，合作社出售社员产品后，将加工、流通环节盈余（销售收入－销售成本－合作社的风险提留）的 60% 按照农户社员与合作社的交易额比例进行返还；最后，年终盈余按照社员的持股比例分红。以 2003 年为例，合作社对社员的收购价比其他收购商每千克高出 0.8 元，其产品通过加工、包装销售到日本、欧洲市场后，通过公开算账，农户社员再次获得每千克 0.8 元的二次返还，最终农户实际获得的价格为 3.2 元/千克，比当地当年的平均收购价 1.5 元/千克高出 1 倍以上。合作社的一名种植大户仅二次返还金额就超过了 5 000 元，增收效果显著。到 2004 年，该地已有 1 500 多种植户申请入社，种植面积达到了 330 多公顷，并且周边市县的一些农户乃至其他地区的农户和企业也开始申请加入该合作社。

此外，按照章程规定，合作社每年在二次分配前的盈余中提取 10% 的风险基金，用于市场风险补贴和社员救济。当风险基金积累到一定规模后，根据市场情况可以停止提取。风险基金的最终所有者是社员，如果合作社解散，就把风险基金按照社员与合作社的交易额返还给社员。

子任务训练 1　结合训练资料，做合作社发起筹备工作（明确发起人，进行设立农产品销售合作社的可行性分析）。

训练方法详见学习任务二（农业生产合作社的规范化建设）的子任务训练 1。

子任务训练 2 起草一份×××农产品销售合作社的发起倡议书。

训练方法详见学习任务二(农业生产合作社的规范化建设)的子任务训练 2。

子任务训练 3 起草合作社章程。

训练方法详见学习任务二(农业生产合作社的规范化建设)的子任务训练 3。

子任务训练 4 吸纳合作社成员。

训练方法详见学习任务二(农业生产合作社的规范化建设)的子任务训练 4。

子任务训练 5 召开设立大会,建立合作社组织机构。

训练方法详见学习任务二(农业生产合作社的规范化建设)的子任务训练 5。

子任务训练 6 注册登记。

训练方法详见学习任务二(农业生产合作社的规范化建设)的子任务训练 6。

任务总结

思考题

1. 简要分析农产品销售合作社产生的动因是什么。

2. 结合实例简要分析基层供销社领办的农产品销售合作社与龙头企业(公司)领办的农产品销售合作社的不同之处。

3. 简要分析农产品销售合作社的发展与推进农业产业化进程具有一致性。

4. 供销合作社的发展经历了那几个时期?请简要说明。

学习任务四　农业供给合作社的规范化建设

学习目标

1. 了解农业供给合作社的基本功能。
2. 理解农业供给合作社的基本类型。
3. 掌握农业供给合作社的规范化建设方法。

任务描述

子任务 1　发起筹备(明确发起人,进行设立农业供给合作社可行性分析)。
子任务 2　起草发布农业供给合作社倡议书。
子任务 3　起草合作社章程。
子任务 4　吸纳合作社成员。
子任务 5　召开设立大会,建立合作社组织机构。
子任务 6　注册登记。

案例导入

河北保定顺平东阳各庄红富士苹果合作社

河北保定顺平东阳各庄红富士苹果合作社成立于 1993 年,由东阳各庄村党支部牵头,联合苹果种植大户、技术能手成立。经过近 20 年的发展,目前会员已经发展到 630 多户,1 000 多人,会员人数占全村总人口数的 70%;东阳各庄村红富士苹果、红香蕉苹果等果品种植面积已达 3 500 多亩,占到全村耕地面积的 90%以上;农民年人均纯收入 6 000 元以上。现在,苹果树已成了东阳各庄村名副其实的"摇钱树"、"发财树"。

合作社的主要功能是向会员提供科技培训,统一购买农药、化肥等生产资料以及联系销售渠道等服务。特别是统一购买生产资料,降低生产成本,更是合作社的最主要功能。在苹果生产过程中需要投入的成本主要包括:人工、肥料(复合肥、鸡粪、尿素、碳铵)、农药、浇水及纸袋等。除人工外,其他生产资料如果靠果农个人购买,每亩果树投入的总成本约为 2 430 元,如果由合作社统一购买,其总成本则降为 2 110 元,两者相差 320 元(表 4-1)。可见,自合作社统一购买生产资料后,果农生产苹果的成本每亩降低了约 13%左右。成本的降低,意味着收益的增加,加入合作社的果农得到了真正的实惠。

表 4-1　合作社统一购买与果农个人购买生产资料的果树种植成本比较

单位:元/亩

购买方式	复合肥	鸡粪	尿素	碳铵	农药	浇水	纸袋	合计
合作社统购	400	450	300	200	200	200	360	2 110
果农自购	435	460	335	220	240	200	540	2 430

数据来源:《农村合作经济组织建设与运行》第 140 页。

学习资料

农业供给合作社是农民为了联合起来购买农业投入品，如种子、种禽种畜、化肥、饲料、小型农机具、农药、农膜、燃料以及其他生产资料等而组成的合作社。农业供给合作社的核心业务就是向社员提供生产中所需要的各种投入品。农业供给合作社一般先外购批发或自我生产、制造、加工农业投入品，再将这些农业投入品零售给社员。

农业供给合作社在农业合作社中最为普遍、历史较为悠久。在许多发达国家，农业供给合作社影响比较大，所提供的生产资料占据了本国较大的市场份额。如表 4-2 所示，加拿大 2001 年合作社农业物资的市场份额分别为：肥料和其他农用化学品占 38%、饲料占 15%、农用汽油占 41%，种子占 8%；法国 21 世纪初合作社主要农业投入品的市场份额分别是：种子占 70%、化肥占 65%、农用药品占 65%、禽畜饲料占 50%。

表 4-2　发达国家合作社提供的生产资料占据本国的市场份额

国家	时间	生产资料及占据本国的市场份额			
		肥料和其他农用化学品	饲料	农用汽油	种子
加拿大	2001 年	38%	15%	41%	8%
法国	21 世纪初	化肥：65% 农用药品：65%	50%		70%

【知识链接】　农业供给合作社产生的宏观背景

随着农业生产日益现代化，产业革命带来了农业生产方式的变革，机械技术和化学技术在农业中广泛应用，农业逐步走上集约化经营的道路，农业投入品也从长期以来主要依靠传统小农自我投入的状况改变为依赖化肥、农业机械和其他工业投入品，这些小农需要的投入品是他们靠自己的力量解决不了的，只有依靠市场贸易来获得，因此出现了农民自发联合购买农业投入品的合作社。

一、农业供给合作社的基本功能

1. 为农业投入品的数量和质量提供了保障。

农民各自零星购买农业生产资料，不仅仅在价格上受到中间商从中盘剥，而且生产资料质量难以得到保证。合作社联合购买种子、农药、饲料和化肥等生产资料，可以直接从农业生产资料的生产商那里进货，并进行严格检测，从原头上控制了农业生产资料的质量。

【实例 4-1】

"菌三唑"使农户 7 亩小麦颗粒无收

余瑞国今年 60 岁，在信阳市淮滨县谷堆乡栗园村种了 7 亩麦子。这几天，邻居们都开始收麦了，他却只能望着麦地发呆。

余瑞国的地位于淮河的河滩上，秋季还可以种一茬玉米。"秋季收成没有保证，一发水就白种了，全指望这茬小麦。"。然而，在使用一种名为"菌三唑"的杀菌"农药"后，这 7 亩小麦颗粒无收。

提起这事，余瑞国情绪激动。他说，家里6口人，7亩小麦是1年的口粮，去掉化肥、农药、种子、工钱，最终收成不到4 000元，“如今，4 000元也没了。”“谁不恨啊？”他攥紧拳头，说：“提起来就气愤。”

与余瑞国遭遇一样的，还有谷堆乡栗园村5家农户。6家共有50亩小麦绝收，全部损失近4万元。无一例外，他们都使用了这种名为“菌三唑”的杀菌农药。

余瑞国透露，这些农药是当地一个名叫任绪坤的经销商，以每包1元钱的价钱销售给他们的，“任绪坤是本村村民，他也不知道这是假药。”

[yahoo资讯2011年5月26日《农民买假农药50亩小麦绝收》]

2. 使社员获得一个具有良好预期收入的、稳定的农产品销售渠道。

通过合作社，农民可以联合起来作为市场主体销售农产品，保证了农民的谈判权力，从而保证了农民利益。

3. 降低社员的生产成本。

①农民合作社统一购买生产资料，把原来农民单家独户的零星购买活动变为规模的购买行为，从两个方面可以降低社员的生产成本。

a. 社员可以获得批量购买的优惠价格，防止中间商从中盘剥，从而降低社员的生产成本。

b. 通过降低社员的收集信息成本、谈判的交易成本及运输成本来降低社员的生产成本。

【实例4-2】

浙江省金华市某中华鳖养殖合作社

2003年浙江省金华市某中华鳖养殖合作社社员达到43户，养殖规模超过了260万只，年销售收入4 000多万元，销售利润超过了800万元，多家饲料企业看好这个合作社，纷纷与合作社联系供货业务。合作社为了在保证质量的前提下尽可能地降低生产成本，采取了饲料招标的方式。合作社邀请了省内外7家知名的饲料生产企业出席饲料统一采购招标会，要求参加招标的企业不仅要保证优质优价，而且要提供甲鱼收购的保护价。最后，杭州某公司中标，并承担了养殖户的部分风险。

②农业供给合作社形成规模购买后，还可以自我开展一些简单的加工投入品业务，从而进一步降低社员的生产成本。

【实例4 3】

吉林梨树县某农民养猪合作社

吉林梨树县某农民养猪合作社是由6名养殖户于2000年为了按照批发价集体采购猪饲料而发展起来的，到2004年已经有170户社员，经营的猪饲料达到800余吨。鉴于合作社的业务规模，当地的某饲料厂主动与合作社建立了供货关系，按照出厂价向合作社提供优质饲料，还向合作社秧歌队社员免费赠送印有厂标的羊毛衫，借合作社来扩大企业在当地的影响力。当合作社发展起来后，2004年部分社员入股投资8万元建立了饲料厂，实现了主要饲料品种的自我供货，再次降低了生产成本。

4. 引导农民科学地进行生产经营活动，提高了社员的生产技术水平。

纵观不同地区、不同类型的农业供给合作社，它们的一个共同特点是与农业技术推广紧密地结合在一起。合作社在为社员进行农业投入品集体采购时，往往率先把一些新的种子品种、优良畜禽品种、新型有机肥料、低毒环保农药、配方饲料以及新式农膜等引进给农民，并且指导社员采用与新品种、新材料、新技术相配套的先进生产管理方法及操作程序。有时，合作社还聘请专门的技术人员进行指导，为社员提供技术培训。

【实例 4-4】

山西省祁县源泉绿色蔬菜合作社

山西省祁县源泉绿色蔬菜合作社产前服务的主要内容是引进新品种，新品种一般从省农科院、农业大学、县良种站等地方获得，合作社经常主动和这些机构联系、咨询新品种问题，通过长时间的交往，建立了良好的合作关系，现在这些机构有了新品种后都会主动与合作社联系，推荐给合作社。合作社引进新品种后，一般先让成员免费试种，如果效果比较好再推广。对购进的新品种，上述供货单位有口头承诺，保证发芽率和产量，以开出的发票为凭据。如果成员需要种子就先到合作社登记，由合作社统计需求量，供应方送货上门，成员直接与卖方交易。对于温室大棚作物，例如西红柿、黄瓜，每年引进 2～3 个新品种，推广 1～2 个。对于普通的大田作物，每年大概引进 30 多个新品种，平均每种蔬菜 3 个品种，但最终能推广的每年只有 7～8 个新品种。合作社中，平均每年参与购买新品种的有 800 多户，平均每户投资 300～400 元。

二、我国农业供给合作社的基本类型

目前，我国农业供给合作社按照领办人不同，主要分为农业生产资料公司领办的农业投入品供给合作社和农民自发组织的联合购买投入品合作社两种基本类型。

1. 农业生产资料公司领办的农业投入品供给合作社。

下面是一个农业生产资料公司领办的农业投入品供给兼农产品销售合作社的实例。

【实例 4-5】

西安郊区某辣椒合作社

♣合作社建立的背景

合作社所在的镇是省政府命名的辣椒基地，也是当地新兴的果菜商品基地。20 世纪 90 年代后期以来，当地农业产业化步伐加快，分散经营的农户对社会中介服务组织的需求日益强烈，然而随着市场经济体制的逐步建立健全，主要的社会中介服务机构——供销社的垄断地位被彻底打破，陷入经济效益滑坡、业务市场萎缩的困境，社会中介服务基本没有了。1997 年，供销社领导班子调整后，新领导班子为了尽快带领企业走出低谷，联合当地农民办起了全区第一家辣椒果菜合作社。然而，由于传统的体制没有打破、供销社职工的观念没有变化，供销社与农民的结合仍然只是两张皮。

2000 年 5 月，镇供销社实行产权改革，28 名职工从原供销社体制中独立出来，筹资 50 万元购买了镇供销社的仓库、房产等，组建起农产品供销有限公司。在此基础上，以公司的名义，发动当地农户共同组建农民专业合作社，由供销公司为农户提供物资供应、农产品购销等服务。

合作社的具体运作方式如下：按照自愿入社原则，以全镇辣椒、水果、蔬菜生产经营的农户和单位为对象，只要承认社章、缴纳入社股金者，即可成为合作社的社员。合作社个人股金分为两类：一类是身份股，每名社员 50 元，实行保本分红；另一类是投资股，每股 1 000 元，社员个人最高持股额不得超过 5 万元，投资股实行风险共担、利益均享。截至 2004 年 8 月，社员规模已经达到 2 920 户，占全镇农户总量的 41.7%，农户入股股金 420 万元，供销公司股金 200 万元。

♣合作社的运行机制及业务发展

合作社实行社员代表大会制，每村百户社员选 2 名社员代表，共有 40 余名社员代表。理事会由 7 人组成，4 名农户、3 名公司成员。理事会的职权范围是：决定经营机构的设立与调整、经营人员的聘用、经营业务方案、大额费用开支、资产购置与处理等。

合作社下设物资经营部、商品购销服务部以及社员股金服务部，并在村一级设立了 8 个综合服务部。由社员代表大会修订并通过了《合作社管理制度》，包括“经营管理制度”，“物资经营管理制度”、“商品购销管理制度”、“社员股金管理制度”、“财务管理制度”、“分配制度”、“议事决策制度”和“经营服务部管理制度”等。

合作社的业务经营全部实行合同制管理，明确其与经营者的权利和责任。合作社对业务部门通过稽核审计进行监督。物资经营部按照成本价向社员提供化肥、农膜等农用物资。对于资金困难的农户，合作社实行赊账供应，待秋后收购社员农产品时再扣除农资款，享受此服务的社员超过 150 户。

商品购销服务部负责帮助社员联系客户并统一进行广告宣传。2003 年，种植甜瓜的社员为了抢好价，将晚熟的品种提前采摘，损害了客商利益，造成不良影响。2004 年，为了挽回影响，购销服务部主动与兰州、郑州的客商联系，为其提供食宿，并指导社员适时采摘、定点交售，结果客商以优质优价收购，使得甜瓜的价格每千克比本地平均市场价格高出 0.4～0.6 元。

社员股金服务部负责社员股金的吸收、使用、管理与核算等业务。合作社实行入股自愿、退股自由的原则。社员股金仅在合作社内部有偿使用、封闭运行，单独建账核算，年底根据合作社经营状况进行分红。

合作社还利用当地得天独厚的种植资源，大力发展专业化基地，先后在本镇建立了辣椒规范栽培基地、日光温室棚菜、甜瓜基地、甘蓝基地等。专业化基地共占全镇耕地的 8%以上，成为当地一个新兴的果菜基地。合作社为基地农民提供技术服务，促进了当地农业的专业化，也扩大了合作社的社员基础。

【知识链接】　加拿大萨省小麦合作社

加拿大萨省小麦合作社，成立于 1920 年，是北美地区最大的农业合作社，有 7 万农户。20 世纪 80 年代，萨省小麦合作社的市场占有率达到 80%以上。然而，80 年代后期以来，由于市场变化，加之经营管理不善，市场占有率下降到 35%以下。90 年代初，一批农民从合作社退社，提取走了大量的股金和累积分红，加之合作社盈利率低，最终造成合作社资金周转异常困难。为获取发展所需要的资金，1996 年，合作社理事会在广泛征求意见后，决定将合作社股金换为 A、B 股。其中：A 股为身份股，一人一股，行使投票权；社员剩余的股金全部转为 B 股投资股，在多伦多证券市场按照 1.2 倍比例溢价上市，获得了大量资金。目前，合作社社员的持股额约为股本总额的1/3,非社员股没有投票权。

2. 农民自发组织的联合购买投入品合作社。

【实例4-6】

见本学习任务的训练资料(吉林省四平地区某村合作社)。

【知识链接】 **日本的农协系统**

在日本,农协社员所需的生产资料合作购买业务主要是通过全国农协经济联合会、县经济联合会和基层农协3个层面的组织来完成的。其中:全国级农协的农业投入品采购主要是通过国内生产厂家或进口商进行;县级农协采购除了主要来自全国农协外,投入品采购还部分地通过一级批发商或通过生产厂家采购;基层农协所需投入品除了由县级农协提供外,其余部分则要依赖批发商口。

农协实行"预约订货、计划购买"的合作购买原则,并且购买活动采取"无条件的完全委托"方式,即购买方不能提出任何附加条件,一切妨碍合作购买活动的特殊要求都将被忽视。社员在信任的基础上对所购买投入品的品种、交货时间乃至价格全权委托给农协负责。投入品购买价格采取以财务年度为限计算出全年平均价格的做法,以减少季节或市场变化带来的价格大幅波动。而投入品购买中实际发生的运费、保管费等则由农户按照实际费用进行负担。此外,农协采取现金支付的方式,以促进交易过程的合理化,提高业务效率。

具体的商流(投入品订单)流程是:由基层农协获取社员的需求,后上报到县级农协归总、协调,再提交到全国农协进行品种、规格、数量、供货期等的汇总统计,并统一组织在国内外市场上集体采购。农协控制了大多数农业投入品的市场供给,而在各级农协的合作购买活动中,全国级的农协是主体,具有举足轻重的作用。

【知识链接】 **荷兰农业投入品供应合作社的发展历史轨迹**

荷兰农业投入品供应基层社成立后,联手成立地区合作社,共同购买肥料、种子和饲料,从而大大增强了同生产厂家的讨价还价力量。当地区合作社达到一定的经营规模后,开始从事一些投入品的生产制造和辅助性的服务,如自我生产混合饲料、开展质量控制。进一步地,地区性合作社自愿联合组成全国性的协会,开展一些起点高、规模大的业务活动,如全国性的联合社按照地区社的需要为它们集体采购农业投入品。到20世纪90年代初,通过合并改组,荷兰全国共存3个联合采购合作联社。

任务训练

【训练资料】

吉林省四平地区某村合作社

♣合作社创办的背景

合作社地处全国玉米黄金生产带,创办于2001年9月,创办人是一名乡村医生。该医生在当地行医20余年,医德高尚。他所在的村地理位置偏僻,交通不便,市场经济发育迟缓,温饱后的农民始终受到盲目生产、买高(生产资料)卖低(农产品)、生产缺资金等问题的困扰。而当地农村卫生体制改革后,合作医疗被乡村卫生站取代,越来越多的农民陷入了无钱治病的困境中。2001 年，该创办人结识了当地民间合作事业的推动者，并接受了合作理念，于是联合其他 3 户农民成立了农民合作社服务中心，以农业生产、生活资料集体购买为切入点，吸引农民入社，试图通过合作社最终帮助农民缓解医疗困难、上学资金短缺等问题。

该合作社坚持择优吸收的原则，吸纳那些有信誉的农户入社。为解决办社初期合作社资金短缺的困难，创办人卖掉了自家的牛和树苗，将钱临时用做合作社的周转金。到 2007 年，社员发展到了 70 户，入股金额 79 330 元。

♣合作社的运营方式

该合作社是综合性的供给合作社，为社员提供生产资料(目前开展的集体购买生产资料包括猪饲料、鸡饲料、种子、化肥、农药)和生活资料(包括大米、豆油、面粉)、集体购买服务(包括医疗方面的平价药品、免费医疗等服务)。

合作社在提供这些生产资料和生活资料及集体购买服务时，按照零售价向社员收取费用，把零售价和批发价之间的差额留在合作社，用来实现社员在农业信用、教育以及医疗等方面的互助合作，其中：23%用于合作社的管理费开支，如社员培训费、信息收集费、交通车马费以及其他杂费等；23%作为社员户的医疗、教育、养老基金，记入社员个人账户下，待社员发生实际支出时，直接由合作社负责支付；余下的 54%作为社员的股金向乡农村信用社入股，以解决农户扩大再生产中的资金短缺问题。合作社每个社员都有自己的个人消费账户和积累账户，并且做到账目公开化。

截至 2007 年底，社员以联保的方式获得信用社贷款 726 000 元，缓解了生产资金短缺问题，并且全部贷款已按期还贷，没有一笔呆账。社员所积累的教育、医疗和养老基金没有利息，但是可以通过建立基金互补往来账目的方式实现资金的互助。如一户 2002 年 5 月才入社的社员，在当年 8 月，医疗、教育积累资金只有 28 元，不够支付孩子上学所需费用，于是合作社理事长同意以他自己个人账户上的余额，帮助该农户解决所需要的 268.6 元的学费缺口，两人共同在合作社办理了手续，农户将用自己以后个人账户上的积累金偿还此笔借款。

♣合作社的管理方式

合作社成立之初，由于规模小，没有建立管理机构，4 位发起人制定了“一、二、三”的管理制度，即 1 人管钱，2 人办事，3 人定事。凡是为合作社集体购物必须两人同行，并且其中一人必须是非委员会社员；研究涉及全体社员利益的事情必须有普通社员代表参加，否则决议无效。这种粗放管理方式的具体实施过程是：首先由各社员户上报所需购买的生产资料、生活资料数量，合作社经过统计后，由 3 人决定购物地点、品牌等，然后再派两人具体执行，购回物品后，交财务主管签字、报账并进行货物验收。

2003 年 11 月，合作社主任参加中国工合国际委员会在县里举办的“合作社治理与管理”培训班后，受到很大启发，决心进一步规范合作社的建设。此后，合作社社员大会通过了修订的合作社章程，并按照民主选举的方式选举产生了合作社领导人，合作社也正式更名为农民合作社。原合作社主任当选为合作社理事长。在妇女社员的提议下，结合合作社开展的教育、医疗、养老等与妇女关系较多的业务特点，合作社还成立了妇女部。合作社新管理机制的确立，使其管理走向规范化。

子任务训练 1　结合训练资料，做合作社发起筹备工作(明确发起人，进行设立农业供给合作社的可行性分析)。

训练方法详见学习任务二(农业生产合作社的规范化建设)的子任务训练1。

子任务训练2 起草一份×××农业供给合作社的发起倡议书。

训练方法详见学习任务二(农业生产合作社的规范化建设)的子任务训练2。

子任务训练3 起草合作社章程。

训练方法详见学习任务二(农业生产合作社的规范化建设)的子任务训练3。

子任务训练4 吸纳合作社成员。

训练方法详见学习任务二(农业生产合作社的规范化建设)的子任务训练4。

子任务训练5 召开设立大会,建立合作社组织机构。

训练方法详见学习任务二(农业生产合作社的规范化建设)的子任务训练5。

子任务训练6 注册登记。

训练方法详见学习任务二(农业生产合作社的规范化建设)的子任务训练6。

任务总结

思考题

1. 如何实现农民自发组织的合作社在坚持合作理念的同时提高合作社竞争力?
2. 合作社社员为什么要参与合作社的各种活动?如何参与?
3. 如何实现合作社社员的经济参与?
4. 简单回答农业供给合作社产生的宏观背景是什么?

学习任务五　农业服务合作社的规范化建设

学习目标

1. 了解农业服务合作社外延。
2. 理解农业服务合作社类型及其产生的背景。
3. 掌握农业服务合作社规范化建设方法。

任务描述

子任务 1　发起筹备(明确发起人,进行设立农业服务合作社可行性分析)。

子任务 2　起草发布农业服务合作社倡议书。

子任务 3　起草合作社章程。

子任务 4　吸纳合作社成员。

子任务 5　召开设立大会,建立合作社组织机构。

子任务 6　注册登记。

案例导入

西安市郊区某石榴协会

石榴产业是西安市郊区某地的主导特色产业,生产历史悠久,在陕西省的知名度较高。早在改革开放初期,一些种植大户就在当地园艺站的牵头带领下组建起石榴协会,开展技术交流,但由于缺乏经费,而且会员与园艺站之间没有形成利益共同体,协会最后自动解散。20 世纪 90 年代末,随着市场竞争的加剧,100 余名种植石榴的农户再次走到一起,在园艺站站长的带领下,成立起石榴产业协会,并于 2000 年在区民政局注册登记,会员每年的会费为 36 元。到 2004 年,该协会会员扩大到 400 余人,遍及全县的石榴产区。石榴协会的发展到目前为止,经历了两个时期。

♣发展初期:以提升生产技术水平为主

协会成立的头 3 年,重点开展技术创新活动,提升会员的生产技术水平。协会与科研院所合作,先后开展了病虫害测报防治、优良品种选育、专用肥开发、果实套袋技术推广、产品保鲜技术等,经过 3 年多的努力,协会会员石榴生产的栽培综合技术水平已经在国内处于领先地位。会员产品的产量和品质明显提高,并降低了生产成本。以较为突出的病虫害发生率为例,已经下降到不足 3%;石榴商品率由原来的 50%提高到 70%,并将原来的 250 克/个的标准分级起点提高到 300 克/个。

♣提升阶段:实施品牌化战略

在初步解决了石榴的产量及品质后,协会的工作重点转向开发市场。协会主要开展了以下工作:

①打造品牌化的安全食品。协会申请石榴注册商标并获得农业部石榴无公害产品认定。

②大力开展产品市场宣传、推介活动。利用省农业网进行产品宣传;每年在采收旺季举办名优石榴展销会,并积极参加国家、省的有关无公害农产品产销衔接会;加入中国石榴主产区科技协会,扩大协会的社会影响。

③建立规范的产销制度。协会的产品全部实行统一包装、统一商标、统一编号管理。对于各个会员提交的产品,实行产品质量责任追究制,每个包装箱内配有信誉卡,上面标有会员卡号,一旦出现质量问题,可立即查到会员供应商。在生产经营上,实行果园建档,生产资料统一供应,会员享受成本价格,并按向合作社提供的产品数量享受年终的盈余返还。

对于销售人员,会员大会通过了《石榴销售网络建设实施细则》,明确营销队伍的责任和权利,建立严格的销售制度。如:销售部主要人员必须是会员;建立开放经营、封闭运行的营销制度;销售人员分成内购、外销两个部分等。销售部按照销售数量按品种给协会交纳管理费,销售部内部独立核算,分配方案提交协会,协会审批后生效等。

经过几年的发展,该协会已经从单纯的技术服务合作社发展成为具有经营活动的农产品销售合作社。

学习资料

前面讲过合作社的外延是根据合作社的基本原则所确定的服务对象的范围,它包括各种类型的合作社,如果按照合作社的活动领域及功能划分,可以分为:农业合作社、共享服务合作社、消费合作社、工业合作社、手工业合作社,其中,农业合作社又分为农业生产合作社、农产品销售合作社、农业供给合作社和农业服务合作社,其中农业服务合作社又分为农业信贷合作社、农业保险合作社、专业服务合作社、公用事业合作社等,本学习任务中讲到的农业服务合作社是专指专业服务合作社,包括提供共同利用农业机械、仓储设施、种畜、水利设施及共同开展人工授精、品种改良、土壤测试、病虫害防治、电气设施建设等服务的合作社。

我国目前专业服务型的农业合作社主要有3类:农业机械共同使用合作社;农田水利设施共同建设合作社;以技术交流、技术推广为核心的农业技术服务合作社。

一、农业机械共同使用合作社

1. 农业机械共同使用合作社建立的背景

①地理条件优越。

农业机械共同使用合作社主要产生在机械化程度较高、人均耕地相对较多或劳动力短缺的平原地区,往往以村级社区为依托而建立。

②政府政策支持。

近年来,为鼓励和支持农民使用先进适用的农业机械,提高农业综合生产能力,促进农民增收,一些地方政府投入专项财政资金扶持本地的农业机械化事业,积极制定政策推进农机合作社发展。以黑龙江省为例,2003年,省政府作为主要出资人,在富锦、海伦等4个县市依托当地村集体建立了18个农机合作社,政府给每个农机合作社补贴价值100万元的农业机械,合作社所在村负责自我投资兴建农机维护设施。合作社在经营上采取农民以土地入股的办法,实行集约化经营。2004年春,国家出台了《农业机械购置补贴专项资金使用管理办法(试行)》,设立了农业机械购置补贴专项资金。2005年,在中央和省政府的农机购置资金补贴扶持政策的引导下,黑龙江省的农民出现了购买农机热,农民购农机投入资金超过4亿元。中央和省政府还投资5 700万元，吸收农机大户、集体机耕队、家庭农场等投资主体共同组建了99个高标准的农机合作社，同时还扶持一些种粮大户购买农用机械，扶持贫困村组建农机作业服务队。政府加大了财政资金的扶持力度，从而加快了一些地区农机合作社的发展步伐。

2. 农业机械共同使用合作社的作用

①降低生产资料的投入成本。

②提高农业机械的利用率。

③促进农业的标准化生产。

④加快农业剩余劳动力的非农转移步伐。

【实例5-1】

山东省陈家村农机股份合作社

山东省陈家村位于潍坊地区，有310户，耕地110公顷。1982年村里实行大包干时，仅有的一些农业机械都作价处理给了农户，“三夏”、“三秋”农忙季节要依赖外村的农机，十分不便。

1997年，村集体打算成立农机服务社，向各户发放了“征求意见表”，全村收回的308户意见表中，有296户投了赞成票。于是，村里开始了3年投资回收期的可行性论证，在此基础上，召开村民大会，发动农户入股。

合作社成立后，按照一人一票方式选举社委会、监事会，并制定了合作社章程，建立了合作社的独立财务管理制度，以及农机作业收费标准等各种制度。合作社的各项作业收费都按照低于邻村10%的标准定价。合作社在提取公积金后，社员平均还可以获得20%的股金红利。

合作社的成立，不仅降低了社员的投入成本，而且增加了社员的投资收益，提高了农业耕作的生产作业水平。此外，还转移出了全村1/3的劳力从事第二、三产业，为一些社员开辟了新的收入来源，提高了农户的经济收入水平。

二、农田水利设施共同建设合作社

1. 农田水利设施共同建设合作社建立的背景

①历史背景。我国是一个严重缺水的国家，尽管农业承包经营已经有数十年的发展历史，但是农田灌溉用水的供应制度改革明显滞后，在不少地方仍在沿袭计划经济体制下形成的集体供给制度，突出表现在农田灌溉所用的水库、机井、沟渠、桥涵、塘坝等农田水利基础设施仍由集体共同所有，统一管理、统一使用。由于所有者缺位，产权不清，一方面导致灌溉用水的过度使用，水资源浪费严重；另一方面造成农田水利设施毁损、无力维护更新，产生了典型的“公地悲剧”问题，直接影响了农业抵御自然灾害风险的能力。

②改革的结果。近些年来，全国各地小型农田水利设施的产权制度改革步伐加快，形成了多元化的投资主体，一批农民自我投资、自我经营管理、自我受益的水利合作社应运而生。合作社的社员通常是那些家庭承包地处在同一灌溉用水源的农户。入社农户按出资、出工额入股，并按照一人一票的原则民主选举理事会、监事会，负责对合作社日常事务进行管理与监督。合作社按照成本价为入社成员提供灌溉服务，在此基础上也对外开展经营，为处在同一水源的周边农户按照市场价提供有偿服务。合作社的经营收入在提取了维修发展基金后，盈余按社员的用水量和入股份额在社员中间分配。通过发展水利合作社，实现了水利资产“开发、建设、维护”三位一体的目标。

2. 农田水利设施共同建设合作社的作用

①提高了当地水资源灌溉的利用效率。

②降低了社员的灌溉成本。

③改善了水资源利用的经济效益。

④避免了当地农户因为争夺水源而频繁发生的群体纠纷，社会效益明显。

⑤涵养了水源、改善了当地的生态环境。

【知识链接】 “公地的悲剧”

“公地的悲剧”这一概念来自哈丁所著的同名论文。他描述的模型是一个对所有牧民开放的牧场。这个牧场中的草场是公有的，而畜群则是私有的。每个牧民为了增加个人利益，尽可能多地增加自己的牲畜头数。随着畜群数量的增加，草场受到了严重损害，绿色植被越来越少，沙化日益严重，然而，这一损害是由全体牧民承担的。于是，每个理性的人在眼前利益的驱使下，都努力地增加自己的牲畜数量，结果是牧场的草越来越少，牧场逐渐退化，最终毁灭。这就是公地的悲剧。

【实例 5-2】

山东沂蒙山区蒙阴县某村农田水利设施共同建设合作社

山东沂蒙山区蒙阴县是一个“十年九旱、有雨就涝”的地方，2002 年社员通过合作社自发投入水利工程等农田基础设施建设上的资金近 4 500 万元，虽然该年蒙阴县遭遇大旱，但农民增收仍在 5%左右，这直接得益于水利合作社。

在某山区的一个村子，全村土地分布在几个山坡，浇灌全靠天然降雨，村里曾几次动议在某山坡修建水利设施，但是其他几个坡地的部分村民因无法使用此设施而坚决反对，此项目只好搁浅。

后来，有着共同经济利益、承包地同在一个山坡的 48 户村民成立了合作社，每户入股 7 000 余元，共投入 30 余万元兴修塘坝，自己投资、自己使用，周边其他村的村民也可以利用，但合作社要收取灌溉费。这样，在满足自我服务的同时，也为社员创造了额外的共同收入。

三、以技术交流、技术推广为核心的农业技术服务合作社

据农业都 20 世纪 90 年代末的统计结果显示，我国各类农民专业合作社提供的服务中，以技术服务最为普遍，达到 79.6%；其次是信息服务，占 38.3%；再次是销售服务和购买服务，分别为 23.0%和 15.1%，；最后是资金服务和加工储运服务，依次是 7.9%和 5.4%。从这个数据来看，以技术交流、技术推广为核心的农业技术服务合作社是最为普遍的农业服务合作社。

1. 以技术交流、技术推广为核心的农业技术服务合作社建立的背景

技术服务型农民合作社通常由基层农业技术推广部门牵头兴办，这些基层农业技术推广部门在改革中，基本上由原来全额拨款的事业单位转制为差额拨款的事业单位甚至是无事业经费的独立经营主体，它们与农户牵手发展合作社，也是其在新的制度安排下求生存的一种选择。

目前技术服务型农民合作社多数被称为“协会”，虽然“协会”遵循了合作社的入社自愿、服务会员的基本原则，满足了社员的基本需求，但是合作社的原则体现得不突出，主要表现为协

会与会员之间类似于商家与老客户之间的关系：商家以一定幅度的优惠条件供给客户所需要的技术服务，客户成为商家忠实的、稳定的消费群体；入会会员通过规模经济来降低服务成本，协会服务者通过培育稳定的服务群体占领市场；协会提供何种服务、以何种价格提供服务等运作的一切重大事项均由领导层决策，所以这类“协会”可以视为合作社的一种初期发展形势。要想使其发展成为真正的合作社，就要使协会领导层与普通会员结成紧密的利益共同体，增加农民会员在股权、决策、收益分配等核心领域的参与度，提高农民会员在服务范围、服务定价等方面的决策权力等。

2. 以技术交流、技术推广为核心的农业技术服务合作社的作用

基层农业技术推广部门与从事某项农产品生产的农户牵手发展合作社，帮助农户解决了因生产经营规模相对偏小、不易获得新品种、新技术、新方法等各项服务问题。

【实例 5-3】

山东省某山区县奶牛协会

♣协会的创建

县奶牛协会的创办者是某镇兽医站站长。20 世纪 90 年代后期，县政府大力发展奶牛、生猪饲养业，全县的养殖户逐渐增多，但是前来咨询、问诊的农户并不多。在一次出诊中，他发现由于某农户缺乏基本的饲养管理知识和经验，导致其饲养的 4 头奶牛死亡，使全家的生产生活陷入困境。经过这次事件，该兽医站站长决心要改变兽医站有技术却没有市场、农民有需求却得不到有效供给的局面，他想到了发展养殖协会，通过协会的方式将兽医站与养牛户较好地连接起来。

他的想法得到了镇政府的支持。1999 年 8 月兽医站牵头成立了奶牛协会。入会者按照奶牛头数缴纳会费，每头 100 元，其中 50 元用于配种、防疫、上门治病等按照成本价提供的系列化服务，另 50 元作为奶牛保险金，入会户的牛如果死亡，无论什么原因，每头一律补偿 1 000 元。由于当地老百姓平常给牛看病基本是找牛贩子，并不认为兽医站能看好病，更不相信兽医站会给农户提供这等好事，因此最初只有 50 多户入会，有牛 200 来头，绝大多数农户处在观望之中。

没想到的是，这几十户农户入会后一下带来了好多事，奶牛有一点毛病他们就找协会，致使兽医站的工作量骤增，七八个技术人员都有些应接不暇，会员打两次电话需求还得不到满足的话，他们就觉得协会是骗人的，甚至有一些会员提出退会。

为了取信于民，协会及时调整服务模式，加大服务力度，依托兽医站技术人员成立了奶牛疫病防治技术专业队，效仿 110 的运作模式，实行 24 小时值班制，并建立了严格的考核制度，值班人员如果不到现场服务，1 次违约扣 20 元，如果因此而导致牛死亡，扣 500 元，并向老百姓补偿 1 000 元。协会恪守诺言，以优质的服务吸引了越来越多的养牛户。会员们认为，100 元会费也就是产量高的奶牛两天的卖奶钱，“用两天的奶钱，换来一年的平安”值得。就这样，在较短的时间内，协会依靠自己过硬的服务建立了稳定的会员群体。

♣协会提供的服务

协会成立后，健全了组织章程和组织机构。为实现规范化管理，协会对会员统一颁发附有奶牛照片的会员证和跟踪服务卡，并对入会奶牛建立档案卡，以便及时掌握每头奶牛的生长情况，为日后有可能出现的赔偿工作做好充分的准备。

协会向会员提供如下服务：

①技术培训。每年，协会至少举办两次免费培训班，向会员普及奶牛饲养管理技术和疾病防治技术，同时，不定期编写《奶牛养殖简报》，宣传科普知识，介绍协会动态。

②开展奶牛防病防疫的定期预防、保健、检测服务。

③为会员户提供奶牛人工授精以及24小时随时出诊服务，辅导会员户识别好的奶牛品种，并上网收集信息，将一些地方种奶牛以次充好的情况及时通报给会员，避免上当受骗。

④推广青贮、氨化饲料，牧草种植，秸秆生物发酵等新技术。

为保证服务到位，协会陆续吸收了20多名从大中专院校毕业的学生，以增加技术力量，提高服务水平。

♣协会的初步效果

截至2004年上半年，该协会会员达到了1 200户，有奶牛2 800余头，会员户除了本县的养牛户外，还辐射到周边的20余个县市区。据初步统计，农户入会后的收入比入会前平均增加近20%，奶牛的死亡率明显下降；诊治好的危重病奶牛超过500余例，为会员避免直接经济损失超过了3 500万元；4年来累计死亡奶牛100余头，会员得到协会的救助补偿金10余万元。在协会会员受益匪浅的同时，会长本人通过不断探索、学习，也成为当地闻名遐迩的兽医专家，镇畜牧兽医站也获得了可观的经济效益，协会多次受到嘉奖。

协会运转时间不长，但却取得了双赢：镇畜牧兽医站赢得了客户、市场，奶牛户获得了优质、低价的服务，有了良好服务机构的支撑。奶牛协会的发展有力地推进了全县农业产业结构调整的工作，加快了农业产业化的发展。借鉴奶牛协会的成功经验，县畜牧局于2003年牵头成立了县奶牛购销服务协会，吸收全县的奶牛购销经纪人、养牛大户、畜牧技术人员等参加，试图通过发挥奶牛经纪人的作用，实现本县的奶牛良种化，从源头上确保奶牛业的健康发展。

任务训练

【训练资料】

黑龙江省绥化地区某农机作业合作社

♣合作社的创办

黑龙江省绥化地区某农机作业合作社创办于2004年5月。合作社所在村地处松嫩平原，所在区域是全国优质大豆主产区。当时，合作社所在的村是全县村级集体经济实力较强的村，全村有684户，有近1 334公顷耕地，村集体有存款38万元。

2003年，合作社所在县成为全省第一批农机作业合作社试点县市之一。在省财政的扶持下，在该县5个乡镇创办起了5个农机合作社。合作社总投资730万元，其中省投资500万元，村集体入股200万元，农民入股30万元。然而，该村对此并不了解。后来，村支书在一次与人闲聊中偶然获得此信息，决定来年申请。

按照县农委、县农机局制定的标准，申请成立农机作业合作社的行政村要通过竞标的形式获得批准。参加竞标的行政村必须具备以下基本条件：

第一，耕地面积在1 333公顷以上；

第二，农作物种植以大豆为主；

第三，村集体经济有一定实力，无债务，必须使用自我积累投资兴建农机具配套的厂棚，不得向外借款或向村民集资；

第四，村集体班子过硬，村支书作风正派；

第五，有发展农业机械化的良好基础，村里拥有技术过硬的农机手或集体农机具。

此外，还要考虑到农机作业社在各乡镇的广泛分布。为此，县里还专门成立了由县委主要领导牵头的农机作业合作社领导小组，负责评审及管理农机合作社。该村申报此项目后，在全县的评审中顺利过关。

合作社成立后，村里共获得国家提供的整套农业耕种、播种、收割机械，价值99.58万元；合作社集体积累投入近35万元，用于建设标准化机具厂棚的固定资产投资，集体投入的资产按照每股50元标准入股，集体股份合计6 909股；684个农户按照每亩地5元的标准入股，共计10万元，折合2万股。农户社员持股最低1股，最高10股。

♣合作社的管理、服务和收益分配

合作社实行社员代表大会制度，每10户社员产生一个社员代表，由社员代表大会选举理事会、监事会。村支书当选为理事长，理事会成员中有普通农户代表、农机手代表。监事会全部由普通农户代表组成。理事会会议主要根据农业生产季节召开，通常是春季一次、秋季三次。理事会的主要职能是确定本年度的经营计划，包括对内服务和对外开展经营，制定年终收益分配方案和下年度发展计划等。监事会监督理事会的行为不能损害社员利益，如理事会曾提议去某外地农村开展经营的动议被监事会否决，理由是那里的土壤条件不好，担心机械被毁。

合作社还设有工作机构，由4人组成：经理、会计、出纳（兼保管）、技术员，他们负责合作社的日常经营管理工作。因为合作社成立不久，工作人员的报酬没有在合作社中开支，而是由村集体负担。

由于政府投入了较大的资金，因此政府对于农机作业合作社的经营行为给予了较多的限定。按照省里的精神，县农机作业合作社领导小组专门制定了《县农机作业合作社管理细则》（以下简称《细则》），对合作社的经营核算方式，内部各项生产、人员、财务管理，农机各项作业的质量标准、收费标准、收费方式等，都作了详尽的规定。可以讲，在内部经营管理制度上，合作社自我决策的空间很小。

2004年合作社作业收入实现36.4万元，其中对内服务占70%左右，总盈余5万余元，在扣除了10%的公积金和10%的公益金后，进行了第一次分红，每股1.77元，参加分红的只有社员个人股，集体股不参与分红。

为提高合作社的经营效率，合作社实行单车核算，统一购进油料和维修件，并规定驾驶员的工资标准以及单车作业量等。但是社员申请农机服务的项目和数量，完全由社员自我决定，合作社不搞全社统一。合作社的农机手通过社员民主推选和外部严格的培训考试相结合而产生。

♣合作社的初步效果

①农机作业合作社降低了本地区农户的机械作业费用，推进了农业生产的标准化。

据介绍，个别农户自实行土地家庭联产承包责任制以来，从未开展过深翻地作业，加之大量施用化肥，土壤板结严重。而装备有大型机械设备的农机作业合作社实行标准化整地，深松地可以达到22～25厘米，增强了土壤的通透性，改变了土壤的理化性能，对保护基本农田具有长期效果。以大豆种植户为例，实行标准化作业的大豆地块平均每亩增产20千克，并且促进了先进技术的推广应用。合作社所在的县是国家大豆振兴计划项目的实施地之一，农机作业合作社成立后有效地保证了项目区大豆标准化生产模式的落实、新式大豆栽培技术和行间覆膜技术的推广，大豆重茬问题开始得到扼制。

②农机作业合作社加快了种植业剩余劳动力的转移，促进了农村经济结构的调整。

农机合作社成立后，合作社所在村的劳动力转移明显加快，已有 1/2 的劳动力转做其他工作。这一点在其他的合作社中效果也很明显。据当地农委介绍，某农机作业合作社所在村劳动力约 1 200 人，从事种植业生产的已不足 200 人，季节性转移和长年转移到其他产业的劳动力达 1 000 人。不仅如此，畜牧业还成为农机作业合作社社员的一个发展新亮点。以作社所在县第一批 5 个农机合作社为例，仅 2005 年就增加奶牛 2 000 头，畜牧业产值接近农业产值的 1/2。

子任务训练 1 结合训练资料，做合作社发起筹备工作。（明确发起人，进行设立农业服务合作社的可行性分析。）

训练方法详见学习任务二（农业生产合作社的规范化建设）的子任务训练 1。

子任务训练 2 起草一份×××农业服务合作社的发起倡议书。

训练方法详见学习任务二（农业生产合作社的规范化建设）的子任务训练 2。

子任务训练 3 起草合作社章程。

训练方法详见学习任务二（农业生产合作社的规范化建设）的子任务训练 3。

子任务训练 4 吸纳合作社成员。

训练方法详见学习任务二（农业生产合作社的规范化建设）的子任务训练 4。

子任务训练 5 召开设立大会，建立合作社组织机构。

训练方法详见学习任务二（农业生产合作社的规范化建设）的子任务训练 5。

子任务训练 6 注册登记。

训练方法详见学习任务二（农业生产合作社的规范化建设）的子任务训练 6。

任务总结

____

____

思考题

1. 任务五案例导入中西安市郊区某石榴协会的发展轨迹说明了农业服务合作社怎么样的发展趋势？

2. 目前，我国有一种较为流行的农机合作社，是由农机手在自愿的基础上联合起来、共同投资入股兴办的。它与本学习任务中讲到的农业机械共同使用合作社有什么不同？

3. 你认为以国家投资为主创办的合作社可能会存在哪些问题？

学习任务六　农业合作社的规范化经营管理

学习目标

1. 了解农业合作社生产技术服务的统一管理、农业合作社生产资料的统一购买管理、农业合作社农产品包装与品牌管理、农业合作社农产品质量安全认证和农业合作社农产品营销的意义。

2. 理解农业合作社生产技术服务的统一管理、农业合作社生产资料的统一购买管理、农业合作社农产品包装与品牌管理、农业合作社农产品质量安全认证和农业合作社农产品营销的基本含义。

3. 掌握农业合作社生产技术服务的统一管理方法、农业合作社生产资料的统一购买管理方法、农业合作社农产品包装与品牌管理方法、农业合作社农产品质量安全认证方法和农业合作社农产品营销方法。

任务描述

子任务1　学习农业合作社生产技术服务的统一管理经验。

子任务2　学习农业合作社生产资料的统一购买管理经验。

子任务3　学习农业合作社农产品质量安全认证经验。

子任务4　学习农业合作社农产品包装与品牌管理经验。

子任务5　学习农业合作社农产品营销经验。

案例导入

湖南省安化县优质果品产销合作社

♣合作社的创立

湖南省安化县的农民为了支援柘溪水电站建设，主动放弃山脚的家园，搬到山腰、山顶安家。他们从20世纪70年代开始利用坡地种植柑橘，到20世纪末，种植柑橘的农户达到2 200多户，种植面积达到1.8万亩，大部分家庭渐渐有了比较固定的收入来源。

1999年正值当地柑橘“大年”，库区橘园果实累累，一片金黄，当地农业局的技术人员估算柑橘产量在9 000吨以上。橘农们篓装船运满心喜悦地送橘子到市场上卖时，一下傻了眼，价格只有每千克2～3毛钱，刚好支付运费。怎么办啊，橘农们习惯性地找乡政府、县政府，政府部门在新闻媒体上打广告，派人四处联系，才知道各地市场正橘满为患。后来，库区农民眼睁睁看着金黄的柑橘烂在园里，第一次明白了丰产不等于丰收。“市场经济”为农民上了一课，农民也为此付出了昂贵的“学费”。

2001年18户橘农联合起来，自发成立了一个专门从事柑橘生产销售的合作组织，取名为“安化县优质果品产销合作社”。合作社根据生产、加工、销售各环节的需要，进行了内部分工，制定了组织章程和管理制度。合作社章程规定每人出资0.5万元作为兴办合作社的启动资金，并将自己的产品命名为“阿香”牌柑橘，还到省会长沙工商部门进行了注册登记。

♣合作社的发展壮大

2007年初，合作社由2001年创办时的18人、主要集中在当时的南金乡，发展到社员651人、社员遍布库区的9个乡镇和1个林场，占库区橘农的1/6。合作社成员中，交纳入社资金的162户，入股金额81万元，他们是合作社的核心社员。只入社不交纳股金的489户，是合作社的一般社员。农民凭着合作社给自己带来的实实在在的利益来接受这个组织，拥护这个组织，并根据自己的需要来发展壮大自己的组织。

♣合作社的经营管理与成效

①推广科学技术，科技兴社。合作社从县农业局聘请两名高级农艺师担任技术顾问，自己培训了一支10人的技术队伍。技术人员长年穿行在橘园地头，提供技术指导，及时解决好配方施肥、病虫防治、剪枝嫁接、土壤改良等方面的技术问题，并引进推广柑橘良种，使柑橘品质发生了质的飞跃。

②注重产品质量。从2003年开始，合作社根据市场需求，致力于发展无公害绿色柑橘生产，并拿出25万元资金举办了58期技术培训班，确保柑橘生产、加工严格按无公害食品技术规程运作。为了延长储藏期，合作社专门成立了柑橘保鲜技术攻关小组，历经5个月的试验，使保鲜期由过去的60多天提高到120天，保鲜合格率由过去的80%提高到96%以上。合作社的产品——“阿香”柑橘2003年被国家农产品安全中心认定为无公害产品，2004年获得了国家绿色食品发展中心绿色食品A级认证，2005年9月入选中国果品流通协会“中华名果”。

③扩大生产规模，做大做强柑橘产业。农民是最讲实惠的，看到种柑橘有奔头，很多农民萌生了种柑橘的念头，但缺少起步资金，他们没有找政府也没有找信用社，就直接找到合作社。合作社从2003年开始，每年贴息为农民新建或改造橘园提供生产周转资金，五年来，共向橘农提供生产周转金500万元，贴息20多万元，扶持农户4 200多户。合作社每年直接从农资厂家购进近百万元肥料，都是贴息赊销给农民，帮助农民五年改造老化橘园5 000多亩，库区柑橘种植面积从合作社成立前的1.8万多亩发展到2.7万多亩，库区柑橘产量从合作社成立前的0.9万吨增加到2.2万吨，橘农年销售收入达到7 000万元，柑橘生产成了库区一大支柱产业。

④建立健全保护机制，强化服务功能。合作社在发展过程中始终坚持“民办、民管、民受益”的原则。在柑橘收购环节，合作社对社员实行保护价收购。收获季节，合作社组织200多个农民，租用20多条船只和10多辆卡车，上门收购。2002年、2003年合作社的收购价比市场价每千克高出0.2元，2004年、2005年、2006年合作社的收购价比市场价每千克高出0.3元。每年收购旺季，合作社向信用社借贷周转资金300万元左右。六年来，合作社收购柑橘从未向农民打过白条。不仅如此，合作社章程规定，每年的5月1～7日为办理利润分配的时间，合作社理事会组织召开社员大会，公布一年来的经营情况，将合作社盈利的25%按产量返利给农民，30%按股金分红，20%留作风险基金，25%留作各项积累用于发展再生产。2001—2006年合作社累计向社员返还盈利80万元。通过几年的积累，合作社的实力也不断增强，现拥有固定资产350万元，厂房面积12 000米^2，柑橘生产基地18个，面积1.2万亩，加工流水线4条，日加工能力200吨。

⑤合作社的品牌越来越响亮。农民对品牌的认识是从走进市场后才有的，而农民一旦有

了品牌，就会把它当成自己的生命一样来珍视。合作社注册“阿香”商标后，便认真打造自己的品牌。推广无公害栽培，提升柑橘产品档次。合作社从2003年开始组织18个生产基地推行无公害栽培。2003年合作社编印了《绿色食品阿香柑橘生产技术规程》20 000多份，举办技术培训班32期，培训橘农2 200人次；另外，合作社统一进行农资配送，大力推广有机肥料，统一免费安装频振式多功能杀虫灯200盏，逐园进行化肥农药残留检测，采摘前合作社选送样品到果品检测中心检测，11项指标全部达到标准，“阿香”柑橘获得了无公害产品认证。

⑥提高加工包装水平，让“阿香”柑橘亮丽登场。合作社对收购进来的柑橘严格按程序精心加工，使加工后的柑橘光洁美观，保质期延长3个月以上；合作社设计了轻重适宜、带有浓郁地方特色的精美包装纸箱，并附有图像、中英文彩色套印的产品说明书，典雅大方，赏心悦目。

⑦讲究营销策略，占领销售市场。合作社组建的营销队伍在东北三省建立了七大销售点，并以点带面建立了立体销售网络，在主要销售地哈尔滨成功举办了“阿香”柑橘展销会，投资13万元在黑龙江省电视台制作了形象广告。

通过这些举措，“阿香”柑橘成为了东北柑橘市场知名品牌，产品供不应求。

学习资料

农业合作社的主要经济活动就是收集各方面所需的市场信息，为成员提供产前、产中、产后系列化服务，组织成员按照市场需求进行专业化、标准化和规模化生产，实现千家万户的小生产与千变万化的大市场的有效连接，增强农民共同抵御市场风险的能力，促进农业增效、农民增收，有效发挥“建一个社、兴一个产业、活一方经济、富一批群众”的积极作用。

农业合作社的经营管理主要包括生产技术服务的统一管理、生产资料的统一购买管理、农产品质量安全认证、农产品包装与品牌管理和农产品营销等。

任务训练

【训练资料】

山东青岛顺科蛋鸡产销专业合作社

青岛顺科蛋鸡产销专业合作社是一个通过建设自身品牌发展得比较好的典型案例，该合作社被平度市科协认定为绿色产品科技示范基地，不仅带动了当地的养鸡专业户，而且产品有自己的品牌——“顺科”牌鸡蛋。该品牌是青岛市名牌农产品，被农业部认定为无公害农产品，2007年经中国绿色食品发展中心审核，被认定为绿色食品A级产品，2007年9月通过了出口企业养殖场备案、并通过奥帆赛食品企业养殖场备案。

♣合作社的创立

青岛顺科蛋鸡产销专业合作社的前身是平度市蛋鸡协会，2006年10月31日《合作社法》颁布以后，协会多次组织会员学习，大家清楚地认识到，合作社在法人地位、组织形式、运行机制、服务内容和扶持政策上更有利于协会的发展，于是，在2007年8月22日，在主管部门和当地政府的指导下，协会到市工商局注册成立了平度市第一个农民专业合作社。合作社成立后主要是为社员提供饲料兽药供应、鸡蛋的加工、运输、储藏以及与鸡蛋生产经营有关的技术、信息等服务，实行标准化生产，开拓市场，将社员生产的产品销售出去。合作社的主要产品是无公害鸡蛋、绿色食品鸡蛋、富硒鸡蛋等多种高质量的鸡蛋和毛鸡等。合作社现有出资人120人，出资总额20万元，社员达到180名，其中团体成员4个。社员中除了蛋鸡养殖、蔬菜种植大户外，还包括了生资供应厂家、销售商和技术人员，社员范围扩大到即墨，胶州等市。

♣合作社的组织机构及运作机制

①合作社的组织机构。青岛顺科蛋鸡产销专业合作社由吕文顺、张志军、吕春花等10位养鸡大户及青岛顺科养鸡有限公司于2007年8月8日发起，并召开设立大会，经营期限二十年。成员大会是该合作社的最高权力机构，由全体成员组成。当该社成员超过一百五十人时，每十名成员选举产生一名成员代表，组成成员代表大会。成员代表大会履行成员大会的全部职权。成员代表任期五年，可以连选连任。该合作社的理事长由成员大会选出，目前的理事长为吕文顺，理事8名，分别来自平度市的三个镇七个村。合作社每年召开两次成员大会，成员大会由理事长或者理事会负责召集，并提前十五日向全体成员通报会议内容。理事会会议的表决，实行一人一票。重大事项集体讨论，并经2/3以上理事同意方可形成决定。理事个人对某项决议有不同意见时，其意见记入会议记录并签名。经理和成员代表列席，列席者无表决权。设执行监事一名，执行监事的任期为五年，可连选连任，代表全体成员监督检查理事会和工作人员的工作。执行监事列席理事会会议。

②合作社的管理、技术人员构成。该合作社的理事长吕文顺今年60岁，小学学历，从事养殖业15年，目前也是青岛顺科养鸡有限公司总经理，该公司现在是合作社的会员单位，占到合作社20%的股份。此外，合作社还设有专管培训及技术服务、原料采购、财务管理的副理事长3名，专管培训及技术服务和鸡蛋销售的秘书长2名，年龄都在34～45岁之间。合作社现有专业技术人员11人，这些技术人员都是高中文化，而且是该合作社的会员。

③合作社经费运作情况

a. 合作社的注册资金。该合作社成立时在工商局的注册经费为14万元，出资社员112人，其中团体成员1个，为青岛顺科养鸡有限公司，农民成员109名，占成员总数的97%，到目前，合作社实有社员180个，实际出资总额已达20万元。出资最多的是该合作社的理事长吕文顺，40 000元，青岛顺科养鸡有限公司出资10 000元，其他的成员都是养鸡的农民专业户，出资金额从30 000元到200元不等，其中出资200元的占绝大多数。成员的出资方式全部是货币出资。

b. 合作社的经费运作。为了体现合作社法中“民办、民管、民受益”的原则，在运行中做到有章可依，有法可依，合作社设立了合作社账户和社员账户，提出了收益分配和年终盈余返还方案，并提交理事会通过。方案规定：从当年盈余中提取12%的公积金，用于扩大生产经营、弥补亏损或者转为成员出资。合作社每年提取的公积金，按照成员与本社业务交易量和出资额比例量化为每个成员所有的份额。盈余分配按交易额和股金6∶4进行统筹分配，经全体社员大会通过后实施。这样既保证了交易量多的社员的利益，又兼顾了出资额多的社员的利益。

♣合作社的业务范围及服务内容。青岛顺科蛋鸡产销专业合作社的主要业务范围是：蛋鸡的养殖与鲜蛋销售、蔬菜种植、销售及生物有机肥的产销。合作社给社员的服务内容主要有：

①统一的生产资料购进。鸡苗和饲料是蛋鸡养殖过程中成本的主要载体，购进廉价、高质量的鸡苗和饲料是降低生产成本、增加社员收入的重要途径。在鸡苗引进上，合作社经多方考察选择了北京市华都峪口禽业有限责任公司作为供货方，并与其签订合同，要求雏鸡品种一致，大小一致，抗体水平一致，健康水平一致，2007年统一购进了200万只，由于享受优惠价格，每只比原来降低成本0.1元，合计降低成本20万元，且具有抗病力强，生长快，产蛋量高等

特点，60 日龄成活率达到 98%以上，逐步淘汰了原有杂乱品种，在质量和规模上成为平度市蛋鸡产业的龙头。

在饲料购进上，为了最大限度地降低成本和保护社员免受假冒伪劣的侵害，合作社根据社员需要提前做好统计，与厂家签订合同，统一组织批量购进预混料，成本价出售给社员，既能保证产品质量，又能得到价格优惠，由社员自己按科学比例配以玉米、豆粕、蔬菜等喂养，这样不仅质量有保证，且预混料每千克比市场价降低 0.1 元，每年采购可达 5 000 吨，为社员节省资金 50 余万元。

②生产技术服务

a. 养鸡技术的培训与宣传。从 2007 年开始，合作社先后邀请农业部动植物检疫所、中国农业大学、青岛农业大学专家教授来合作社举办社员培训班 6 次，主要讲授合作理念、动植物防疫、禽流感预防、生产特种营养蛋、创名牌及名牌经营等知识，培训合作社成员和养鸡户 2 500 余人次，使大家的知识有了新的提高。

为增强感性认识，合作社还组织技术骨干、理事先后到北京、上海、龙口、济南、郑州、河北实地参观，学到了不少好的经验，为进一步提高蛋鸡的产销夯实坚实的基础。在平时的日常生活中，如果会员遇到问题，会电话联系合作社的技术人员咨询，技术人员也会提供上门服务、机械安装、蛋鸡的防疫等服务。此外，合作社给会员发放光盘，主要讲述保证鸡蛋的质量安全方法，共免费发放光盘 1 万张。

b. 标准化管理。为提高产品质量，规范社员养殖，合作社制定了《顺科蛋鸡标准化生产操作规程》，对饲料添加剂的使用、水和环境的控制、疫病的防治以及喂养技术都做了规定，并且增加了检测设备，对畜禽用水、饲料、鸡抗体按时抽样检查，发现问题及时解决；为了使社员的生产与市场接轨，合作社还订阅了《农产品市场》、《齐鲁牧业报》、《中国家禽》、《中国养鸡》等 12 种专业刊物供会员学习。

疫病是养鸡行业的大忌。为避免疫病的发生，合作社邀请专家培训了小鸡从出壳到长成成鸡需要预防的 18 次疫病及用药，并定时向养殖户通报，对重点疫情，重点采取措施，较好地避免了疫情发生。会员需要疫苗时，打电话给合作社，合作社派人去打。

③统一的销售服务。成立合作社之前，由于协会管理比较松散，加之鸡蛋生产户市场信息不灵，价格受到鸡蛋贩子的控制，他们每千克鸡蛋至少赚走 0.3 元，自从合作社成立以后，统一了鸡蛋价格，每千克鸡蛋至少比原来提高了 0.1 元，质量好的和特种鸡蛋比原来提高了 0.3 元以上，且供不应求。目前，每天合作社都有专门的工作人员上会员家收购鸡蛋，会员的鸡蛋 60%是通过合作社销售，40%是自己销售。合作社每天有 3 辆车专门收购会员的鸡蛋，如果是用于出口的鸡蛋，还要送到技术监督局检测，每次的检测费用在 200～1 800 元不等，自合作社成立以来，在此项上的花费共计 6 000 元，送进超市或送到青岛农贸市场的则不检验以降低费用。现在合作社鸡蛋的销售渠道主要有：超市，销售量占总量的 5%；出口企业（可以比市场价格每千克高出 1.2 元）销售量占总量的 10%；青岛的农贸市场，销售量占总量的 85%。

a. 树立品牌意识，以品牌促销售。在合作社成立前，“顺科”鸡蛋 2004 年 4 月被农业部认定为无公害农产品，2005 年通过 ISO 9001 国际质量体系认证，并被评为绿色产品科技示范基地，2006 年被评为青岛市名牌农产品，合作社成立后，凭借着前几年的经营信誉，积极打“品牌战”，引导合作社成员树立品牌意识，以品牌促销售。通过不断地培育壮大，2007 年 3 月合作社生产的“顺科”牌鸡蛋经中国绿色食品发展中心审核，被认定为绿色食品 A 级产品，2007 年

8月通过了奥帆赛食品企业养殖场备案，2008年1月顺利通过了出口企业养殖场备案，以上认证为扩大合作社的鸡蛋销售量打下了坚实的基础。

b. 加强包装和宣传。信息灵通是搞活市场的重要法宝。为了使“顺科”鸡蛋的品牌效应继续做大做强，合作社制作了专门的网页通过网络发布产销信息。为提高产品档次，青岛聘请一流的设计师精心设计农产品包装盒，充分运用电视、报纸等多种媒介进行推广、宣传。2007年12月18日，山东卫视农科栏目免费为青岛顺科蛋鸡产销合作社做了专题报道，在省、市电视台轮番播出，提高了合作社农产品的知名度，营造了良好的舆论氛围。

c. 拓展外埠市场，提升产品竞争力。为了扩大产品销售，合作社将营销的重点放在了平度以外的市场上，为推销产品，2007年10月合作社参加了在济南举办的全国农产品博览会、山东省农产品博览会，2008年元月参加了青岛市政府举办的庙会。目前，还已成功地开拓了日韩在半岛地区的食品企业及青岛、济南、烟台、威海，淄博等地的超市，产品受到了消费者的好评；实施品牌战略，拓宽了销售渠道，社员效益和规模不断扩大。

♣合作社的成效

从2007年合作社成立，经过一年时间的运作，合作社取得了非常明显的成效。

①蛋鸡养殖的科技水平明显提高。通过聘请高层次的专家培训和实行标准化生产，社员的科技素质进一步提升。蛋鸡的成活率达到95%、防疫率达到100%、产蛋率达到94%以上，平均每只鸡的产蛋量由原来的年产320枚，现在达到330枚以上，并且社员能按生态配方要求，合理搭配营养，生产的粉壳蛋、褐壳蛋、绿壳蛋、乌鸡蛋等十多种绿色无公害鸡蛋，深受消费者青睐。

②提升了蛋鸡养殖产业化经营水平。合作社的建立，实现了鸡苗购入、配料、防疫、饲料、加工、包装、销售、创品牌诸环节的有机衔接，实现了资源的合理流动和优化配置，促进了优势整合和利益互补。合作社内部一定程度上实现了专业化生产，集约化经营，初步形成了上接市场、下联农户的产业链，蛋鸡养殖业的产业化水平得到了进一步提升。

③促进了农业和农民增收。合作社的建立不仅有效地解决了农民市场信息不灵和买难卖难问题，而且还降低了生产成本，增加了收入。目前，合作社社员的养殖规模达到200万只，年产蛋量3 600万千克，按每千克增值0.1元计算，社员可增收360万元；每只鸡多产10枚蛋，可增收600万元。统一采购良种鸡苗和饲料，可为社员降低成本70万元；几项合计，社员年共可增收1 030万元，户均增收6.4万元。合作社的发展带动和影响了其他养殖户的决策，许多原来不想干或已不干了的养殖户，现在又热火朝天地干了起来，全市目前养殖蛋鸡达到400余万只，成为一个大产业。实践证明，合作社是养殖户抵御市场风险的保护伞，是农民增收的领头雁。

④引起了各级领导的重视和关注。2007年10月，合作社被邀请参加了“2007全国农民专业合作社发展研讨会”；11月被列为中国农民专业合作社试点项目单位；11月至今先后分别接待省工商厅和青岛民政局领导参观考察3次，接待省农民专业合作社发展研讨会一次，均得到了很高的评价。

子任务训练1 结合训练资料学习农业合作社生产技术服务的统一管理经验。

农业合作社对合作社成员的生产技术服务的统一管理主要包括全方位提高农民文化素

质、制定统一的技术规程和建立统一、高效的防治机构等几个方面。

一、全方位提高农民文化素质

要利用合作社这一平台，通过联合或协作的方式，与科研院所、大专院校以及农业技术推广机构合作，充分利用各自的技术、经济、生产设施及人力资源等方面的优势，采取“请进来、走出去”等多种形式，引进专业技术人才，开展各项生产技术培训，提高农民专业合作社成员文化素质，从而解决农民技术缺乏和管理经验不足等问题。

【实例 6-1】

山西省山阴县古城镇奶牛养殖合作社

山西省山阴县古城镇奶牛养殖合作社聘请牧医界知名教授做技术顾问，聘请各类专家和技术人员传授防疫、饲养、乳品加工等方面的科技知识，共举办各种类型培训班 500 多期(次)，派出 300 多人到外地考察学习，受训和外出学习考察人员达到 3 万多人次。通过全方位的学习和培训，使合作社成员的科学饲养水平和素质得到大幅度提高。

【实例 6-2】

陕西省富平县科农果业合作社

陕西省富平县科农果业合作社通过加强技术培训提高农民的技术水平。培训的主体是合作社成员，非成员也可免费参加。由各个分社根据成员的需求向总社提出申请，再由总社根据成员需求安排有关专家讲课。一般都是结合农时季节，围绕树型“四大技术”改造、病虫害综合防治、施肥喷药等关键技术环节，合作社组织相关专家和技术人员分别在 3 月、5 月、7 月、9 月等果树管理的关键月份，深入果园，面对面、手把手地对成员进行技术指导，帮助成员提高管理的技术水平。通过合作社的技术培训，全社果品的商品率普遍提高，成员收入也显著增加。例如，到贤乡雷书社有 10 亩苹果园，在加入合作社前，他年收入只有 6 000 元，2005 年入社后，接受技术培训，生产水平大大提高，收入达到了 50 000 元，而他周围未加入合作社的果园的果品商品率仅为 20%，他的收入上的变化对周围果农影响很大，凡是听说有培训，周边的果农便积极参加，听专家讲课。据统计，在合作社成立近十年的时间里，共组织县级大型培训会 12 次，下乡讲课 518 场次，受训人数累计达到 10 万人次，建立示范园 2 480 亩，示范户 288 户，技术服务面积 25.8 万亩。

【实例 6-3】

陕西省富平县科农果业合作社

陕西省富平县科农果业合作社通过创办科普杂志提高农民素质。2003 年富平果农协会成立后，创办了《科农通讯》，到 2011 年已编发 35 期，每期 1 万份，共印发 35 万份，免费发放给会员，现已成为富平果农必看的刊物。合作社还帮助会员订《三秦果业报》共计 3 万份，让会员了解更多的技术服务和品种栽培以及销售等方面信息。为了进一步扩大宣传，提高服务质量，合作社与富平电视台《乡村季风》栏目进行了长期合作，根据生产实际需求，社长件继纲通过电视讲技术，进行产前、产中、产后指导服务，基本上每周一期，现在已累计编播节目 148 场次。通过宣传，会员和群众的果树修剪、病虫防治等方面的科技意识进一步提高，果农的经济效益也明显增加，合作社的技术服务使果农每年增收 1 亿元以上。

【实例 6-4】

陕西省富平县科农果业合作社

陕西省富平县科农果业合作社在富平县科学技术协会的大力指导帮助下，把普及提高果农种植技术作为重点，利用多种形式开展科普教育。除在县电视台开办专题讲座外，利用合作社的技术优势，40 多名具有中高级技术职称的合作社老技术人员常年活动在生产一线，及时对果农进行培训指导，解决果农在生产中遇到的实际问题。

【实例 6-5】

山西省祁县源泉绿色蔬菜合作社

山西省祁县源泉绿色蔬菜合作社成立后两年多的时间里，主要以技术讲座的形式向农户提供专业培训 30 多场次，非成员也可参加，平均每个月 1～3 次，其中春季培训的比较多，每次大概有 200 人参加。培训人员一般都是请来的专家，合作社帮助其推广良种，他们免费提供技术指导。

【实例 6-6】

陕西省淳化县中绿苹果专业合作社

陕西省淳化县中绿苹果专业合作社于 2007 年正式挂牌成立，成为淳化县第一个农民专业合作社。合作社始终以“培养优秀果树管理人才、推广优良果树作物技术、提供优质果业农资服务、创建优异果品销售网络”作为宗旨，坚持“请进来，走出去”的办社方针，多方面提升社员的整体素质。为了及时掌握果业科技和市场信息，他们专门购置了微机设备，接通了宽带，建立起信息服务平台，免费向社员和果商提供产销和科技信息，大大提升了农民的专业素质。

【实例 6-7】

江苏省南京市绿桥瓜果菜专业合作社

江苏省南京市绿桥瓜果菜专业合作社于 2000 年初成立。合作社成立后，共引进新品种 500 多个，推广使用新技术 23 项，进行技术培训 51 期，参培农民 25 000 人次，农民经纪人培训 6 期，300 多人取得经纪人证书。大大提高了成员的综合素质。

二、制定统一的技术规程

产品质量是农民专业合作社得以生存的基础。农民专业合作社要根据自身经营的特点，制订符合种植、养殖、加工等不同行业需要的技术操作规程，按照统一的技术规程和生产质量标准组织生产，严格执行《中华人民共和国农产品质量安全法》，确保产品质量；建立健全各种产业的农产品生产记录、产品质量追溯制度，使合作社成员树立规范化、标准化生产的意识。

【实例 6-8】

山西省定襄县绿色食品合作社

山西省定襄县绿色食品合作社在技术培训和指导上，高标准高起点，一开始就以无公害农产品生产技术为主推技术，让成员率先了解、掌握应用了该项技术。合作社先后印发了《无公害谷子生产技术规程》、《无公害辣椒生产技术规程》、《无公害高粱生产技术规程》以及相关的环境空气质量标准、土壤环境质量标准、农药安全使用标准、农药合理使用准则等相关的材料，每户成员均发1份，开展"当家人"技术培训。每年成员接受10余次的集中培训学习，使每户都有一个技术"精通人"。同时为了提高成员应用技术的准确率、到位率，在农作物田间管理时期，合作社派出技术人员巡回在田间地头进行指导，既提高了成员文化素质，又增加了农产品的科技含量。

【实例6-9】

山西省祁县源泉绿色蔬菜合作社

山西省祁县源泉绿色蔬菜合作社聘请市、县农业局的技术人员，对蔬菜产地的土壤、空气、水进行化验，结合实际制定了祁县无公害黄瓜、西红柿等品种的日光能温室生产技术规程，并由祁县农业标准化委员会地方标准DB 142707/T007—2004批准。合作社成员及其他菜农在合作社的指导下，严格按照规程执行农业生产操作的每一个环节，蔬菜产品达到了绿色产品的标准，并且取得了绿色产品认证和绿色产品产地认证。

【实例6-10】

河南省濮阳县叁真无公害富硒农产品大米专业合作社

河南省濮阳县叁真无公害富硒农产品大米专业合作社成立于2006年。该合作社全力推进无公害稻米的种植与加工，生产的"叁真"牌富硒大米出产于濮阳县沿黄乡镇6万亩无公害水稻种植基地，该基地利用生物技术改良土壤和盐碱地，实施无公害富硒稻谷种植，提供种植技术一条龙服务，实现了无公害产业化经营。"叁真"牌富硒大米的生产采用日产120吨富硒精米加工生产线，产品质量通过了ISO 9001、2000国际质量管理认证体系，"叁真"牌富硒米已获得国家农业部农产品质量安全中心颁发的叁真富硒大米证书，2007年11月"叁真"牌富硒大米在第六届中国优质稻米博览交易会上荣获"金奖大米"称号。两年来承担了农业部，财政部组织的农业新技术推广和濮阳市多项科技攻关项目。

【实例6-11】

陕西省铜川市公权苹果专业合作社

铜川市耀州区公权苹果合作社，前身为铜川市绿色食品生产者技术协会，成立于2001年7月，是一个具有独立法人资格的农村合作经济组织。2008年合作社已有社员2 103名，注册果园面积25 000亩，其中万亩果园通过了农业部的ChinaGAP认证。合作社有果品加工厂1个，果库2座，储存量3 000吨，总资产180万元。2008年产品销售总额6 000万元，出口额400万元，年利润578万元。合作社理事长王卫星，国家一级农艺师、西北农林科技大学李华教授任合作社名誉理事长，合作社特聘山东农业大学束怀瑞院士、西北大学原校长陈汤臣教授、雷明德教授等专家组成技术顾问组，并与西北农林科技大学建立了长期技术协作关系。合作社现有管理人员23人，有大专以上学历的18人，技术骨干10人，高级农艺师3人，中级职称7人。

合作社独创了二维码果品质量追溯体系，并且已全面推广应用。该体系是在二维码技术的基础上延伸应用电子信息数据库和互联网技术特别设计的果品生产、加工、销售一体化的质量监控和监管技术。根据该体系的要求，合作社限期为每一个纳入标准化生产流程的果农建立全程生产管理过程的电子台账，同时为每位果农匹配专用二维条码的秘密账号。该账号下生成的系列16位二维条码将贴在果农的果品上进入市场，直到到达消费者手中。消费者可以通过在合作社网站输入16位二维码，识读产品整个生产管理过程的电子台账，果园详细资料，从而实现已售出产品的逆向追溯功能，保证了消费者的知情权。

【实例6-12】

寿光市蔬菜产业发展

品牌与质量保证是寿光蔬菜的生命线。目前，寿光市走无公害、绿色、有机农产品的路线，大力推广标准化生产，并率先在全国开发使用蔬菜质量安全二维码，建立蔬菜质量安全追溯体系。在品牌建设方面，寿光市建成了5个国家、省级优质农产品基地，6个国家级农业标准化示范区和500多个农产品示范区，全市无公害、绿色、有机食品基地达到60万亩。此外，全市获优质农产品认证的有325个品种，注册农产品商标128种，优质农产品基地和品牌认证数量在全省均位居前列。时至今日，蔬菜产业已成为全市最具竞争力的特色产业。

【实例6-13】

天津邑农农副产品合作社

蔬菜是由千家万户的农民生产出来的，中间要经过多道流通环节，为确保消费者吃上"放心菜"，天津邑农合作社率先在国内建设农副产品全程可追溯体系，通过数字编码系统对无公害、绿色、有机农副产品生产流通全程进行记录。

♣种植过程可追溯。生产种植基地设立质量检测中心，对产品的各个生产环节进行跟踪检测，完善了食品安全预警机制，保证向社会提供优质的放心有机食品，并可确保供应链的高质量数据交流，实现有效的有机食品追溯与召回。蔬菜种植生产过程中，冬春季采用保护地栽培，其他季节采用防虫网覆盖栽培，以确保隔离虫源，减少防虫农药的使用，另外，在农药和肥料的使用上采取严格的控制措施。

所有生产过程，从种子处理、土壤消毒、栽培方式、灌溉、施肥、使用农药到收获采摘都要记录。能够追溯到具体的生产基地、品种、生产时间。生产过程从种到收，由合作社负责农产品质量安全的技术人员按作物的不同生长期到田间地头抽样检验，合格者予以签字盖章，使其成为公司收购、销售的"通行证"。

♣包装加工环节可追溯。在田间按标准进行分级，保持产品规格一致；农产品进行初整理，装入包装箱；在包装箱外贴上标签——产品生产过程编号（包括：合作社名称、产品名称、出产日期、生产地点、基地编号、地块编号、生产者编号、产品编号等）。用唯一的号码条封存，进入保鲜库贮存或进入下一环节。

♣运输过程可追溯。采用有编号的有机、无公害农副产品专用车辆进行运输，承接合作社给出的信息并把产品主要信息转给超市。

♣销售过程可追溯。

①超市将产品主要信息及运输车辆信息输入电脑，贴条形码，条形码记录的主要内容有：产品的产地，产品集装箱号码，产品包装类型，产品品种，产品质量，是否有机、无公害认证等。

②邑农达超市设立了电子触摸屏，消费者通过设在超市的电子显示器就可了解所购农副产品所有相关信息。

③邑农达超市现场备有检测仪器和检测人员，可对消费者购买的农产品进行现场检测，让

消费者买得放心、吃得安心。

④实行召回制度。如果在消费环节出了问题，企业有责任将产品召回。

三、建立统一、高效的防治机构

农民专业合作社可以与当地的农业技术部门联合，建立植物病虫害和动物疫病的防治机构，配备专业技术人员，把进行技术指导、为成员提供统一的全程的不间断的系列化病虫害和疫病防治服务作为一项经常性的基础工作，有病早治、无病预防，最大限度地降低植物病虫害和动物疫病发生的风险，使成员的损失降到最少，促进成员增收，提升农产品品质。

【实例 6-14】

山西省晋中顺康养牛合作社

山西省晋中顺康养牛合作社建立后，为全面推广科学养牛新技术，与修文镇畜牧兽医管理站订立了技术承包协议，畜牧兽医管理站负责合作社成员的奶牛和肉牛的饲养技术与疫病防治的指导工作。实行承包后，技术部门首先结合修文镇实际制订了高产奶牛饲养技术规程、育肥高产肉牛饲养技术规程，与合作社订立了疾病防治协议书。畜牧兽医站每年要为成员饲养的奶牛、肉牛进行两次定期防疫，合作社成员饲养的奶牛、肉牛如发生疾病，兽医站人员及时到达治疗，出诊时免收出诊费，药费按零售价的 80% 收取，降低了饲养成本，从而增加了成员的收入。

【实例 6-15】

陕西省富平县科农果业合作社

陕西省富平县科农果业合作社在富平县科学技术协会的大力指导帮助下，把普及提高果农种植技术作为重点，利用多种形式开展科普教育。除在县电视台开办专题讲座外，利用合作社的技术优势，40 多名具有中高级技术职称的合作社老技术人员常年活动在生产一线，及时对果农进行培训指导，解决果农在生产中遇到的实际问题。

子任务训练 2　结合训练资料学习农业合作社生产资料的统一购买管理经验。

农民专业合作社代表农民进行生产资料的统一购买，把原来农民单家独户的零星购买活动统一成为一种较大规模的经济行为，以规模化作为交易条件与企业进行价格交涉。

一、生产资料统一购买的作用

1. 促进农用工业品价格水平的合理化和农业生产资料流通费用的合理化，降低购买农业生产资料的成本。

2. 有助于同生产资料生产与经销企业建立稳定的购销关系，为农业投入品的供应和质量提供保障。

3. 引导农民正确地进行农业生产和经营活动，农民在合作社的约束下，按照统一操作技术规程安全合理地使用农药、化肥等农业生产投入品，有效地控制农药(兽药)、化肥的用量，避免造成农药(兽药)残留、过量使用化肥等产生的危害，保证农产品的质量。

4. 合作社在组织对商品研究和商品性能测试的基础上，把正确的商品信息和商品知识告诉农民,帮助农民正确地选择和使用各种农业生产资料,从源头上解决假冒伪劣农业投入品流入农业生产领域的问题。

【实例 6-16】

山西省祁县源泉绿色蔬菜合作社

山西省祁县源泉绿色蔬菜合作社经过两年多的发展已发展成员150户,入社股金达8万元。合作社每年利用盈余向成员提供化肥、农药。但合作社提供的化肥、农药只能满足成员部分需求,不足部分由成员自己解决。所提供的农药和化肥一般以无公害的农药和化肥为主,每年发放的生产资料中,化肥3种,共1 000袋,价值5万元;医药5种,价值3万元左右。两年多来,合作社帮成员统一购买专用肥料130余吨,各种农膜、种子等生产资料价值约38万元。

二、生产资料统一购买管理

一般情况下,可采用以下方法进行生产资料的统一购买管理。

1. 采用优惠价购买。农民专业合作社根据成员的需求,在组织采购各种农用生产资料时,提前与供货公司达成协议,合作社成员以低于市场价的价格来购买生产资料。可以事先印制优惠券发给成员,成员凭优惠券以优惠价格购买生产资料。

2. 成立专门购买机构。农民专业合作社内部成立生产资料批发部或服务中心,直接从生产厂家或经销企业进货,再以出厂价或低于市场价的价格,优惠供应给本社成员。

3. 预先订购。农民专业合作社成员将购买意向通过预先订货的方式反映到合作社,合作社根据收集到的购买意向,与有关厂商联系集中购买。

【实例 6-17】

大同市金农农民专业合作社

大同市金农农民专业合作社统一购买成员需要的各类农用生产资料和种子种苗;合作社供给成员的农资,在价格上实行优惠制度,只以购买价加少量的运费和工作人员补助费出售;在付款方式上可以赊销,可以付一定比例的货款,也可以抵顶未领取的盈余返还,有效地解决了成员资金不足的问题,促进了产业规模的形成。

子任务训练 3 结合训练资料学习农业合作社农产品质量安全认证经验。

农产品质量安全认证是随着农产品生产、消费水平的提高和市场需求的变化而产生和发展的。

认证是指由认证机构证明产品、服务、管理体系符合相关技术规范、相关技术规范的强制性要求或标准的合格评定活动。

目前,我国农产品质量安全认证产品主要有无公害农产品、绿色食品和有机食品三种类型,以下简称“三品”。

我国发展农业“三品”的政策导向是:无公害农产品作为市场准入的基本条件,坚持政府推动为主导,逐步推行从阶段性认证向强制性要求转变;绿色食品作为安全优质品牌,政府推动与市场引导并行,坚持强化标志管理与质量认证管理并举;而有机食品作为扩大农产品出口的有效手段，坚持以国际市场需求为导向。

【知识链接】　无公害农产品、绿色食品和有机食品的区别

无公害农产品、绿色食品和有机食品是现阶段我国农产品认证的基本类型，三者都属于安全农产品范畴，由低向高成阶梯状排列。我国的绿色食品分为A级和AA级两个级别，A级绿色食品是AA级绿色食品的过渡产品，只有达到AA级绿色食品才符合有机食品的标准。

无公害农产品突出安全因素控制，绿色食品既突出安全因素控制，又强调产品优质与营养。无公害农产品是绿色食品发展的基础，绿色食品是在无公害农产品基础上的进一步提高，绿色食品和无公害农产品允许限量使用限定的化学合成物质。有机食品是比绿色食品更注重对影响生态环境因素的控制，在生产和加工过程中绝对禁止使用化肥、农药、生长调节剂、家畜禽饲料添加剂等人工合成的物质，也不采用基因工程的健康、营养类食品，它对土壤、环境以及农业技术、管理的要求非常高，更多强调的是原生态产品，是国际上通用的概念。目前世界上有机食品平均占有率为2%，有的发达国家超过50%，而目前我国的占有率仅有0.01%。

我国无公害农产品、绿色食品和有机食品的区别主要有三点：

首先，三类产品的消费水平定位不同。无公害农产品质量达到我国强制性农产品标准要求，保障基本安全，满足大众消费；绿色食品产品质量安全标准达到发达国家先进水平，市场定位于国内大中城市，满足较高层次的消费；有机食品则执行国际通行标准，主要满足国际市场需求和国内最高层次的消费，能够服务于出口贸易。

其次，三类产品的产品结构不同。无公害农产品以初级食用农产品为主；绿色食品以初级农产品为基础、加工农产品为主体；有机食品以初级和初加工农产品为主。

最后，三类产品的市场价格不同。无公害农产品的市场价格一般略高于普通农产品；绿色食品的市场价格是普通食品的1.5倍到2倍左右；有机食品的市场价格一般是绿色食品的2倍甚至数倍。

一、无公害农产品产地认定

无公害农产品产地认定负责单位是农产品质量安全中心。

1. 无公害农产品产地认定的意义

无公害农产品产地认定是无公害农产品认证的先决条件，主要是解决农产品生产环境的质量安全控制问题，没有无公害农产品产地认定证书，就不能申报无公害农产品认证。

2. 无公害农产品产地认定程序

第一步：农民专业合作社向产地所在地县级农业行政主管部门提出申请，并提交以下材料：

《无公害农产品产地认定申请书》；

产地的区域范围、生产规模；

产地环境状况说明；

无公害农产品生产计划；

无公害农产品质量控制措施；

专业技术人员的资质证明；

保证执行无公害农产品标准和规范的声明；

要求提交的其他有关材料。

第二步:市级农业行政主管部门负责对县级上报材料进行初审、现场查看。如果符合申报条件就向省级主管部门上报。

第三步:省级农业行政主管部门负责对材料审核、环境检验和环境现状评价进行全面评审,并作出认定终审结论。符合颁证要求的,颁发《无公害农产品产地认定证书》;不符合颁证条件的,应当书面通知合作社。

3. 无公害农产品产地认定注意事项

《无公害农产品产地认定证书》为3年,期满后需要继续使用的,农民专业合作社应当在有效期满前90日内按照上述程序重新办理认定。

二、无公害农产品认证

1. 无公害农产品认证意义

无公害农产品认证是运用全程质量安全管理的指导思想,强调以生产过程控制为重点,以产品管理为主线,以市场准入为切入点,以保证最终产品消费安全。

2. 无公害农产品认证程序

申请农产品认证的农民专业合作社可以通过省级农业行政主管部门或直接向农业部农产品质量安全中心申请产品认证。

第一步:农民专业合作社向农业部农产品质量安全中心申领《无公害农产品认证申请书》和相关资料,或者从中国农业信息网站(www.agri.gov.cn)下载。

第二步:提交以下材料:

《无公害农产品认证申请书》;

《无公害农产品产地认定证书》(复印件);

产地《环境检验报告》和《环境评价报告》;

产地区域范围、生产规模;

无公害农产品的生产计划;

无公害农产品质量控制措施;

无公害农产品生产操作规程;

专业技术人员的资质证明;

保证执行无公害农产品标准和规范的声明;

无公害农产品有关培训情况和计划;

申请认证农产品的生产过程记录档案;

合作社和成员签订的购销合同范本、成员名单以及管理措施;

要求提交的其他材料。

第三步:符合颁证条件的,由中心主任签发《无公害农产品认证证书》;不符合颁证条件的,由中心书面通知合作社。

3. 无公害农产品认证注意事项

《无公害农产品认证证书》有效期3年,期满后需要继续使用的,农民专业合作社应当在有效期满前90日内按照程序重新办理。在《无公害农产品认证证书》有效期内,要接受中心对获得认证的产品进行的定期或不定期的检查。

获得产品认证证书的合作社,有下列情况之一时,中心可暂停其使用产品认证证书,并责令限期改正：生产过程发生变化，产品达不到无公害农产品标准要求的；经检查、检验、鉴定，不符合无公害农产品标准要求的。

获得产品认证证书的合作社，有下列情况之一时，中心可以撤销其产品认证证书：擅自扩大标志使用范围；转让、买卖产品认证证书和标志；产地认定证书被撤销。

三、绿色食品标志申报

1. 绿色食品标志申报的意义

绿色食品是遵循可持续发展原则，按照特定生产方式生产，经专门机构认证，许可使用绿色食品标志商标的无污染的安全、优质、营养类食品。

2. 绿色食品标志的申报条件

①产品或产品原料的产地必须符合绿色食品的生态环境标准；

②农作物种植、畜禽饲养、水产养殖及食品加工必须符合绿色食品的生产技术规程；

③产品必须符合绿色食品的质量和卫生标准；

④产品的标签必须符合《绿色食品标志设计标准手册》中的有关规定。

3. 绿色食品标志的申报程序

第一步：申请人填写《绿色食品标志使用申请书》一式两份（含附报材料），报省绿色食品管理部门。

第二步：省绿色食品管理部门委托通过省级以上计量认证的环境保护监测机构，对该项产品或产品原料的产地进行环境评价。

第三步：省绿色食品管理部门对申请材料进行初审，并将初审合格的材料报中国绿色食品发展中心（设在农业部）。

第四步：中国绿色食品发展中心会同权威的环境保护机构，对上述材料进行审核。合格的由中国绿色食品发展中心指定的食品监测机构对其申报产品进行抽样，并依据绿色食品质量和卫生标准进行检测；对不合格的，当年不再受理其申请。

第五步：中国绿色食品发展中心对质量和卫生检测合格的产品进行综合审查（含实地核查），并与符合条件的合作社签订《绿色食品标准使用协议》；由农业部门颁发绿色食品标志使用证书及编号；报国家工商行政管理局商标局备案，同时，对外发布公告。对卫生检测不合格的产品，当年不再受理其申请。

4. 绿色食品标志使用的注意事项

绿色食品标志在时要注意下列使用要求：

①绿色食品标志在产品上的使用范围限于由国家工商行政管理局认定的《绿色食品标志商品涵盖范围》。

②绿色食品标志在产品上使用时，须严格按照《绿色食品标志设计标准手册》的规范要求正确设计，并在中国绿色食品发展中心认定的单位印刷。

③使用绿色食品标志的农民专业合作社，须严格履行《绿色食品标志使用协议》。

④使用绿色食品标志的合作社，改变其生产条件、工艺、产品标准及注册商标前，须报经中国绿色食品发展中心批准。

⑤由于不可抗拒的因素暂时丧失绿色食品生产条件的，农民专业合作社应在一个月内报告省、部两级绿色食品管理机构，暂时中止使用绿色食品标志，待条件恢复后，经中国绿色食品发展中心审核批准，方可恢复使用。

⑥绿色食品标志使用权自批准之日起有效期 3 年。要求继续使用绿色食品标志的，须在有效期满前 90 日内重新申报，未重新申报的，视为自动放弃其使用权。

⑦使用绿色食品标志的农民专业合作社，在有效的使用期限内，应受中国绿色食品发展在中心指定的环境食品监测部门对其使用标志的产品及生态环境进行抽查，抽检不合格的，撤销标志使用权。在本使用期限内，不再受理其申请。

⑧绿色食品标志的使用，须按申报程序提出申请，由国家农业部审核批准使用。未经农业部批准，任何单位和个人无权使用绿色食品标志。

【知识链接】 绿色食品标志使用申请书

绿色食品

绿色食品标志使用申请书

申请单位

申请日期　　　年　　月　　日　　（盖章）

<table>
<tr><td>申请单位全称</td><td colspan="3"></td></tr>
<tr><td>英 文 名 称</td><td colspan="3"></td></tr>
<tr><td>详 细 地 址</td><td colspan="3"></td></tr>
<tr><td>产品名称</td><td></td><td>英文名称</td><td></td></tr>
<tr><td>包装方式</td><td></td><td>包装规格</td><td></td></tr>
<tr><td>注册商标名称</td><td></td><td>注册商标编号</td><td></td></tr>
<tr><td>产品特点
简介</td><td colspan="3"></td></tr>
<tr><td>原料生产
环境简介</td><td colspan="3"></td></tr>
<tr><td>省级绿色
食品办意见</td><td colspan="3">年　　月　　日</td></tr>
<tr><td>中国绿色
食品发展
中心审批
结论</td><td colspan="3">年　　月　　日</td></tr>
<tr><td>绿色食品
证书编号
及使用期限</td><td colspan="3"></td></tr>
<tr><td>年度
抽检
记录</td><td colspan="3"></td></tr>
<tr><td>备
注</td><td colspan="3"></td></tr>
</table>

说　　明

1. 随申请书需报以下材料：

(1)《企业及生产情况调查表》。

(2)产品或产品原料产地的《农业环境质量监测报告》(附监测点分布图)及农业环境质量现状评价。

(3)由省级或省级以上食品质量监督检验部门出具的一年之内的《产品质量检验报告》,执行企标的附报企业标准。

(4)《商标注册证》的复印件。

(5)企业生产技术规程及质量管理手册。

(6)省绿办考察报告。

2. 申请书及附报材料(1)、(2)复印无效。

3. 填写材料时须字迹整洁、术语规范、印章清晰。

4. 所有表格的栏目不得空缺,不填写的须说明理由。

5. 填表人须亲自签名盖章,对所填内容负法律责任。

四、有机食品认证

农民专业合作社应在认证无公害农产品、绿色食品的基础上,因地制宜地向有机食品发展。

1. 有机食品认证的意义

有机食品是指来自有机农业生产体系,根据国际有机农业生产要求和相应的标准生产、加工和销售的,并通过独立的有机食品认证机构认证的供人类食用的农产品,包括粮食、蔬菜、水果、奶制品、畜禽产品、蜂蜜、水产品、调料等。我国于 2004 年 9 月 27 日,由国家质量监督检验检疫总局发布了《有机产品认证管理办法》,自 2005 年 4 月 1 日起施行。

2. 国内有机食品认证机构

国内有机食品认证机构主要包括中绿华夏有机食品认证中心(设在北京)、南京国环有机食品认证中心等。

【实例 6-18】

鹤壁淇县无核枣专业合作社

鹤壁淇县无核枣专业合作社生产的“托梁”牌无核枣、高钙小米,被中绿华夏有机认证中心认证为“有机食品”和“AA 级绿色食品”。

【知识链接】 有机食品认证申请书

有机食品认证申请书

申请人全称＿＿＿＿＿＿＿＿＿＿＿＿＿＿＿＿

负责人(法人)(签字、盖章)＿＿＿＿＿＿＿＿＿＿

申请日期＿＿＿＿年＿＿＿＿月＿＿＿＿日

文件编号:COFCC-CX01-01

发布日期:2002 年 12 月 10 日

中绿华夏有机食品认证中心

注意事项：

1. 本表无法人(负责人)签字、盖章及内部检查员签字无效。
2. 本表复制后无法人(负责人)签字、盖章及内部检查员签字无效。
3. 本表涂改后无效。
4. 本表应打印或用黑墨水正楷填写，否则不予受理。
5. 本表交付后不再受理补充修改说明材料。

一、申请者基本情况

申请者中文名称			
申请者英文名称			
所　有　者	国有(　　) 集体(　　) 民营(　　) 其他(　　)		
注册办公地址	省　市(区)　区　街　号		
法人(负责人)姓名		职　务	
注　册　资　本		流动资金	
职　工　人　数		技术人员数	
年销售收入(万元)		年利润(万元)	
邮　政　编　码		电　话	
电　子　信　箱		传　真	
网　址			

二、申请认证产品名称、数量与申请认证状态

	产品名称	有机产品		转换期产品					
		数量	总产量	转换期第一年		转换期第二年		转换期第三年	
		亩或头/只	吨	亩或头/只	吨	亩或头/只	吨	亩或头/只	吨
1									
2									
3									
4									
5									
6									
是否同时申请AA级绿色食品认证？				是□			否□		

注：如产品较多，请另附表格。

负责人(法人)：

内部检查员：

申请日期：　　年　　月　　日

附件 1

申请人承诺书

作为有机食品申请人和生产者，我承诺：

1. 我认真地阅读和学习了《有机产品》GB/T 19630.1—19630.4，完全了解该标准的要求。

2. 我申请的项目完全按照《有机产品》GB/T 19630.1—19630.4 的要求操作所有生产过程都有详细记录，所提供材料的内容都是真实的。

3. 我支持内部检查员的工作，保证不影响其工作的独立性。

4. 我保证支付本申请的所有费用，愿意在检查和认证得到肯定结果时，在规定时间内与认证中心签署有关合同。

5. 我完全清楚申请认证并不意味着获得认证。

6. 我保证按照认证中心和检查员提出的合理整改要求改进工作。

7. 我保证允许认证中心检查员进入所有与认证相关区域进行检查。并提供所有相关文件，包括财务记录。

申请人（签字）：

年　　月　　日

附件 2　有机食品认证调查表（申请人填写）

附件 3　有机食品认证文件资料清单（申请人需提供）

附件 4　内部检查员基本要求

内部检查员是配合认证中心检查、认证的企业内质量管理人员，必须具备以下条件：

一、教育和工作经验

内部检查员应具有国家承认的中专以上（含中专）学历或具有初级以上职称，并具有至少 2 年专业技术或相关工作经验。

二、培训经历

完成认证中心认可的有机食品检查培训，经过考核合格。

三、熟悉相关标准和法规

内部检查员应熟悉相关的有机农业、有机食品法规和检查依据的有机食品认证标准，以及相关的无公害食品、绿色食品标准和规范。

四、观察和评估能力

内部检查员应有良好的观察能力、履行内部检查员职责所需的保持充分独立与客观性的能力、有效开展检查工作所需的个人组织能力。

五、交流能力

内部检查员应有良好的口头和书面表达能力，能够清楚地表述概念和意见。

六、工作规范

（1）如实填写、记录生产实际情况；

（2）不能迫于压力填写虚假内容；

（3）必须诚实和忠于职守。

我已了解作为内部检查员的职责，我保证按照要求，配合认证中心的检查并认真做好企业

质量管理工作。

内部检查员(签字):

年　　月　　日

子任务训练 4　结合训练资料学习农业合作社农产品包装与品牌管理经验。

一、农产品的包装管理

1. 包装的概念

包装是在流通过程中为了保护产品、方便储运和促进销售,按照一定的技术方法使用容器、材料以及辅助物等,将产品包封的过程。

包装也是"产品"不可分割的组成部分,好的包装是"无声的推销员"。

在社会经济的再生产过程中,产品的包装处于生产过程的末尾和物流过程的开端。传统的观念认为,产品包装是生产过程的最后一个环节,所以,在实际的生产过程中,产品包装的设计都是从生产的角度来考虑的,但是这样却不能满足现代物流的需要。在现代物流领域,一般都把产品包装看作是物流过程的起点,所以,农民专业合作社应增强产品包装的意识,强化统一包装的经营方式。

2. 包装的作用

①保护商品。农产品包装的一个重要功能,就是要保护包装内的农产品不受各种外力的损伤。一般情况下,产品要经过多次流通,才能走到消费者手中,这期间,需要经过装卸、运输、库存、销售等环节。在农产品运输、贮存过程中,很多外因,如撞击、潮湿、气体、细菌等因素,都会威胁到商品的安全。因此,在设计农产品的包装时,要做到有的放矢,要仔细分析不同的农产品可能会受到哪些方面的侵扰,针对这些问题来设计农产品的包装。

②方便物流。农产品包装的一个重要作用就是在包装上注明农产品自身的信息。比如,农产品的名称、规格、质量标准以及合作社地址等,以提醒消费者区分不同的农产品,增加消费者对某一产品的信任度,也促进消费者与合作社之间沟通。在传统的物流系统中,农产品包装的这些功能可以通过在包装上印刷农产品信息的方式来实现。现在,随着信息技术的不断发展,条形码技术得到运用,极大地提高了物流过程的整体效率。

③促进销售。农产品的外包装一般需要满足商品运输的各种要求,要注重包装的实用性。而商品的内包装要直接面对消费者,要重视它的外表的美观大方,要有一定的吸引力,增强消费者的购买欲望,从而促进农产品的销售。农产品的包装可以说是农民专业合作社的面孔,精美的农产品包装在一定程度上能够促进农产品的销售,起到美化产品、增加产品价值、塑造合作社产品的形象的作用。

3. 包装的要求

按照《中华人民共和国农产品质量安全法》的要求,农民专业合作社从事农产品收购或销售,要按照规定统一包装或者附加标识,经包装或者附加标识后方可销售。

包装物或者标识上应当按照规定标明产品的品名、产地、生产者、生产日期、保质期、产品质量等级等内容;使用添加剂的,还应当按照规定标明添加剂的名称。

农产品在包装、保鲜、贮存、运输中所使用的保鲜剂、防腐剂、添加剂等材料,应当符合国家有关强制性的技术规范。属于农业转基因生物的农产品,应当按照农业转基因生物安全管理的有关规定进行标识。

4. 包装管理的策略

合作社对其推向市场的各种产品，在包装上可以采用相同的图案、色彩、形状，即对合作社所生产的所有农产品进行统一的、标准化的包装，体现出共同的特色。

5. 统一的、标准化的包装意义

①可以提高包装的质量，节省设计的费用，便于专用运输设备的应用；

②可以减少包装的规格型号，从而提高包装的生产效率；

③能够说明产品的特色、属性和重量，便于农产品的识别和计量；

④可以提高农产品的价值，提升产品档次，形成良好的合作社及其产品的形象，引导消费需求，增加成员收入；

⑤有利于促进可回收型包装的使用，促进农产品包装的二次利用，既节省资源又促进环保，体现了经济和社会效益的统一。

二、农产品的品牌管理

农民专业合作社的农产品品牌与普通农产品品牌不同，它包括两个层次内涵：一层是农民专业合作社本身所代表的组织品牌；另一层是农民专业合作社所拥有的农产品品牌，包括驰（著）名商标、农产品知名品牌、“三品”认证以及地理标志认证等。

品牌经过法律程序注册后就成为商标，包括产品商标、服务商标和集体商标、证明商标。商标注册人享有商标专用权，受法律保护。

1. 品牌的含义

品牌是产品的商业名称，俗称标记、牌子，是产品整体概念的重要组成部分，是生产者或经营者创造的、具有显著特征的、加在产品上的特定名称、术语、标记、符号、图案设计，或者是它们的组合。品牌的基本功能是通过品牌名称和品牌标志识别不同销售者的产品或服务，使之与竞争对手的产品或劳务相区别，避免混淆。其中，品牌名称是指品牌中用可以用语言称谓表达出来的部分。例如，山西省农民专业合作社中的“神山牌”食用油、“杏林牌”中药材、“寿绿牌”无公害蔬菜等。品牌标志是指品牌中可以识别但不能用于语言称呼表达出来的部分，通常是某种符号、图案或者其他特殊设计，如不同的色彩或字母。例如，无公害农产品、绿色食品和有机食品的品牌标志，它们的设计各具特色，容易识别（图 6-1）。

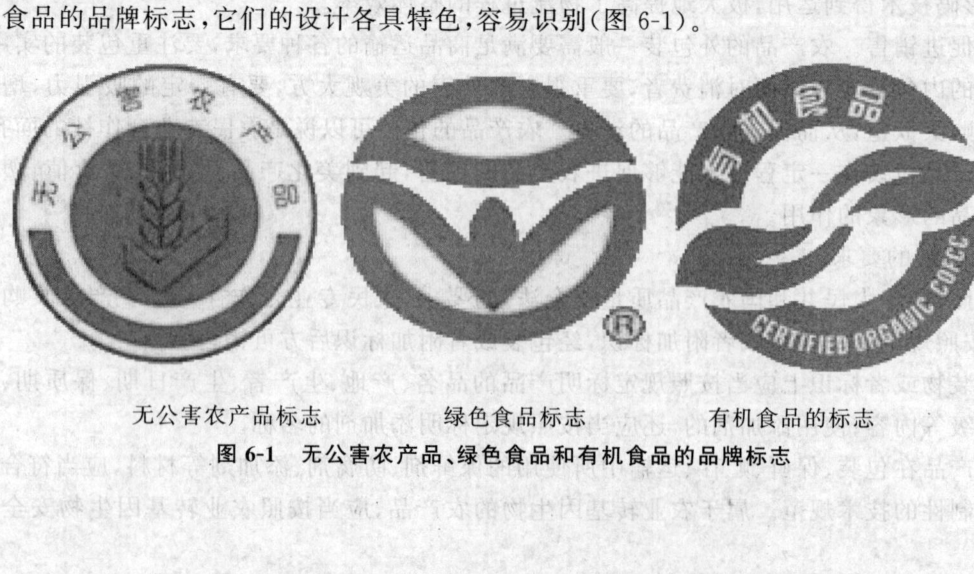

无公害农产品标志　　绿色食品标志　　有机食品的标志

图 6-1　无公害农产品、绿色食品和有机食品的品牌标志

2. 商标与商标专用权

商标是一个法律术语。一个品牌经过向政府有关部门(县级以上工商行政管理部门)注册登记后,就称为"商标",即商标是经过注册受到法律保护的品牌。商标所有者拥有使用品牌名称和品牌标志的专用权,即商标专用权。

商标专用权是商标权(商标的注册人拥有该商标的专用、转让、继承和使用许可的权利)中最重要的一项权利。商标专用权表明了注册商标只能由商标注册人专用,他人不得仿制、伪造或在同种商品、类似商标上使用与该商标相同、近似的商标。否则就侵犯了商标权,要受到法律制裁。

商标专用权具有四个特点:它是经商标部门批准注册而取得的特殊权利,具有独占性、排他性;专用权具有时间性;商标专用权是一种财产权,其价值是难以估量的;商标专用权受严格的地域限制,在某国取得商标专用权,就受到该国的法律保护。

【知识链接】 商标注册申请书

商标注册申请书

申请人名称:

申请人地址:

是否共同申请:□是　　　□否

邮政编码:

联系人:

电话(含地区号):

传真(含地区号):

代理组织名称:

商标种类:□一般　　□集体　　□证明　　□立体　　□颜色

商标说明:

类别:

商品/服务项目:

(附页:　　页)

申请人章戳(签字):　　　　　　代理组织章戳:

代理人签字:

注:请按背面说明填写

将一张商标图样贴在下框内,另附五份商标图样。有指定颜色的附上着色图样五份和黑白稿一份。商标图样应当不大于 10 cm×10 cm,不小于 5 cm×5 cm。

填写说明：

1. 本书式为国内申请人申请商标注册时使用的书式。申请人应当按照要求如实填写，不得空项，不得擅自修改格式。申请书应当打字或者印刷。

2. 申请人名称与“申请人章戳（签字）”处所盖章戳（签字）以及所附主体资格证明文件中的名称应当一致。申请人为自然人的，应当同时在姓名后面填写身份证件号码。

3. 申请人地址应当按照主体资格证明文件中的地址详细填写，主体资格证明文件中的地址未冠有省、市、县等行政区划的，申请人应当注明相应行政区划名称。申请人为自然人的，可以填写通讯地址。

4. 共同申请注册同一商标的，应当在“是否共同申请”一栏选择“是”，申请人名称/地址一栏填写指定的代表人名称/地址，其他共同申请人的名义填写在申请书附页上。未指定代表人的，以申请书首页申请人为代表人。

5. 委托商标代理组织申报的，应当填写代理组织名称并在右下方“代理组织章戳/代理人签字”栏由代理人签字并加盖代理组织章戳。

6. 申请人应当在“商标种类”栏选择所申报的商标的种类。

7. “商标说明”栏填写内容可以包括：商标名称、商标图样外文或少数民族文字的含义、特殊字体的文字表述、立体/颜色商标的说明、商标图样中需要放弃专用权的声明以及其他申请人认为需要说明的事项。

8. 申请人应当按照《类似商品和服务区分表》填写类别及“商品/服务项目”。一份申请书只能办理一个类别的商标注册申请，商品/服务项目填写不下的可以填写在申请书附页上，并标明所附页数。商品/服务项目前应标明序号。

9. 申请人为法人或其他组织的，应当在“申请人章戳（签字）”处盖章。申请人为自然人的，应当在此栏用钢笔或签字笔签字。共同申请的，此栏由代表人盖章（签字），其他共同申请人在申请书附页上盖章（签字）。所盖章戳或签字应当完整清晰。

10. 商标图样框中应当粘贴一张清晰的商标图样，不得出现除商标图样以外的说明性文字、注册标记、色标说明、章戳、签字等内容，商标图样不得涂改。

11. 收费标准：每份商标注册申请费 1 000 元整（限 1 个类别中的 10 个商品/服务项目，每超过 1 个商品/服务项目加收 100 元）。每份集体商标注册申请费 3 000 元整，每份证明商标注册申请费 3 000 元整。

商标注册申请书(附页)

其他共同申请人名义列表：

3. 品牌的作用

①品牌有助于产品的促销。广告作为一种有效的促销方式,可以塑造不同的产品形象,但产品形象多属抽象的概念范畴,很难形成具体的影响力,而品牌则可以使这种形象凝结为实实在在的标志,能更好地发挥促销作用。

②注册商标受法律保护。品牌经注册登记后,它受到法律保护,具有严格的排他性,可防止竞争者模仿或假冒,一经发现侵权行为,可依法追究、索赔,保护农民专业合作社的正当权益。

③品牌有助于促进产品销售。品牌能吸引忠实的消费群体,使合作社保持稳定的销售额。在产品进入成长期以后,由于特定的品牌标志着某种农产品的一定质量水平和不同的产品特色,对促进产品销售起到积极的作用。同时,使用品牌有助于农民专业合作社进行市场定位,占领多个特定的细分市场,还有利于拓展同一品牌的产品系列,有助于新产品的推广销售。

④品牌有助于树立农民专业合作社和产品的形象。品牌上印有农民专业合作社的名称,可以起到宣传作用。当产品创立名牌后,相应的合作社声誉就会增大,反过来又会推动产品销售。

⑤品牌有助于监督和保证合作社产品质量的作用。合作社创造出一个名牌,需要长期不断的努力,保证其产品质量,才能在市场上树立良好的信誉。所以,无论是合作社创立名牌还是保住名牌,品牌都是公众监督合作社产品质量的重要手段。

【实例 6-19】

重庆市垫江县香城蜜柚种植专业合作社

重庆市垫江县香城蜜柚种植专业合作社截止到 2008 年,入社成员达 600 户,投资 550 万元,实行跨区域生产经营,集约流转土地 3 000 亩种植香甜城蜜柚,年产香甜城蜜柚达 1 500 余吨。该合作社生产的蜜柚品种好,果肉脆嫩多汁,深受广大消费者的喜爱。通过几年的奋斗努力,将合作社生产的蜜柚注册登记,拥有了自己的品牌——“香甜城”牌,且于 2007 年 11 月被中国农业科学院柑橘研究所评为“优质果品”,2007 年 12 月荣获全国千社千品富农工程暨台湾农民合作经济组织产品展示会组委会评为“优质农产品”,2008 年 1 月被中国西部国际农产品交易会评选为最受消费者欢迎产品,2008 年 5 月被重庆市农业局认定为无公害农产品产地,2008 年 9 月被农业部农产品质量安全中心审定为无公害农产品。现在的“香甜城”蜜柚已销往重庆、成都、上海、深圳等地的各大超市,产品供不应求。合作社年产值接近 450 万元,入社成员平均每户可增收 1 500 元,助农增收 120 万元,带动 2 000 户农民创业增收。

【实例 6-20】

江苏省南京市绿桥瓜果菜专业合作社

江苏省南京市绿桥瓜果菜专业合作社于 2000 年初成立。目前,该合作社已经申请注册了“绿王大自然”、“苏田”牌商标。合作社现有社员 2 300 多个大户,以大户带小户,辐射带动了周边地区近 10 万户,做大做强了南京地产瓜果菜产业,年销售瓜果菜 10 万吨,社员亩均收入由原来的 300 元提高到现在的 10 000 元,许多社员由此脱贫致富。

4. 品牌管理的策略

首先,产品市场定位。所谓市场定位就是确定一种产品在市场上的位置,也就是说确定自己的产品适用于哪个阶层的消费群体。

其次,设计产品名称。好的名称能清楚地传递出自己产品的独特的品质和定位,要通过农产品个性化的品牌战略来增强农产品的竞争力。

第三,要注册商标。只有通过商标注册,才能更好地保护产品的品牌利益。

最后,实行统一品牌管理。即农民专业合作社对其生产和经营的全部产品使用同一个品牌,这种策略的一个最主要的优点是合作社可以利用成功的产品系列,将新产品导入市场,从而节省了品牌的设计和广告宣传等费用,不断提高合作社的声誉。

【实例 6-21】

山西省农民专业合作社注重注册商标、统一品牌

山西省晋中市榆次区健酿醋业合作社生产的醋注册了“健酿坊”牌商标;潞城市天宫大棚蔬菜合作社生产的蔬菜注册了“天宫”牌商标;浮山县振东辣椒种植合作社生产的辣椒注册了“宏先”牌商标等,这些农民专业合作社统一了产品品牌,对占领市场、增加成员收入起到了积极的作用。

【实例 6-22】

陕西省富平县科农果业合作社

陕西省富平县科农果业合作社申请并注册了“科农”牌商标。合作社产品商标的注册,大大提升了合作社知名度,增加了合作社果品的市场竞争力和市场占有率。2006 年,合作社又同北京中日友好果园商定,共建绿色无公害示范园,生产出可以进北京、上奥运的中、早熟苹果,合作社的产品也成为健康绿色品牌产品,从而使果品进一步升值,让更多的果农受益。

【实例 6-23】

河南洛阳偃师缑氏葡萄专业合作社

河南洛阳偃师缑氏葡萄专业合作社以标准化示范区建设为核心,彻底改变了过去传统的老式操作模式及管理方法,用新优葡萄品种取代过去传统的老化的劣势品种,注册了“唐僧寺”品牌,把农民生产的 5 000 余吨葡萄销售到湖南、湖北、广东、广西、四川、贵州等地。

【实例 6-24】

山西省翼城县隆化小米专业合作社

隆化小米是翼城县历史上“四大名优”特产之一。早在“三皇五帝”的尧帝时期,就因其色黄、浆大、富含人体所需要的维生素、蛋白质和多种矿物质,并具有清热平阴、健脾益胃、生津止渴的保健作用,而被封为皇室贡品,享誉晋南,远销中国香港、日本和东南亚等地。但是,随着社会的发展,这一名优特产长期受生产成本和生产工艺的困扰,只有名牌声誉,没有名牌效益。2004 年以来,在各级政府和翼城县农村信用社的大力支持下,翼城县隆化村引入合作机制,创新生产工艺,按照市场规则运作,引导谷农走集约化、规模化、效益化的发展道路,取得了较好的经济效益,使“隆化小米”由民间产品转变为市场商品。

♣创立新型合作模式

在20世纪90年代,隆化村成立了"隆化小米协会","协会"通过把谷农集中起来进行培训,达到提升生产过程中的科技含量,进而提升产量的目的。

在此基础上,2004年10月份,又由54户谷农发起,成立了"隆化小米种植户联合会",把谷农的合作关系,定位为小范围、阶段性生产合作和统一销售。2006年3月15日在翼城县工商局注册了"翼城县兴隆合作社",开始把企业管理方式引入小米生产。通过制定《章程》和制度,进行规范经营。按照"加入自愿,退出自由,民主管理,盈余返还"的原则,建立了成员生产、集中销售的合作关系,引导农民向市场经济迈了一大步。这种新型合作关系的建立,开创了农民致富奔小康的发展思路。在短短一年多时间吸纳了154名谷农参与,谷子面积由3 000亩发展到6 000亩,小杂粮面积由500亩发展到2 000亩,显示了新型农村合作社组织较强的生命力。

在市场经济条件下,他们顺应发展的需要,再次更名为"翼城县隆化小米专业合作社"。借鉴外地经验,引入"合作社+农户+基地"的管理模式,建立了社员(代表)大会、理事会的组织机构,社员(代表)大会担负决策责任,理事会担负执行责任,监事会担负监察责任。合作社制定了《章程》,完善财务管理制度,建立收益分配制度,始终坚持在组织发展生产、普及推广新品种、应用生产新技术、促进渠道畅通、强化培训增素质等诸多方面,为社员提供全方位的服务,在助农增收致富上起到了积极的作用。具体运作流程是:一是产前环节,合作社为社员统一供应生产资料,节约生产成本;二是产中环节,聘请专业技术人员指导,严格制订小米生产流程,保证产品质量;三是产后环节,统一收购社员的产品,进行深加工,提升产品竞争力,销往各地市场。通过合作社的管理,在提高了产品的质量的同时,使得社员得到更多的实惠。对于社员来说,只用专心在家搞好生产就可以了。

♣打造精美品牌

20世纪90年代末,"隆化小米"首度进入广交会,0.5元1千克销不出去,而同一个广交会,山西"沁州黄"小米因带包装上市,4元1千克被抢购。小米专业合作社从这第一次参加广交会试销散装小米的尴尬景况反思,失败的原因是因为没有品牌。品牌是合作社的生命,有品牌才能占领市场,提升商品附加值,每个合作社都应有自己的品牌产品。为了打造精美品牌,从这以后,合作社决定开发"隆化垣"牌系列产品,去跻身小米市场。在信用社的支持下,经过两年多攻关、研制,现已生产出"隆化垣"牌三大类10多种。2007年,合作社还在国家工商局完成了"隆化"商标注册,并通过互联网对外进行了信息传输,并且生产商品米7.5万千克,实现产值52.5万元,创造经济效益10.5万元。

现在,隆化小米专业合作社入社成员人数已达216人,除本村九个自然村外,还吸收了周边南吴、上吴等十余个村的谷农参加。从2005年起,3年时间,合作社共为入社成员直接创造经济价值40余万元。不但使入社成员从中得到了经济实惠,而且也使广大谷农看到了走合作发展的光明前景。例如,辽寨河谷农、也是该社社员刘丙海,2007年种了3亩谷子,加工了1 000千克精品小米后,每千克小米市场价卖到6元钱,总计6 000元,亩(667米^2)均经济价值2 000元,除去生产成本每亩500元,纯经济效益达到了每亩1 500元。他高兴地说:"走专业合作道路,是农民致富奔小康的一条光明大道"。

♣建设培育生产基地

合作社成立以来,一直把隆化小米作为特色农产品。2008年山西翼城县县委、县政府、镇政府将隆化小米基地建设作为全县的农业重点工程之一和丘陵山区农民增加收入亮点工程之一，专门成立了由分管农业副县长亲自挂帅的隆化小米生产领导组，规划了隆化小米生产基地。现已初步形成了“合作社＋农户＋基地”的生产格局，引进优良新品种，聘请山西农业大学、中国科学院的有关杂粮专家进行常年技术指导和培训。

随着入社谷农的不断增加，合作社决定加强科技培训和设施建设。据调查分析，仅晋、豫、秦3省的大中城市，每年约需小米2 000万千克，市场供不应求。因此，合作社计划形成产业链，发挥名牌效益，提升附加值，增加社员收入。力争3年内使入社成员达到1 000人，种植基地扩大到1万亩，小杂粮扩大到3 000亩。目前，他们已建成收购加工厂房3 300米^2，购进了山东“全力”牌全自动化碾米机成套设备及热合机、封口机、打码机等包装设备，大型农机具5台(件)。

为了实现“合作社＋农户＋基地”这一模式的有效运转，合作社不断更新观念、开拓创新，进一步扩大具有隆化特色的小米和小杂粮种植面积，鼓励更多的农户加入隆化小米专业合作社，把“隆化小米”这一传统优势产品真正做大做强，真正发挥出传统优势，真正成为老百姓发家致富的源泉。

子任务训练5　结合训练资料学习农业合作社农产品营销经验。

一、农产品营销的含义

农产品营销是指为实现消费需求、增加农民收入，农产品生产者与经营者使农产品从农户流通到消费者的一系列产品交易的活动总称。

二、农产品营销的方式

目前国际上比较普遍的农产品营销方式主要有三种：

1. 委托运销制(个别运销制、代理销售)。合作社成员把农产品的销售业务委托给农民专业合作社代理出售，产品销售后，合作社提取少量的手续费。这种销售方法有两种类型：一种是有条件的委托代理销售，即成员给合作社销售部门定下农产品的价格或出售日期。这种有条件的委托代理销售的办法，在销售过程中有可能会因为考虑成员提出的销售条件，而使合作社在市场上难以做出快速的决策和反映，进而丧失销售的最佳时机；另一种是无条件委托代理销售，即成员对所出售的农产品不附加任何条件，不论是什么价格水平、不论何时销售，成员都要接受销售结果。在种营销方式中，合作社扮演代理商和中介的角色，不承担任何价格或其他风险的责任。产品的所有权始终控制在社员手中，因此一切销售风险也由社员承担，产品的销售时间、地点、价格等都由社员自行决定。实行此方式的合作社，对社员的产品进行单独保管、单独记账。产品销售后，合作社按照价款扣除一定比例的佣金以及运销费用后，余款全部交社员。

委托运销制与下面提到的收买运销制相比，社员承担了较大的风险。虽然对社员而言，这种方式避免了优等和劣等产品相互混淆，从而优等产品免受价格上的损失，但是它的制度缺陷也是明显的，由于社员单独进行运销业务，造成合作社无法获得规模经济，并且导致农产品储藏的成本偏高，而且社员间缺乏互助合作的精神，各自只关心自己产品的销售，加大了社员的经营风险。

2. 收买运销制(协商定价)。以某一固定价格(通常是市场价格，也可协商定价。)收购社员的产品，然后办理加工、分级、包装、运输以及销售等所有事项，之后再投向市场出售。社员将产品交给合作社后，可以直接获得现金收入。在这种销售方式中，合作社拥有充分的经营自主权，此过程中发生的一切风险也均由合作社承担。

3. 联合运销制（普林运销制）。社员将产品交给合作社后，合作社即可付给社员一部分产品的价款，而后对社员提交的产品进行分级，把属于不同生产者的同级和同质产品混合在一起，分在不同时期内销售，各生产者得到的产品售价，是不同时期产品销售的平均价格。联合运销制例子：在同一普林区域内，甲等水果第一批销售价格为每 50 千克 80 元，而第二批、第三批的销售价格依次为 90 元和 70 元，那么提交甲等水果的社员最终获得的价格是 80 元。

除此之外，在我国还有其他一些营销方式，比如：保护价收购和中介推销等，其中保护价收购即以保护价收购成员的产品。当市场价低于保护价时，由农民专业合作社补齐；高于保护价时，高出的部分返还给成员。中介推销：中介推销是指农民专业合作社只是把有关农产品的市场信息介绍给成员，由成员和买方直接洽谈进行农产品销售。合作社可以采取多种形式促进产销见面，例如，举办新闻发布会、产品展销节、设置销售窗口等，为成员提供各类市场信息以及引荐客户见面等，拓宽销售渠道，扩大产品销售。但是中介推销这种销售活动，由于合作社只起中介人的作用，不直接参与销售活动的具体过程，销售活动通常是在成员个人和客户之间进行，有时成员会处于不利的地位。

【实例 6-25】

上海市鲜切花园艺专业合作社

上海市鲜切花园艺专业合作社建立健全销售服务体系。合作社建有 300 米^2 的鲜花收购、分级包装车间与 200 米^2 的大棚，作为固定的集散中心；购置 4 辆面包车，把收集的鲜花分级包装后运往市区鲜花市场。合作社按当天的市场成交价将鲜花分销给各大客户。合作社与社员、花农则是每月结账 1 次，按照社员当月交售的鲜花数量、等级与交售当天鲜花执行价对应结账到户，其中要扣除合作社提留的 5%，其余 95% 如数返还给社员。5% 提留款先扣除运输、经办人员等费用，再按公积金、公益金、风险金比例提留，再余下的部分按交售额作二次返还。

任务总结

思考题

1. 目前国际上比较普遍的农产品营销方式主要有哪几种？分别是什么？请简单说明。
2. 请调查合作社、查阅资料分析我国农民合作社目前采取哪些种销售方式销售农产品？
3. 简要说明无公害农产品、绿色食品和有机食品的区别。
4. 农产品品牌管理策略主要有哪些内容？

学习任务七　农业合作社的财务管理

学习目标

1. 了解财务管理的原则、财务管理的目标和财务管理的内容。

2. 理解农民专业合作社资金的筹集管理、流动资产管理、固定资产管理和收入、盈余分配及亏损管理的主要内容。

3. 掌握农民专业合作社资金的筹集管理方法、流动资产管理方法、固定资产管理方法和收入、盈余分配及亏损管理方法。

任务描述

子任务 1　掌握农民专业合作社资金的筹集管理方法。

子任务 2　掌握农民专业合作社流动资产管理方法。

子任务 3　掌握农民专业合作社固定资产管理方法。

子任务 4　掌握农民专业合作社的收入、盈余分配及亏损管理方法。

案例导入

遵义市烟农综合服务合作社

遵义市烟农综合服务合作社制定了资产财务管理制度和社员盈余分配制度。

♣资产财务管理制度

第一条　管理机构

1. 理事会负责本社资产财务管理的全面工作；

2. 监事会负责本社的财务资产监督和内部审计工作；

3. 会计负责建立总账和明细分类账，做好财务收支、成本费用核算、会计报表编制和会计档案管理工作；

4. 出纳负责建立现金日记账、银行存款日记账以及合作社资金收支、账款划转和支取。

第二条　管理内容

1. 合作社资产财务管理包括流动资产、农业资产、对外投资，固定资产和无形资产等；

2. 合作社资金管理包括成员出资、每个会计年度从盈余中提取的公积金和公益金、未分配盈余、国家扶持补助资金、他人捐赠款和其他资金；

任何单位和个人不得侵占、挪用、截留、私分或者以其他方式侵犯农民专业合作社及其成员的合法财产。

第三条　资产管理

本社的资产实行内部牵制制度管理和台账登记责任管理。

1. 在资产的购置、验收、保管、使用、处置等环节上，实行“五分开”。即购置计划与审批、审批与采购、采购与验收保管、保管与使用审批、处置与审批相互分开、相互牵制、相互监督。

2. 建立资产台账登记责任制度，确定专门理事对资产的购置、验收和保管、使用进行登记，建立台账，落实责任。凡造成资产损失或者浪费，又不能补救的，其直接和间接损失由责任人赔偿。财务根据本社实际，分门别类地确定易耗品使用期限和周期以及固定资产的折旧年限和比例，定期对实物资产进行账账、账卡、账实清查，向理事会呈报实物资产清查报告，提出实物资产管理问题解决方案。

第四条　账款管理

1. 本社现金、各种存款、账目、支票和印鉴要按规定妥善管理，支票和印鉴不得由同一人保管。

2. 凡因保管的现金、存款和账目造成损失的由当事人负责。

3. 本社银行账号、账户不得出租、出借或转让，不得将公款外借，禁止以合作社名义为其他单位和个人提供担保。

4. 本社应收及暂付款项应当由当事人负责及时清理结算，不得长期挂账。在规定时间内未收回的应收及暂付款项，要查明原因，分清责任，由当事人负责赔偿。

第五条　财务审批

本社各项支出必须用于合作社的生产、经营、服务活动以及日常管理等相关事项，由理事长负责审批。

1. 在1 000元以内费用开支，由理事长直接审批。

2. 在1 000～10 000元以内费用开支，经理事会集体审核后，由理事长审批。

3. 在10 000元以上的开支和投资，由社员(代表)大会讨论通过后，由理事长例行审批手续，财务人员办理各项支出，原始凭证必须齐全，凭证必须有经办人、审核人、审批人签字方可入账。

4. 经集体审核通过的开支，需有会议记录或形成的决议作为依据入账。

5. 监事会在每月财务结账前对财务支出项目进行审核，对未按规定支出的，提出质询，责令整改纠正，甚至责令由责任人赔偿。

第六条　财务公开

本社实行“财务公开、民主监督”。每月将财务收支情况张榜公布于办公地点；每年向社员(代表)大会汇报上年度财务决算情况、盈余分配方案和本年度财务预算方案。财务人员必须热情接待社员提出的与其有关的财务查询。

第七条　社员账户管理

本社建立社员账户，由财务人员详细记载社员的出资额、应享有的公积金份额以及社员与合作社的交易量(额)。社员与非社员要分开核算。国家财政扶持补助、其他捐赠的资金和财产，不得分配给成员，不得记入成员账户，仅作盈余分配依据之一，成员退社后不再享有。

♣社员盈余分配制度

第一条　分配对象

参加盈余分配的人员为持有本社《社员证》的社员。

第二条　分配核算

合作社在进行年终盈余分配工作以前，财务人员要做好财物清查，准确核算全年的收入、成本、费用和盈余，清理资产和债权、债务。财务核算结束后，向理事会提交盈余分配方案。

第三条　盈余分配顺序和办法

合作社的盈余按照下列顺序进行分配：

1. 提取盈余公积金。按照章程或成员大会决议规定的比例提取，用于弥补亏损、扩大生产经营或者计入成员个人账户。若累计有亏损，首先弥补亏损，抵亏后的公积金余额再用于扩大生产经营或计入成员个人账户。

2. 盈余分配。合作社的盈余经过上述分配后的余额，按照成员与本社的交易量（额）向社员返还，分配比例不低于可分配盈余的60%；按照出资额、成员应享有公积金份额和国家财政扶持资金及接受捐赠确定为社员的份额向社员进行分配，分配比例不超过可分配盈余的40%。入社不满一年的社员，根据社员实际出资和入社时间，按时间段按比例进行分配。

第四条　审批程序

理事会接到合作社财务部提交的盈余分配方案后，组织召开有监事会成员、管理人员、社员代表参加的理事会扩大会，听取意见，进一步完善方案，经理事会审核后，提请社员（代表）大会审议批准后方可执行。

第五条　记载登记

按交易量（额）比例分配盈余金额及平均量化到社员的资金份额要记载到《社员证》中。

学习资料

一、财务管理的原则

1. 系统性原则

把农民专业合作社的资金筹集、资金投放、资金耗费、资金收回与资金分配等几个紧密相连、互相作用的阶段协调和统一起来组成一个有机整体，作为一个系统来全面做好合作社财务管理工作。

2. 收支平衡原则

农民专业合作社的财务管理工作要做到使资金的收支在数量上和时间上达到动态的平衡。

资金收支的动态平衡公式：目前现金余额＋预计现金收入－预计现金支出＝预计现金余额。

如果预计的现金余额远远低于将来需要的现金余额，则应积极筹措资金，以弥补现金的不足；如果预计的现金余额远远大于将来需要的现金余额，应积极组织还款或者进行投资，以保持资金收支上的动态平衡，实现收支相抵或略有结余。

3. 民主管理原则

合作社财务管理实行集体决策、民主理财，即在充分听取合作社成员意见的基础上，对于经常性的财务活动由合作社理事会全体成员共同决策；对于大额的开支及重大的财务活动，必须经成员（代表）大会共同决定，具体操作按合作社章程的规定执行。

4. 风险权衡原则

一般情况下，风险与收益总是同方向变化的，因此，在风险一定的情况下，应使收益达到较高的水平；在收益一定的情况下，将风险控制在较低的水平。

二、财务管理的目标

农民专业合作社财务管理的目标应该是盈利和服务两个目标结合起来，盈利目标可增强合作社在市场经济中的竞争力，从而更好地为成员提供更多的服务，促进服务目标的实现；服务目标则体现了合作社的本质要求。两个目标的实现最终可实现全体成员共同利益最大化的终极目标，即对外追求经济效益最大化，对内追求为成员提供服务最大化。

三、财务管理的内容

1. 农民专业合作社财务管理的基本内容

①科学管理合作社的筹资活动、资金营运活动、盈余的分配活动；

②正确处理合作社与交易人的财务关系、合作社与债权人的财务关系及合作社与债务人的财务关等。

2. 农民专业合作社财务管理的具体内容

农民专业合作社财务管理的具体内容主要包括：

①农民专业合作社资金的筹集管理；

②农民专业合作社流动资产管理；

③农民专业合作社固定资产管理；

④农民专业合作社的收入、盈余分配及亏损管理。

【知识链接】 财务管理、财务活动和农民专业合作社的财务管理

财务管理——一个组织及其独立预算单位有计划地开展财务活动，处理财务关系的过程。

财务活动——一个组织在运营过程中以资金的运动为核心所展开的活动，或者说是与资金有联系的事务，包括资金的筹集、使用和分配等活动。

农民专业合作社的财务管理——建立健全农民专业合作社财务管理制度，强化民主理财，加强资产管理，认真搞好成本核算，如实反映合作社的财务状况，正确处理合作社和成员之间以及合作社与经济交易单位和个人之间的经济利益关系，保障合作社资产的交易安全，发展壮大合作社，实现合作社成员共同利益的最大化。

四、农民专业合作社资金的筹集管理

1. 股权资本和债务资本的筹集管理

按照筹集的资金性质分类，农民专业合作社筹集的资金可分为股权资本和债务资本。

①股权资本的筹集管理

股权资本也叫权益资本或自有资金，是指农民专业合作社通过成员认购股金、内部盈余留存等方式筹集到的资金，是合作社依法筹集并拥有的、可自主支配使用的资金。

为了体现农民专业合作社民主管理的原则，一般规定合作社法人股金或最大成员股金不得超过股金总额的20%。

股权资本包括成员股金、资本公积金和未分配盈余三部分。

股权资本有两个特点：第一，其所有权归合作社成员所有，成员凭出资额取得相应的收益，同时对合作社承担相应的责任；第二，它是合作社法人财产权的体现和合作社负债的载体，资金的所有者一旦缴纳，除成员退社外无权抽回，成为合作社的法人资本。

根据有关法律、法规规定，农民专业合作社筹集到的成员股金，分为法人股金和个人股金。法人股金指农产品生产、加工、流通企业及其他组织，以其依法可以支配的资产投入合作社形成的股金。个人股金指成员以个人合法财产投入合作社形成的股金。成员之间可以自愿联合认购股金。

成员认购股金可以货币出资，也可以实物资产、技术等作价出资。

农民专业合作社成员认购的股金，除成员退社外，不得随意抽走。成员退社时，按每股股金的账面价值或者按评估价值确定返还股金，具体采用何种形式按合作社章程中的规定或经成员(代表)大会表决确定。成员退社时，不得将折股量化给该成员的国家扶持资金及社会捐赠资金带走。成员未经合作社同意不得转让持有的股金。成员不得用其股金为其他组织或自然人提供担保。

②债务资本的筹集管理

债务资本也称为负债资本或借入资金，是指农民专业合作社通过银行借款等方式筹集的资金，它表明债权人对合作社拥有的债权，是合作社的债务。债务资本为合作社依法筹集并使用的、必须按期支付利息并偿还本金的资金。

债务资本又可分为流动负债和长期负债。流动负债是指可以在一年内或者超过一年的一个营业周期内偿还的债务。超过一年或一个营业周期才需要清偿的债务为长期负债。

债务资本筹资有四个特点：第一，到期必须按合同规定还本并支付利息；第二，体现了合作社和债权人之间的债权债务关系；第三，它是合作社财务风险的主要根源；第四，经成员(代表)大会通过后，合作社的债权人可把债权额作为股金申请加入合作社，实现债务资本向成员股金的转变。

③资金结构

在农民专业合作社筹资总额中，权益资金(权益资本)与负债资金(负债资本)的比例称为资金结构。

合作社资金的筹集管理的主要内容就是合理安排股权资金和负债资金的比重，做好资金结构的决策。

2. 成员出资、银行贷款、国家政策扶持资金、合作社盈利资金及捐赠资金的筹集管理

按照筹集的资金来源分类，农民专业合作社筹集的资金可分为成员出资、银行贷款、国家政策扶持资金、合作社盈利资金及捐赠资金等。

合作社在筹集资金时需要注意每种资金筹集时需要的条件、时间耗用、筹资成本以及资金使用的限制等问题。

①成员出资的筹集管理

成员出资是合作社最初的资金来源，出资金额的多少要看成员的经济实力和意愿，初次出资额要经过设立大会批准，以后要增加出资额需要经过成员(代表)大会讨论通过。

②银行贷款的筹集管理

银行贷款在短期内可以筹集到大量的资金，但是需要支付利息，并按时还本。取得借款时还要满足银行要求的抵押、担保条件以及信誉度水平，并办理抵押评估、登记等方面的手续。所以，使用银行贷款，不仅筹集的难度相对比较大，而且使用成本也相对比较高。

③国家政策扶持资金的筹集管理

争取国家政策扶持补助资金是合作社筹资的新途径。根据《中华人民共和国农民专业合作社法》的规定，国家支持发展农业和农村经济的建设项目，可以委托和安排有条件的有关农民专业合作社实施。国家对民族地区、边远地区和贫困地区的农民专业合作社和生产国家与社会急需的重要农产品的农民专业合作社给予优先扶持。这些扶持资金一般是无偿的，因此，

对于这类资金,合作社应该积极争取。

④合作社盈利资金的筹集管理

合作社盈利资金是合作社成立后主要的资金筹集来源,这部分资金不需要支付利息,可以长期使用,但在成员退出合作社时,要按章程规定将记入成员个人账户的公积金支付给成员。

⑤捐赠资金的筹集管理

社会捐资、其他单位或个人的捐赠资金要折股量化给成员,但在成员退社时,不得将折股量化给成员的国家扶持资金及社会捐赠资金带走。

五、农民专业合作社流动资产管理

流动资产是农民专业合作社在生产经营过程中短期置存的资产,是合作社资产的重要组成部分,是指可以在一年内或超过一年的一个营业周期内变现或者耗用的资产。流动资产按照流动性由强到弱,分为现金、银行存款、应收及预付款项、存货等。

1. 流动资产的特点

流动性:流动资产是指农民专业合作社生产经营过程中参加循环周转、不断改变形态的那部分资产,其价值在一个营业周期内完成一次由储备资金到生产资金、产成品资金,然后再回到货币资金形态的循环。

季节性:农产品的生产具有明显的季节性和周期性,所以,各种形态的流动资产也具有季节性。

波动性:在农民专业合作社的生产经营过程中,随着供、产、销的变化,占用在流动资产上的资金数量也具有一定的波动性。

价值一次性地消耗、转移或者实现:农民专业合作社的生产经营过程也是劳动对象等物质要素的消耗过程,生产经营过程完成一次,流动资产也就一次性地被消耗,流动资产的价值也就一次性地被转移或者实现。

2. 流动资产管理的主要内容

①现金管理

现金管理就是按照国家对经济组织使用现金的规定制定合作社的现金管理制度,完善合作社现金收支的内部管理制度。

现金管理制度的相关规定包括规定现金使用范围、核定库存现金限额和其他规定。

现金的使用只能是用于支付个人劳动报酬,包括工资、奖金、津贴;各种劳保、福利费用以及国家规定的对个人的其他现金支出;向个人收购农副产品和其他物资支付的价款;出差人员必须随身携带的差旅费;结算起点(1 000 元)以下的零星支出;银行规定的需要支付现金的其他支出。

农民专业合作社库存现金由其开户银行根据合作社的实际需要核定限额,一般以 3～5 天所需的零星开支额为限。对于边远地区和交通不发达地区的合作社,可适当多留一些,但最高不得超过 15 天的日常开支。一个独立核算的单位,原则上只核定一个现金库存限额。超过限额的现金,应及时送存开户银行。

关于现金的其他规定包括:不准单位之间相互借用现金;不准谎报用途套取现金;不准利用银行账户代其他单位和个人存入或支取现金;不准将单位收入的现金以个人名义存入银行;禁止发行变相货币;不准以任何票券代替人民币在市场上流通;不准签发空头支票和远期支票。

完善合作社现金收支的内部管理制度包括：出纳员只负责办理库存现金的收支和保管工作，不登记会计分录；严格执行账钱分管制度，实行内部牵制，如掌握货币资金的人不能记账，而记录货币资金事项的人不能掌管货币资金；将有关支付货币资金的业务与有关收入货币资金的业务分开，如建立健全现金开支审批制度，严格现金开支审批手续；必须按实际收入数和支出数于当日入账，不准坐支现金；日清月结，现金的账存数必须与实存数相符。

【知识链接】“坐支”

“坐支”是指坐支现金。是指把合作社收入的现金直接用于合作社支出的行为。

②银行存款管理

银行存款的管理就是按照国家对经济组织银行存款的规定制定合作社的银行存款管理制度，完善合作社银行存款收付的内部管理制度。

银行存款管理的规定包括：合作社要在所在地银行或信用社开立存款账户（结算账户），用以办理货币资金的存取和结算；合作社与各单位之间发生经济往来业务，除允许使用现金结算以外，均需通过银行办理结算，并应严格遵守结算原则与纪律；不得出租、出借账户，不得签发空头支票、远期支票，不准套取银行信用；存款的收、付业务，由出纳员办理；对存款的收付凭证，要经严格审核后，方能据以办理存款的收付和入账。

完善合作社银行存款收付的内部管理制度包括：印鉴与支票应由专人分开保管；定期组织专人核对账目等。

③应收及预付款项管理

合作社应收账款的管理主要通过控制应收账款的数额和建立应收账款的内部控制制度来实现的。

应收账款的数额是由赊销量和应收账款占用时间的长短（收账期）两个相互联系的因素决定的。合作社原则上不采取产品赊销，必须是现金交易，以减少应收账款在流动资产中的比例；对于紧俏产品，还应采取由订货方预付现金的办法；而对于滞销产品，赊销量可能会较多。对于应收账款的催收工作，合作社应给予重视，采取切实可行的措施积极催收，缩短应收账款资金占用时间。

应收账款的内部控制包括：确保每一笔应收账款的入账、调整、冲销都有相应凭证，有据可查，并经过授权审批；确保应收账款及收款的账务记录正确完整；保证折扣、折让经过审批，杜绝盲目折扣与折让；完整收取各项现金并保证其安全。

④存货管理

存货管理就是要建立内部控制制度和确定合理的存货比率。

建立内部控制制度具体包括：存货要安排专职的物资保管员管理，并且要建立保管人员岗位责任制，严格出库、入库手续，加强对存货的验收和计量工作；对存货要定期盘点核对，做到账实相符，年末必须进行一次全面的盘点清查，对于盘亏、毁损和报废的存货，按规定程序批准后，按实际成本扣除应由责任人或者保险公司赔偿的金额和残料价值后的余额，计入其他支出；防止火灾、积压、腐烂、盗窃的发生，确保存货的安全和完整性。

合理的存货比率的确定能使合作社树立良好的信誉形象，虽然农民专业合作社流动资产管理要求是降低存货，保证有偿债能力，但流动资产的占用不要局限于某些最低比率，一般要高出这一水平，因为存货比率是银行、往来单位（债权人）评价合作社信誉的重要标尺。

六、农民专业合作社固定资产管理

农民专业合作社的固定资产是指使用年限在一年以上，单位价值在500元以上的合作社的房屋、建筑物、机器、设备、工具、器具和农业基本建设设施等劳动资料。

另外，有些主要生产工具和设备，单位价值虽低于规定标准500元，但使用年限在一年以上的，也可列为固定资产。合作社以经营租赁方式租入和以融资租赁方式租出的固定资产，不应列作合作社的固定资产。

1. 固定资产的特点

固定资产具有投资金额大和使用期限长、收益能力高和风险较大、投资的集中性和回收的分散性的特点。

①投资金额大，使用期限长

合作社固定资产主要是厂房、机器设备和化验检测设施，这些物资的单位价值较大，使用期限较长。

②收益能力高，风险较大

一般认为，固定资产具有较高的创造财富的能力，同时固定资产又具有物质形态长期不变、所内含的技术形态相对固定和用途较为固定的固定性特点，但是市场需求瞬息万变、产品的更新换代速度加快，这要求合作社要随市场需求的变化不断地调整生产方向和生产规模，这样就避免地造成一些资产闲置，从而给合作社带来风险。

③投资的集中性和回收的分散性

固定资产的价值补偿和实物更新不像流动资产那样，在取得价值补偿以后就要随即重新购买，而是一次全部垫支资金，即集中投资，但是价值却一部分一部分地转移，所以固定资产的收回是分次逐步实现的。

2. 固定资产管理的主要内容

固定资产管理包括固定资产日常使用管理和购建管理。

固定资产日常使用管理包括：合作社应当建立健全固定资产内部控制制度，建立人员岗位责任制；合作社在使用固定资产过程中，需要充分发挥固定资产的效能，加快固定资产投资的回收速度；应当定期对固定资产盘点清查，做到账实相符，年度终了前必须进行一次全面的盘点清查，盘亏及毁损的固定资产，应查明原因，按照规定程序批准后，从原价中扣除累计折旧、变价收入、过失人及保险公司赔款后，再计入其他支出。

固定资产的购置管理包括：结合投资收回的情况进行科学的规划；研究固定资产购建的可行性和合理性；研究固定资产投资的预期收益，如固定资产何时才能投入生产开始收回投资，需在多少年内才能全部收回等；投资时优先考虑那些投资少、见效快、回收期短的项目；固定资产投资项目完工后，要进行评价，通过固定资产生产能力是否达到原设计规模和项目对合作社盈利最大化或为成员提供服务最优的贡献如何来判断原来做出的决策是否合理、正确，项目是否实现了预期目标，并及时总结经验或教训，为以后的投资决策提供可靠的依据。

【知识链接】 固定资产折旧

1. 固定资产折旧的含义

农民专业合作社固定资产折旧是指固定资产在使用过程中由于不断损耗（有形损耗和无

形损耗)而转移到产品成本中的价值,构成产品成本的组成部分,随着产品销售的实现,从销售收入中得到相应的补偿。

计提固定资产折旧,一方面反映了固定资产因磨损而造成的固定资产价值的减少和费用的增加,另一方面也为固定资产实物更新准备资金。所以折旧既表现为合作社的一项费用,也表现为合作社的一种现金流入。

2. 固定资产折旧的范围

从原则上讲,合作社所拥有的固定资产都应计提折旧,但由于合作社的固定资产存在不同的使用状态,所以计提固定资产折旧的范围应遵守会计制度的规定。

应计提折旧的固定资产主要包括:房屋和建筑物(不论是否使用);在用的机械、机器设备、仪器仪表、运输工具、经济林木;季节性停用和修理停用的设备(季节性停用的固定资产应在使用期内提足全年折旧);以经营租赁方式租出的固定资产和以融资租赁方式租入的固定资产等。

不计提折旧的固定资产主要包括:房屋和建筑物以外的未使用、不需用的固定资产;以融资租赁方式租出和以经营租赁方式租入的固定资产;已提足折旧继续使用的固定资产;提前报废的固定资产(不再补提折旧);国家规定不提折旧的其他固定资产。

农民专业合作社计提固定资产拆旧时,可以按年或按季、按月计提,但是按月或按季计提折旧时,当月或当季度增加的固定资产,当月或当季度不计提折旧,从下月或下季度起计提折旧;当月或当季度减少或停止使用的固定资产,当月或当季度仍计提折旧,从下月或下季度起停止计提折旧。固定资产提足折旧后,不管是否继续使用,均不再提取折旧。

3. 固定资产折旧的计算方法

按照《农民专业合作社财务会计制度(试行)》的规定,农民专业合作社固定资产折旧方法可在"平均年限法"和"工作量法"等方法中任选一种,但折旧方法一经选定,不得随意变动。

①平均年限法

平均年限法是指以年或月为时间单位,平均分摊折旧总额的方法。这种方法的前提是,假定固定资产在折旧日年限之内各个会计期间损耗的程度相同。由于单位时间之内应提折旧数额相等,累计折旧额与使用时间之间存在一次函数关系,其坐标图在直角坐标系中呈一条上升的直线,所以这种计算方法又叫"直线法"。

计算公式:固定资产年折旧额=(固定资产原值-固定资产净残值)/折旧年限

固定资产月折旧额=固定资产年折旧额/12

例 1:某合作社有仓库 1 栋,其原始价值为 600 000 元,预计残值收入 150 000 元,预计清理费用 30 000 元,折旧年限为 20 年。求年折旧额和月折旧额。

年折旧额=[600 000-(150 000-30 000)]/20=24 000(元)

月折旧额=24 000÷12=2 000(元)

按照上式计算的固定资产年、月折旧额是固定资产在单位时间之内价值损耗的绝对金额。为了计算的方便,通常是用折旧率这种相对数的形式来表示单位时间内固定资产价值的损耗程度,用固定资产折旧率与其原值相乘,求出单位时间的折旧额。固定资产折旧率,按照计算对象包括的范围不同,有个别折旧率、分类折旧率和综合折旧率三种;按照计算时间的长短,有年折旧率和月折旧率两种。

a. 个别折旧率

个别折旧率也叫"单项折旧率",是以每项固定资产为对象计算的折旧率。

计算公式:固定资产年(月)折旧率=[固定资产的年(月)折旧额/固定资产的原始价值]×100%

例2:某合作社有仓库1栋,其原始价值为600 000元,预计残值收入150 000元,预计清理费用30 000元,折旧年限为20年。求年折旧率和月折旧率。

年折旧额=[600 000-(150 000-30 000)]/20=24 000(元)

月折旧额=24 000÷12=2 000(元)

年折旧率=24 000÷600 000×100%=4%

月折旧率=2000÷600 000×100%=0.33%

或月折旧率=4%÷12=0.33%

b. 分类折旧率

分类折旧率是对固定资产根据一定的标准(性质、结构和折旧年限等)归类后,按照固定资产的类别计算的平均折旧率。

计算公式:某类固定资产年(月)折旧率=[该类应计提折旧的各项固定资产年(月)折旧额之和/该类应计提折旧的各项固定资产原值之和]×100%

例3:假设某合作社将甲、乙、丙三种设备划归一类,甲种设备3台,账面价值共计300 000元,月折旧率0.4%;乙种设备1台,账面价值200 000元,月折旧率0.5%;丙种设备5台,账面价值共计500 000元,月折旧率0.6%。求该类设备的月折旧率。

该类设备月折旧率=[(300 000×0.4%+200 000×0.5%+500 000×0.6%)÷(300 000+200 000+500 000)]×100%=0.52%

c. 综合折旧率

综合折旧率是按照合作社全部应计提折旧的固定资产计算的平均折旧率。计算方法与分类折旧率相同。

说明:由于预计固定资产的净残值比较困难,上述折旧计算方法的可操作性较差。我国现行制度规定,合作社可以事先根据固定资产的特点,按其原值的3%~5%确定净残值率(即净残值和原值的比率),再根据固定资产的折旧年限计算固定资产的年、月折旧率。计算公式如下:

年折旧率=[(1-预计净残值率)/折旧年限]×100%

月折旧率=年折旧率÷12

月折旧额=固定资产原值×月折旧率

例4:某合作社有仓库1栋,其原始价值为600 000元,折旧年限为20年,仓库预计净残值率3%。求年折旧率和月折旧率。

年折旧率=(1-3%)÷20×100%=4.85%

月折旧率=4.85%÷12=0.404%

年折旧额=600 000×4.85%=29 100(元)

月折旧额=600 000×0.404%=2 424(元)

平均年限法方法优点是比较简单,而且满足了折旧计算本来就是一种估计、不可能绝对准确的要求。缺点主要有两个:第一,假定固定资产在其折旧年限内,各个会计期间损耗程度均相等,即只注意折旧年限的长短,没有考虑固定资产的实际使用程度,显然是不合理的;第二,容易使固定资产使用前后各期实际负担的固定资产费用(包括折旧费和修理费)不均衡,因为前后各期折旧费用可以相同，而修理费用则是前期少而后期多。

平均年限法适宜计算损耗与时间密切相关的固定资产，如房屋、建筑物等。

②工作量法

工作量法是以固定资产折旧年限之内可能提供的工作数量为标准来计算折旧的方法。如合作社的汽车等运输设备、价值很高而又不经常使用的大型机器设备、大型的建筑施工机械和农用拖拉机等，可以分别以行驶里程、工作小时、工作台班和标准亩数等为标准计算折旧。

计算公式：

固定资产单位工作量折旧额＝[原值×(1－预计净残值率)]/折旧年限内预计总工作量

固定资产本月应提折旧＝该项固定资产本月完成工作数量×该项固定资产单位工作量折旧额

例5：某合作社有运输汽车1辆，原始价值400 000元，预计净残值率为5%，折旧年限内可行驶400 000千米，本月实际行驶3 500千米。

每公里折旧额＝[400 000×(1－5%)]÷400 000＝0.95(元/千米)

本月折旧额＝3 500×0.95＝3 325(元)

合作社的固定资产不论是采取哪种折旧方法，按哪种折旧率计提的折旧，到月末、季末或年末，都应该按其用途和使用地点，计入有关的支出项目，以便使固定资产损耗价值得到及时补偿。

七、农民专业合作社的收入、盈余分配及亏损管理

合作社的盈余分配是指把当年已经确定的盈余总额连同以前年度的未分配盈余按照一定的标准进行合理分配。

1. 农民专业合作社的收入管理

农民专业合作社的收入有经营收入、投资收益和其他收入。

①经营收入管理

合作社的经营收入是农民专业合作社盈余的主要来源，包括合作社为成员提供农业生产资料的购买、农产品的销售、加工、运输、贮藏以及与农业生产经营有关的技术、信息等服务取得的收入；销售合作社自己生产的产品取得的收入；对非成员提供劳务等取得的收入等。

合作社经营收入的管理主要有：履行合同的管理；提供技术服务的管理；项目的组织与实施管理；产前生产资料供应的管理；产中和产后农产品的加工、分级、包装、销售、发运、货款结算管理及信息反馈管理等。在这些管理中，重点是加强销售服务合同的管理和加强质量控制，避免销售退回和销售折让。

②投资收益管理

合作社的投资收益是指农民专业合作社以各种方式对外投资取得的收益扣除发生的投资损失后的数额，包括对外投资分得的利润、现金股利和债券利息，以及投资到期收回或者中途转让取得款项高于账面余额的差额(如果投资到期收回或者中途转让取得款项低于账面余额，则差额为投资损失。)。

投资收益管理主要是指合作社在进行投资活动时，要避免盲目性，对投资方向和投资方式进行认真的研究，杜绝投资失败给合作社带来重大损失现象的发生。

③其他收入管理

合作社的其他收入是指农民专业合作社除经营收入以外的收入，比如对合作社成员以外的农民销售化肥、种子等生产资料获得的销售收入、代购代销收入、对合作社成员以外的农民提供包装及商标等经济活动取得的销售收入、出租无形资产等获得的收入等。

与经营收入相比，其他收入一般数额较低，且波动性强，但作为合作社收入的一个组成部分，对合作社的业绩也有着重要的影响。其他收入管理主要是指在获取其他收入之前，必须要保证合作社成员的需求得到满足，否则，合作社的合作性将受到影响。

2. 农民专业合作社的盈余分配管理

农民专业合作社盈余分配是合作社按照国家法律、法规和合作社章程规定，对已确定的盈余加上以前年度的未分配盈余后，在合作社与成员之间进行的分配。

农民专业合作社的盈余分配管理主要有以下几项工作：

首先应该明确参加盈余分配的人员。

其次要做好财、物清查，清理财产和债权、债务，在准确地核算合作社全年收入和支出基础上，真实完整地登记成员个人账户。

第三是严格按照《农民专业合作社法》、《农民专业合作社财务会计制度（试行）》、《农民专业合作社章程》以及成员（代表）大会决议等编制当年的盈余分配方案，并向理事会提交盈余分配方案。

第四是理事会接到合作社财务部提交的盈余分配方案后，要严格审核并提请成员（代表）大会审议批准。

第五条是要及时、准确地将分配盈余金额及平均量化到社员的资金份额记载登记到成员账户中。

【知识链接】 农民专业合作社盈余分配的顺序

农民专业合作社的理事会或理事长应当在年末按照合作社章程的规定，组织编制本年度盈余分配方案（或亏损处理方案）以及财务会计报告。

设立执行监事或监事会的农民专业合作社，由执行监事或监事会负责对本社的财务进行内部审计，审计结果应当向成员（代表）大会报告。农民专业合作社的成员（代表）大会也可以委托审计机构对本社的财务进行审计。

农民专业合作社为每个成员设立成员账户，记载成员出资额和按规定应当量化为成员的公积金份额以及该成员与本社的农产品交易量（额）。

合作社与成员、非成员的交易应当分别核算。除国家另有规定外，合作社的盈余分配应按下列顺序进行：

弥补亏损——合作社用本年度的盈余直接弥补以前年度的亏损。

提取盈余公积——合作社根据合作社章程规定从当年盈余中提取盈余公积金。盈余公积金主要用于弥补亏损、扩大再生产或者转为成员出资。

盈余返还——合作社弥补亏损和提取公积金后的可分配盈余，按成员与本社交易量（额）比例返还，返还总额不得低于可分配盈余的60%。

剩余盈余分配——合作社按规定返还后的剩余可分配盈余，以成员账户中记载的出资额和公积金份额，以及本社接受国家财政直接补助和他人捐赠形成的财产平均量化到成员的份额，按比例分配给本社成员。

3. 农民专业合作社的亏损管理

合作社在生产经营活动中如果出现亏损，根据合作社盈余分配的顺序，首先要将盈余先用于弥补往年的亏损，也可用公积金来弥补，不足部分也可以用以后年度的盈余弥补。

用公积金弥补亏损，必须按每个成员个人账户中记载的出资额和公积金份额以及合作社接受国家财政直接补助和其他捐赠形成的财产平均量化到成员的份额，按比例减少成员个人账户中的公积金，其方案也要经过成员（代表）大会讨论通过后才能实施。

【知识链接】　农民专业合作社的支出和盈余

1. 农民专业合作社的支出

农民专业合作社的支出包括经营支出、管理费用和其他支出。

①经营支出

合作社的经营支出包括合作社为成员提供农业生产资料的购买、农产品的加工、销售、运输、贮藏以及与农业生产经营活动有关的技术、信息等服务发生的实际支出；销售合作社自己生产产品的成本支出；对外提供劳务等活动发生的成本支出。

②管理费用

管理费用是指为组织和管理合作社各项活动发生的支出，包括管理人员的工资、办公费用、差旅费、管理用固定资产的折旧费、业务招待费、无形资产摊销等。

③其他支出

其他支出是指合作社除经营支出、管理费用以外的支出。如固定资产及产品物资的盘亏损失、罚款支出、利息支出、捐赠支出、无法收回的应收账款损失等。

2. 农民专业合作社的盈余

农民专业合作社的盈余是合作社在一定会计期间（月、季、年）内生产经营、服务和管理活动所取得的净收入，在数额上表现为全部收入减去全部支出后的差额（如果是负数则为亏损）。

合作社本年度盈余计算公式：本年盈余＝经营收益＋其他收入－其他支出

其中：经营收益＝经营收入＋投资收益－经营支出－管理费用

农民专业合作社的盈余是合作社一定期间的财务成果，是反映和考核合作社生产经营和服务活动质量的一项综合性财务指标。

农民专业合作社盈余总额包括经营收益、投资净收益以及营业外收支净额。经营收益是指经营收入扣除成本、费用和各种流转税及附加税费后的数额。投资净收益是指投资收益扣除投资损失后的数额。营业外收支净额为营业外收入减去营业外支出后的数额。

【实例 7-1】

上海市鲜切花园艺专业合作社

上海市鲜切花园艺专业合作社建立了公平、透明的利益分配机制。合作社每月与社员、花农结账 1 次，结账时先将社员当月交售鲜花的数量、等级与交售鲜花当天执行价格对应，再结账到户，其中，合作社要先提留 5％，余下的 95％如数返还给社员。合作社提留的 5％账款，主要用于运输、经办人员劳务费等费用，之后再按公积金、公益金、风险金比例提留，再余下的部分按交售额给社员作二次返还。

【实例 7-2】

湖北省孝感市春晖农机专业合作社

湖北省孝感市春晖农机专业合作社认真做好规范财务管理工作。合作社首先依照《中华人民共和国会计法》和《农民专业合作社会计制度》建立了严格的内部控制和审计制度。对各农机作业队采取“分队核算、定额费用、超支不补、利润分成”的核算办法,财务上实行统一管理账目,做到账款分开、章票分管、专款分存、专款专用,定期公布财务收支情况。其次做好收入分配工作。合作社年底所获纯利,在提取20%的公积金、5%的公益金和5%的风险金后,剩余的70%按每个社员所占股份大小分红,从而使全体社员真正形成利益联结体,做到共同出资(机)、共同经营、共享收益、共担风险,保证农机合作社长期生存和滚动发展。

【实例 7-3】

湖北省天门市华丰农机专业合作社

湖北省天门市华丰农机专业合作社实行分配公开,即:合作社的收益按照“股份收入+工资+返还”的模式分配。比如2011年,合作社纯收入805万元,其中提取公益金、公积金81万元,约占10%,主要用于开展培训、人员保险、购进固定资产、基础设施建设等;按作业量返还510万元,约占60%;绩效工资80万元,约占10%;按股分红161万元,约占20%。

任务训练

农民专业合作社的财务管理主要做好四个方面的工作,即:建立科学、完善的核算体制;多方扩大资金来源;依照法律、规定进行盈余分配和制定严格的财务控制制度。

【训练资料】

湖北省天门市华丰农机专业合作社

♣合作社社员股份构成

合作社采取股份合作的办法,128名社员入股有3种形式:一是带机入社,参加合作社的社员农机具按照新旧程度折资,每500元算作一股;二是带田入股,参加合作社的社员把自己承包地按照500元一亩,一亩折一股,交给合作社统一经营;三是带资金入股。2011年,合作社总股份16 700股,其中带机入股4 500股,带田入股200股,带资入股12 000股。

♣合作社内部组织机构

合作社由成员大会选举产生理事会、监事会。理事会有理事5人,负责合作社的日常工作。理事会下设生产部、财务部、科技部。其中生产部37人,分为8个生产作业小组,负责合作社的机械作业服务;财务部8人,负责合作社的财务收支管理、现金管理、成本核算、合同管理、档案管理、收入分配、成员账户管理等;科技部5人,负责技术培训、新技术推广和机械维修等。监事会5名,负责对理事会的日常监督、民主评议,提请召开社员大会。

♣合作社收益分配

合作社的收益分配实行分配公开,按照“股份收入+工资+返还”模式分配,2011年合作社纯收入805万元,其中提取公益金、公积金81万元,约占10%,主要用于开展培训、人员保险、购进固定资产、基础设施建设等;按作业量返还510万元,约占60%;绩效工资80万元,约占10%;按股分红161万元,约占20%。

子任务训练 1　结合训练资料，练习并熟练掌握农民专业合作社资金的筹集管理方法。

子任务训练 2　结合训练资料，练习并熟练掌握农民专业合作社流动资产管理方法。

子任务训练 3　结合训练资料，练习并熟练掌握农民专业合作社固定资产管理方法。

子任务训练 4　结合训练资料，练习并熟练掌握农民专业合作社的收入、盈余分配及亏损管理方法。

任务总结

思考题

1. 结合案例谈谈如何进行农民专业合作社资金的筹集管理？
2. 结合案例谈谈如何进行农民专业合作社流动资产管理？
3. 结合案例谈谈如何进行农民专业合作社固定资产管理？
4. 结合案例谈谈如何进行农民专业合作社的收入、盈余分配及亏损管理？

附录一　中华人民共和国农民专业合作社法

目　录

第一章　总　则

第一条　为了支持、引导农民专业合作社的发展，规范农民专业合作社的组织和行为，保护农民专业合作社及其成员的合法权益，促进农业和农村经济的发展，制定本法。

第二条　农民专业合作社是在农村家庭承包经营基础上，同类农产品的生产经营者或者同类农业生产经营服务的提供者、利用者，自愿联合、民主管理的互助性经济组织。

农民专业合作社以其成员为主要服务对象，提供农业生产资料的购买，农产品的销售、加工、运输、贮藏以及与农业生产经营有关的技术、信息等服务。

第三条　农民专业合作社应当遵循下列原则：

(一)成员以农民为主体；

(二)以服务成员为宗旨，谋求全体成员的共同利益；

(三)入社自愿、退社自由；

(四)成员地位平等，实行民主管理；

(五)盈余主要按照成员与农民专业合作社的交易量(额)比例返还。

第四条　农民专业合作社依照本法登记，取得法人资格。

农民专业合作社对由成员出资、公积金、国家财政直接补助、他人捐赠以及合法取得的其他资产所形成的财产，享有占有、使用和处分的权利，并以上述财产对债务承担责任。

第五条　农民专业合作社成员以其账户内记载的出资额和公积金份额为限对农民专业合作社承担责任。

第六条　国家保护农民专业合作社及其成员的合法权益，任何单位和个人不得侵犯。

第七条　农民专业合作社从事生产经营活动，应当遵守法律、行政法规，遵守社会公德、商业道德，诚实守信。

第八条　国家通过财政支持、税收优惠和金融、科技、人才的扶持以及产业政策引导等措施，促进农民专业合作社的发展。

国家鼓励和支持社会各方面力量为农民专业合作社提供服务。

第九条　县级以上各级人民政府应当组织农业行政主管部门和其他有关部门及有关组织，依照本法规定，依据各自职责，对农民专业合作社的建设和发展给予指导、扶持和服务。

第二章　设立和登记

第十条　设立农民专业合作社，应当具备下列条件：

(一)有五名以上符合本法第十四条、第十五条规定的成员；

(二)有符合本法规定的章程；

(三)有符合本法规定的组织机构；

(四)有符合法律、行政法规规定的名称和章程确定的住所；

(五)有符合章程规定的成员出资。

第十一条　设立农民专业合作社应当召开由全体设立人参加的设立大会。设立时自愿成为该社成员的人为设立人。

设立大会行使下列职权：

(一)通过本社章程，章程应当由全体设立人一致通过；

(二)选举产生理事长、理事、执行监事或者监事会成员；

(三)审议其他重大事项。

第十二条 农民专业合作社章程应当载明下列事项：

(一)名称和住所；

(二)业务范围；

(三)成员资格及入社、退社和除名；

(四)成员的权利和义务；

(五)组织机构及其产生办法、职权、任期、议事规则；

(六)成员的出资方式、出资额；

(七)财务管理和盈余分配、亏损处理；

(八)章程修改程序；

(九)解散事由和清算办法；

(十)公告事项及发布方式；

(十一)需要规定的其他事项。

第十三条 设立农民专业合作社,应当向工商行政管理部门提交下列文件,申请设立登记：

(一)登记申请书；

(二)全体设立人签名、盖章的设立大会纪要；

(三)全体设立人签名、盖章的章程；

(四)法定代表人、理事的任职文件及身份证明；

(五)出资成员签名、盖章的出资清单；

(六)住所使用证明；

(七)法律、行政法规规定的其他文件。

登记机关应当自受理登记申请之日起二十日内办理完毕,向符合登记条件的申请者颁发营业执照。

农民专业合作社法定登记事项变更的,应当申请变更登记。

农民专业合作社登记办法由国务院规定。办理登记不得收取费用。

第三章 成 员

第十四条 具有民事行为能力的公民,以及从事与农民专业合作社业务直接有关的生产经营活动的企业、事业单位或者社会团体,能够利用农民专业合作社提供的服务,承认并遵守农民专业合作社章程,履行章程规定的入社手续的,可以成为农民专业合作社的成员。但是,具有管理公共事务职能的单位不得加入农民专业合作社。

农民专业合作社应当置备成员名册,并报登记机关。

第十五条 农民专业合作社的成员中,农民至少应当占成员总数的百分之八十。

成员总数二十人以下的,可以有一个企业、事业单位或者社会团体成员；成员总数超过二十人的,企业、事业单位和社会团体成员不得超过成员总数的百分之五。

第十六条 农民专业合作社成员享有下列权利：

(一)参加成员大会,并享有表决权、选举权和被选举权,按照章程规定对本社实行民主管理；

（二）利用本社提供的服务和生产经营设施；

（三）按照章程规定或者成员大会决议分享盈余；

（四）查阅本社的章程、成员名册、成员大会或者成员代表大会记录、理事会会议决议、监事会会议决议、财务会计报告和会计账簿；

（五）章程规定的其他权利。

第十七条　农民专业合作社成员大会选举和表决，实行一人一票制，成员各享有一票的基本表决权。

出资额或者与本社交易量（额）较大的成员按照章程规定，可以享有附加表决权。本社的附加表决权总票数，不得超过本社成员基本表决权总票数的百分之二十。享有附加表决权的成员及其享有的附加表决权数，应当在每次成员大会召开时告知出席会议的成员。

章程可以限制附加表决权行使的范围。

第十八条　农民专业合作社成员承担下列义务：

（一）执行成员大会、成员代表大会和理事会的决议；

（二）按照章程规定向本社出资；

（三）按照章程规定与本社进行交易；

（四）按照章程规定承担亏损；

（五）章程规定的其他义务。

第十九条　农民专业合作社成员要求退社的，应当在财务年度终了的三个月前向理事长或者理事会提出；其中，企业、事业单位或者社会团体成员退社，应当在财务年度终了的六个月前提出；章程另有规定的，从其规定。退社成员的成员资格自财务年度终了时终止。

第二十条　成员在其资格终止前与农民专业合作社已订立的合同，应当继续履行；章程另有规定或者与本社另有约定的除外。

第二十一条　成员资格终止的，农民专业合作社应当按照章程规定的方式和期限，退还记载在该成员账户内的出资额和公积金份额；对成员资格终止前的可分配盈余，依照本法第三十七条第二款的规定向其返还。

资格终止的成员应当按照章程规定分摊资格终止前本社的亏损及债务。

第四章　组织机构

第二十二条　农民专业合作社成员大会由全体成员组成，是本社的权力机构，行使下列职权：

（一）修改章程；

（二）选举和罢免理事长、理事、执行监事或者监事会成员；

（三）决定重大财产处置、对外投资、对外担保和生产经营活动中的其他重大事项；

（四）批准年度业务报告、盈余分配方案、亏损处理方案；

（五）对合并、分立、解散、清算作出决议；

（六）决定聘用经营管理人员和专业技术人员的数量、资格和任期；

（七）听取理事长或者理事会关于成员变动情况的报告；

（八）章程规定的其他职权。

第二十三条　农民专业合作社召开成员大会，出席人数应当达到成员总数三分之二以上。

成员大会选举或者作出决议，应当由本社成员表决权总数过半数通过；作出修改章程或者合并、分立、解散的决议应当由本社成员表决权总数的三分之二以上通过。章程对表决权数有较高规定的，从其规定。

第二十四条　农民专业合作社成员大会每年至少召开一次，会议的召集由章程规定。有下列情形之一的，应当在二十日内召开临时成员大会：

（一）百分之三十以上的成员提议；

（二）执行监事或者监事会提议；

（三）章程规定的其他情形。

第二十五条　农民专业合作社成员超过一百五十人的，可以按照章程规定设立成员代表大会。成员代表大会按照章程规定可以行使成员大会的部分或者全部职权。

第二十六条　农民专业合作社设理事长一名，可以设理事会。理事长为本社的法定代表人。

农民专业合作社可以设执行监事或者监事会。理事长、理事、经理和财务会计人员不得兼任监事。

理事长、理事、执行监事或者监事会成员，由成员大会从本社成员中选举产生，依照本法和章程的规定行使职权，对成员大会负责。

理事会会议、监事会会议的表决，实行一人一票。

第二十七条　农民专业合作社的成员大会、理事会、监事会，应当将所议事项的决定作成会议记录，出席会议的成员、理事、监事应当在会议记录上签名。

第二十八条　农民专业合作社的理事长或者理事会可以按照成员大会的决定聘任经理和财务会计人员，理事长或者理事可以兼任经理。经理按照章程规定或者理事会的决定，可以聘任其他人员。

经理按照章程规定和理事长或者理事会授权，负责具体生产经营活动。

第二十九条　农民专业合作社的理事长、理事和管理人员不得有下列行为：

（一）侵占、挪用或者私分本社资产；

（二）违反章程规定或者未经成员大会同意，将本社资金借贷给他人或者以本社资产为他人提供担保；

（三）接受他人与本社交易的佣金归为己有；

（四）从事损害本社经济利益的其他活动。

理事长、理事和管理人员违反前款规定所得的收入，应当归本社所有；给本社造成损失的，应当承担赔偿责任。

第三十条　农民专业合作社的理事长、理事、经理不得兼任业务性质相同的其他农民专业合作社的理事长、理事、监事、经理。

第三十一条　执行与农民专业合作社业务有关公务的人员，不得担任农民专业合作社的理事长、理事、监事、经理或者财务会计人员。

第五章　财务管理

第三十二条　国务院财政部门依照国家有关法律、行政法规，制定农民专业合作社财务会计制度。农民专业合作社应当按照国务院财政部门制定的财务会计制度进行会计核算。

第三十三条　农民专业合作社的理事长或者理事会应当按照章程规定，组织编制年度业务报告、盈余分配方案、亏损处理方案以及财务会计报告，于成员大会召开的十五日前，置备于办公地点，供成员查阅。

第三十四条　农民专业合作社与其成员的交易、与利用其提供的服务的非成员的交易，应当分别核算。

第三十五条　农民专业合作社可以按照章程规定或者成员大会决议从当年盈余中提取公积金。公积金用于弥补亏损、扩大生产经营或者转为成员出资。

每年提取的公积金按照章程规定量化为每个成员的份额。

第三十六条　农民专业合作社应当为每个成员设立成员账户，主要记载下列内容：

（一）该成员的出资额；

（二）量化为该成员的公积金份额；

（三）该成员与本社的交易量（额）。

第三十七条　在弥补亏损、提取公积金后的当年盈余，为农民专业合作社的可分配盈余。

可分配盈余按照下列规定返还或者分配给成员，具体分配办法按照章程规定或者经成员大会决议确定：

（一）按成员与本社的交易量（额）比例返还，返还总额不得低于可分配盈余的百分之六十；

（二）按前项规定返还后的剩余部分，以成员账户中记载的出资额和公积金份额，以及本社接受国家财政直接补助和他人捐赠形成的财产平均量化到成员的份额，按比例分配给本社成员。

第三十八条　设立执行监事或者监事会的农民专业合作社，由执行监事或者监事会负责对本社的财务进行内部审计，审计结果应当向成员大会报告。

成员大会也可以委托审计机构对本社的财务进行审计。

第六章　合并、分立、解散和清算

第三十九条　农民专业合作社合并，应当自合并决议作出之日起十日内通知债权人。合并各方的债权、债务应当由合并后存续或者新设的组织承继。

第四十条　农民专业合作社分立，其财产作相应的分割，并应当自分立决议作出之日起十日内通知债权人。分立前的债务由分立后的组织承担连带责任。但是，在分立前与债权人就债务清偿达成的书面协议另有约定的除外。

第四十一条　农民专业合作社因下列原因解散：

（一）章程规定的解散事由出现；

（二）成员大会决议解散；

（三）因合并或者分立需要解散；

（四）依法被吊销营业执照或者被撤销。

因前款第一项、第二项、第四项原因解散的，应当在解散事由出现之日起十五日内由成员大会推举成员组成清算组，开始解散清算。逾期不能组成清算组的，成员、债权人可以向人民法院申请指定成员组成清算组进行清算，人民法院应当受理该申请，并及时指定成员组成清算组进行清算。

第四十二条　清算组自成立之日起接管农民专业合作社，负责处理与清算有关未了结业务，清理财产和债权、债务，分配清偿债务后的剩余财产，代表农民专业合作社参与诉讼、仲裁或者其他法律程序，并在清算结束时办理注销登记。

第四十三条　清算组应当自成立之日起十日内通知农民专业合作社成员和债权人，并于六十日内在报纸上公告。债权人应当自接到通知之日起三十日内，未接到通知的自公告之日起四十五日内，向清算组申报债权。如果在规定期间内全部成员、债权人均已收到通知，免除清算组的公告义务。

债权人申报债权，应当说明债权的有关事项，并提供证明材料。清算组应当对债权进行登记。

在申报债权期间，清算组不得对债权人进行清偿。

第四十四条　农民专业合作社因本法第四十一条第一款的原因解散，或者人民法院受理破产申请时，不能办理成员退社手续。

第四十五条　清算组负责制定包括清偿农民专业合作社员工的工资及社会保险费用，清偿所欠税款和其他各项债务，以及分配剩余财产在内的清算方案，经成员大会通过或者申请人民法院确认后实施。

清算组发现农民专业合作社的财产不足以清偿债务的，应当依法向人民法院申请破产。

第四十六条　农民专业合作社接受国家财政直接补助形成的财产，在解散、破产清算时，不得作为可分配剩余资产分配给成员，处置办法由国务院规定。

第四十七条　清算组成员应当忠于职守，依法履行清算义务，因故意或者重大过失给农民专业合作社成员及债权人造成损失的，应当承担赔偿责任。

第四十八条　农民专业合作社破产适用企业破产法的有关规定。但是，破产财产在清偿破产费用和共益债务后，应当优先清偿破产前与农民成员已发生交易但尚未结清的款项。

第七章　扶持政策

第四十九条　国家支持发展农业和农村经济的建设项目，可以委托和安排有条件的有关农民专业合作社实施。

第五十条　中央和地方财政应当分别安排资金，支持农民专业合作社开展信息、培训、农产品质量标准与认证、农业生产基础设施建设、市场营销和技术推广等服务。对民族地区、边远地区和贫困地区的农民专业合作社和生产国家与社会急需的重要农产品的农民专业合作社给予优先扶持。

第五十一条　国家政策性金融机构应当采取多种形式，为农民专业合作社提供多渠道的资金支持。具体支持政策由国务院规定。

国家鼓励商业性金融机构采取多种形式，为农民专业合作社提供金融服务。

第五十二条　农民专业合作社享受国家规定的对农业生产、加工、流通、服务和其他涉农经济活动相应的税收优惠。

支持农民专业合作社发展的其他税收优惠政策，由国务院规定。

第八章　法律责任

第五十三条　侵占、挪用、截留、私分或者以其他方式侵犯农民专业合作社及其成员的合法财产，非法干预农民专业合作社及其成员的生产经营活动，向农民专业合作社及其成员摊派，强迫农民专业合作社及其成员接受有偿服务，造成农民专业合作社经济损失的，依法追究法律责任。

第五十四条　农民专业合作社向登记机关提供虚假登记材料或者采取其他欺诈手段取得登记的，由登记机关责令改正；情节严重的，撤销登记。

第五十五条　农民专业合作社在依法向有关主管部门提供的财务报告等材料中，作虚假记载或者隐瞒重要事实的，依法追究法律责任。

第九章　附　　则

第五十六条　本法自 2007 年 7 月 1 日起施行。

附录二　农民专业合作社示范章程(全文)

本示范章程中【注:】中的文字部分为解释性规定,其他字体部分为示范性规定。农民专业合作社根据自身实际情况,参照本示范章程制订和修正本社章程。

________________专业合作社章程

【　年　月　日召开设立大会,由全体设立人一致通过。】

第一章　总　则

第一条　为保护成员的合法权益,增加成员收入,促进本社发展,依照《中华人民共和国农民专业合作社法》和有关法律、法规、政策,制定本章程。

第二条　本社由________【注:全部发起人姓名或名称】等__人发起,于__年__月__日召开设立大会。

本社名称:________合作社,成员出资总额__元。

本社法定代表人:______【注:理事长姓名】。

本社住所:________,邮政编码:______。

第三条　本社以服务成员、谋求全体成员的共同利益为宗旨。成员入社自愿,退社自由,地位平等,民主管理,实行自主经营,自负盈亏,利益共享,风险共担,盈余主要按照成员与本社的交易量(额)比例返还。

第四条　本社以成员为主要服务对象,依法为成员提供农业生产资料的购买,农产品的销售、加工、运输、贮藏以及与农业生产经营有关的技术、信息等服务。主要业务范围如下:【注:根据实际情况填写。如:

(一)组织采购、供应成员所需的生产资料;

(二)组织收购、销售成员生产的产品;

(三)开展成员所需的运输、贮藏、加工、包装等服务;

(四)引进新技术、新品种,开展技术培训、技术交流和咨询服务等。

上述内容应与工商行政管理部门颁发的《农民专业合作社法人营业执照》中规定的主要业务内容相符。】

第五条　本社对由成员出资、公积金、国家财政直接补助、他人捐赠以及合法取得的其他资产所形成的财产,享有占有、使用和处分的权利,并以上述财产对债务承担责任。

第六条　本社每年提取的公积金,按照成员与本社业务交易量(额)【注:或者出资额,也可以二者相结合】依比例量化为每个成员所有的份额。由国家财政直接补助和他人捐赠形成的财产平均量化为每个成员的份额,作为可分配盈余分配的依据之一。

本社为每个成员设立个人账户,主要记载该成员的出资额、量化为该成员的公积金份额以及该成员与本社的业务交易量(额)。

本社成员以其个人账户内记载的出资额和公积金份额为限对本社承担责任。

第七条　经成员大会讨论通过,本社投资兴办与本社业务内容相关的经济实体;接受与本社业务有关的单位委托，办理代购代销等中介服务；向政府有关部门申请或者接受政府有关部门委托，组织实施国家支持发展农业和农村经济的建设项目；按决定的数额和方式参加社会公益捐赠。【注：上述业务农民专业合作社可选择进行。】

第八条　本社及全体成员遵守社会公德和商业道德，依法开展生产经营活动。

第二章　成　员

第九条　具有民事行为能力的公民，从事【注：业务范围内的主业农副产品名称】生产经营，能够利用并接受本社提供的服务，承认并遵守本章程，履行本章程规定的入社手续的，可申请成为本社成员。本社吸收从事与本社业务直接有关的生产经营活动的企业、事业单位或者社会团体为团体成员【注：农民专业合作社可以根据自身发展的实际情况决定是否吸收团体成员】。具有管理公共事务职能的单位不得加入本社。本社成员中，农民成员至少占成员总数的百分之八十。

【注：农民专业合作社章程还可以规定入社成员的其他条件，如具有一定的生产经营规模或经营服务能力等。具体可表述为：养殖规模达到__以上或者种植规模达到__以上，……等。】

第十条　凡符合前条规定，向本社理事会【注：或者理事长】提交书面入社申请，经成员大会【注：或者理事会】审核并讨论通过者，即成为本社成员。

第十一条　本社成员的权利：

（一）参加成员大会，并享有表决权、选举权和被选举权；

（二）利用本社提供的服务和生产经营设施；

（三）按照本章程规定或者成员大会决议分享本社盈余；

（四）查阅本社章程、成员名册、成员大会记录、理事会会议决议、监事会会议决议、财务会计报告和会计账簿；

（五）对本社的工作提出质询、批评和建议；

（六）提议召开临时成员大会；

（七）自由提出退社声明，依照本章程规定退出本社；

（八）成员共同议决的其他权利。【注：如不作具体规定此项可删除】

第十二条　本社成员大会选举和表决，实行一人一票制，成员各享有一票基本表决权。

出资额占本社成员出资总额百分之__以上或者与本社业务交易量（额）占本社总交易量（额）百分之__以上的成员，在本社__等事项【注：如，重大财产处置、投资兴办经济实体、对外担保和生产经营活动中的其他事项】决策方面，最多享有__票的附加表决权【注：附加表决权总票数，依法不得超过本社成员基本表决权总票数的百分之二十】。享有附加表决权的成员及其享有的附加表决权数，在每次成员大会召开时告知出席会议的成员。

第十三条　本社成员的义务：

（一）遵守本社章程和各项规章制度，执行成员大会和理事会的决议。

（二）按照章程规定向本社出资。

（三）积极参加本社各项业务活动，接受本社提供的技术指导，按照本社规定的质量标准和生产技术规程从事生产，履行与本社签订的业务合同，发扬互助协作精神，谋求共同发展。

（四）维护本社利益，爱护生产经营设施，保护本社成员共有财产。

（五）不从事损害本社成员共同利益的活动。

（六）不得以其对本社或者本社其他成员所拥有的债权，抵消已认购或已认购但尚未缴清的出资额；不得以已缴纳的出资额，抵消其对本社或者本社其他成员的债务。

（七）承担本社的亏损。

（八）成员共同议决的其他义务。【注：如不作具体规定此项可删除】

第十四条　成员有下列情形之一的，终止其成员资格：

（一）主动要求退社的；

（二）丧失民事行为能力的；

（三）死亡的；

（四）团体成员所属企业或组织破产、解散的；

（五）被本社除名的。

第十五条　成员要求退社的，须在会计年度终了的三个月前向理事会提出书面声明，方可办理退社手续；其中，团体成员退社的，须在会计年度终了的六个月前提出。退社成员的成员资格于该会计年度结束时终止。资格终止的成员须分摊资格终止前本社的亏损及债务。

成员资格终止的，在该会计年度决算后__个月内【注：不应超过三个月】，退还记载在该成员账户内的出资额和公积金份额。如本社经营盈余，按照本章程规定返还其相应的盈余所得；如经营亏损，扣除其应分摊的亏损金额。

成员在其资格终止前与本社已订立的业务合同应当继续履行【注：也可以依照退社时与本社的约定确定】。

第十六条　成员死亡的，其法定继承人符合法律及本章程规定的条件的，在__个月内提出入社申请，经成员大会【注：或者理事会】讨论通过后办理入社手续，并承继被继承人与本社的债权债务。否则，按照第十五条的规定办理退社手续。

第十七条　成员有下列情形之一的，经成员大会【注：或者理事会】讨论通过予以除名：

（一）不履行成员义务，经教育无效的；

（二）给本社名誉或者利益带来严重损害的；

（三）成员共同议决的其他情形【注：如不作具体规定此项可删除】。

本社对被除名成员，退还记载在该成员账户内的出资额和公积金份额，结清其应承担的债务，返还其相应的盈余所得。因前款第二项被除名的，须对本社做出相应赔偿。

第三章　组织机构

第十八条　成员大会是本社的最高权力机构，由全体成员组成。

成员大会行使下列职权：

（一）审议、修改本社章程和各项规章制度；

（二）选举和罢免理事长、理事、执行监事或者监事会成员；

（三）决定成员入社、退社、继承、除名、奖励、处分等事项【注：如设立理事会此项可删除】；

（四）决定成员出资标准及增加或者减少出资；

（五）审议本社的发展规划和年度业务经营计划；

（六）审议批准年度财务预算和决算方案；

（七）审议批准年度盈余分配方案和亏损处理方案；

（八）审议批准理事会、执行监事或者监事会提交的年度业务报告；

（九）决定重大财产处置、对外投资、对外担保和生产经营活动中的其他重大事项；

（十）对合并、分立、解散、清算和对外联合等作出决议；

（十一）决定聘用经营管理人员和专业技术人员的数量、资格、报酬和任期；

（十二）听取理事长或者理事会关于成员变动情况的报告；

（十三）决定其他重大事项【注：如不作具体规定此项可删除】。

第十九条 本社成员超过一百五十人时，每__名成员选举产生一名成员代表，组成成员代表大会。成员代表大会履行成员大会的______等【注：部分或者全部】职权。成员代表任期__年，可以连选连任。

【注：成员总数达到一百五十人的农民专业合作社可以根据自身发展的实际情况决定是否设立成员代表大会。如不设立，此条可删除】

第二十条 本社每年召开__次成员大会【注：至少于会计年度末召开一次成员大会。】成员大会由__【注：理事长或者理事会】负责召集，并提前十五日向全体成员通报会议内容。

第二十一条 有下列情形之一的，本社在二十日内召开临时成员大会：

（一）百分之三十以上的成员提议；

（二）执行监事或者监事会提议；【注：如不设立执行监事或监事会，此项可删除】

（三）理事会提议；

（四）成员共同议决的其他情形【注：如不作具体规定此项可删除】。

理事长【注：或者理事会】不能履行或者在规定期限内没有正当理由不履行职责召集临时成员大会的，执行监事或者监事会在__日内召集并主持临时成员大会。【注：如不设立执行监事或监事会，此款可删除】

第二十二条 成员大会须有本社成员总数的三分之二以上出席方可召开。成员因故不能参加成员大会，可以书面委托其他成员代理。一名成员最多只能代理__名成员表决。

成员大会选举或者做出决议，须经本社成员表决权总数过半数通过；对修改本社章程，改变成员出资标准，增加或者减少成员出资，合并、分立、解散、清算和对外联合等重大事项做出决议的，须经成员表决权总数三分之二以上的票数通过。成员代表大会的代表以其受成员书面委托的意见及表决权数，在成员代表大会上行使表决权。

第二十三条 本社设理事长一名，为本社的法定代表人。理事长任期__年，可连选连任。

理事长行使下列职权：

（一）主持成员大会，召集并主持理事会会议；

（二）签署本社成员出资证明；

（三）签署聘任或者解聘本社经理、财务会计人员和其他专业技术人员聘书；

（四）组织实施成员大会和理事会决议，检查决议实施情况；

（五）代表本社签订合同等；

（六）履行成员大会授予的其他职权【注：如不作具体规定此项可删除】。

第二十四条 本社设理事会，对成员大会负责，由__名成员组成，设副理事长__人。理事会成员任期__年，可连选连任。

理事会【注：或者理事长】行使下列职权：

（一）组织召开成员大会并报告工作，执行成员大会决议；

(二)制订本社发展规划、年度业务经营计划、内部管理规章制度等,提交成员大会审议;

(三)制定年度财务预决算、盈余分配和亏损弥补等方案,提交成员大会审议;

(四)组织开展成员培训和各种协作活动;

(五)管理本社的资产和财务,保障本社的财产安全;

(六)接受、答复、处理执行监事或者监事会提出的有关质询和建议;

(七)决定成员入社、退社、继承、除名、奖励、处分等事项【注:如不设立理事会此项可删除】;

(八)决定聘任或者解聘本社经理、财务会计人员和其他专业技术人员;

(九)履行成员大会授予的其他职权【注:如不作具体规定此项可删除】。

第二十五条　理事会会议的表决,实行一人一票。重大事项集体讨论,并经三分之二以上理事同意方可形成决定。理事个人对某项决议有不同意见时,其意见记入会议记录并签名。理事会会议邀请执行监事或者监事长、经理和__名成员代表列席,列席者无表决权。

【注:农民专业合作社可以根据自身发展的实际情况决定是否设立理事会。如不设立理事会,第二十四条第一款、第二十五条中的相关内容可删除。】

第二十六条　本社设执行监事一名,代表全体成员监督检查理事会和工作人员的工作。执行监事列席理事会会议。

第二十七条　本社设监事会,由__名监事组成,设监事长一人,监事长和监事会成员任期__年,可连选连任。监事长列席理事会会议。

监事会【注:或者执行监事】行使下列职权:

(一)监督理事会对成员大会决议和本社章程的执行情况;

(二)监督检查本社的生产经营业务情况,负责本社财务审核监察工作;

(三)监督理事长或者理事会成员和经理履行职责情况;

(四)向成员大会提出年度监察报告;

(五)向理事长或者理事会提出工作质询和改进工作的建议;

(六)提议召开临时成员大会;

(七)代表本社负责记录理事与本社发生业务交易时的业务交易量(额)情况;

(八)履行成员大会授予的其他职责【注:如不作具体规定此项可删除】。

卸任理事须待卸任__年后【注:填写本章程第二十三条规定的理事长任期】方能当选监事。

第二十八条　监事会会议由监事长召集,会议决议以书面形式通知理事会。理事会在接到通知后__日内就有关质询作出答复。

第二十九条　监事会会议的表决实行一人一票。监事会会议须有三分之二以上的监事出席方能召开。重大事项的决议须经三分之二以上监事同意方能生效。监事个人对某项决议有不同意见时,其意见记入会议记录并签名。

【注:农民专业合作社可以根据自身发展的实际情况决定是否设执行监事和监事会。如不设立,第二十七条、第二十八条、第二十九条相关内容可删除。】

第三十条　本社经理由理事会【注:或者理事长】聘任或者解聘,对理事会【注:或者理事长】负责,行使下列职权:

(一)主持本社的生产经营工作,组织实施理事会决议;

(二)组织实施年度生产经营计划和投资方案;

(三)拟订经营管理制度;

(四)提请聘任或者解聘财务会计人员和其他经营管理人员;

(五)聘任或者解聘除应由理事会聘任或者解聘之外的经营管理人员和其他工作人员;

(六)理事会授予的其他职权【注:如不作具体规定此项可删除】。

本社理事长或者理事可以兼任经理。

第三十一条 本社现任理事长、理事、经理和财务会计人员不得兼任监事。

第三十二条 本社理事长、理事和管理人员不得有下列行为:

(一)侵占、挪用或者私分本社资产;

(二)违反章程规定或者未经成员大会同意,将本社资金借贷给他人或者以本社资产为他人提供担保;

(三)接受他人与本社交易的佣金归为己有;

(四)从事损害本社经济利益的其他活动;

(五)兼任业务性质相同的其他农民专业合作社的理事长、理事、监事、经理。

理事长、理事和管理人员违反前款第(一)项至第(四)项规定所得的收入,归本社所有;给本社造成损失的,须承担赔偿责任。

第四章 财务管理

第三十三条 本社实行独立的财务管理和会计核算,严格按照国务院财政部门制定的农民专业合作社财务制度和会计制度核定生产经营和管理服务过程中的成本与费用。

第三十四条 本社依照有关法律、行政法规和政府有关主管部门的规定,建立健全财务和会计制度,实行每月__日【注:或者每季度第__月__日】财务定期公开制度。

本社财会人员应持有会计从业资格证书,会计和出纳互不兼任。理事会、监事会成员及其直系亲属不得担任本社的财会人员。

第三十五条 成员与本社的所有业务交易,实名记载于各该成员的个人账户中,作为按交易量(额)进行可分配盈余返还分配的依据。利用本社提供服务的非成员与本社的所有业务交易,实行单独记账,分别核算。

第三十六条 会计年度终了时,由理事长【注:或者理事会】按照本章程规定,组织编制本社年度业务报告、盈余分配方案、亏损处理方案以及财务会计报告,经执行监事或者监事会审核后,于成员大会召开十五日前,置备于办公地点,供成员查阅并接受成员的质询。

第三十七条 本社资金来源包括以下几项:

(一)成员出资;

(二)每个会计年度从盈余中提取的公积金、公益金;

(三)未分配收益;

(四)国家扶持补助资金;

(五)他人捐赠款;

(六)其他资金。

第三十八条 本社成员可以用货币出资,也可以用库房、加工设备、运输设备、农机具、农产品等实物、技术、知识产权或者其他财产权利作价出资,但不得以劳务、信用、自然人姓名、商誉、特许经营权或者设定担保的财产等作价出资。成员以非货币方式出资的,由全体成员评估作价。

第三十九条　本社成员认缴的出资额，须在__个月内缴清。

第四十条　以非货币方式作价出资的成员与以货币方式出资的成员享受同等权利，承担相同义务。

经理事长【注：或者理事会】审核，成员大会讨论通过，成员出资可以转让给本社其他成员。

第四十一条　为实现本社及全体成员的发展目标需要调整成员出资时，经成员大会讨论通过，形成决议，每个成员须按照成员大会决议的方式和金额调整成员出资。

第四十二条　本社向成员颁发成员证书，并载明成员的出资额。成员证书同时加盖本社财务印章和理事长印鉴。

第四十三条　本社从当年盈余中提取百分之__的公积金，用于扩大生产经营、弥补亏损或者转为成员出资。

【注：农民专业合作社可以根据自身发展的实际情况决定是否提取公积金。】

第四十四条　本社从当年盈余中提取百分之__的公益金，用于成员的技术培训、合作社知识教育以及文化、福利事业和生活上的互助互济。其中，用于成员技术培训与合作社知识教育的比例不少于公益金数额的百分之__。

【注：农民专业合作社可以根据自身发展的实际情况决定是否提取公益金。】

第四十五条　本社接受的国家财政直接补助和他人捐赠，均按本章程规定的方法确定的金额入账，作为本社的资金（产），按照规定用途和捐赠者意愿用于本社的发展。在解散、破产清算时，由国家财政直接补助形成的财产，不得作为可分配剩余资产分配给成员，处置办法按照国家有关规定执行；接受他人的捐赠，与捐赠者另有约定的，按约定办法处置。

第四十六条　当年扣除生产经营和管理服务成本，弥补亏损、提取公积金和公益金后的可分配盈余，经成员大会决议，按照下列顺序分配：

（一）按成员与本社的业务交易量（额）比例返还，返还总额不低于可分配盈余的百分之【注：依法不低于百分之六十，具体比例由成员大会讨论决定】；

（二）按前项规定返还后的剩余部分，以成员账户中记载的出资额和公积金份额，以及本社接受国家财政直接补助和他人捐赠形成的财产平均量化到成员的份额，按比例分配给本社成员，并记载在成员个人账户中。

第四十七条　本社如有亏损，经成员大会讨论通过，用公积金弥补，不足部分也可以用以后年度盈余弥补。

本社的债务用本社公积金或者盈余清偿，不足部分依照成员个人账户中记载的财产份额，按比例分担，但不超过成员账户中记载的出资额和公积金份额。

第四十八条　执行监事或者监事会负责本社的日常财务审核监督。根据成员大会【注：或者理事会】的决定【注：或者监事会的要求】，本社委托__审计机构对本社财务进行年度审计、专项审计和换届、离任审计。

第五章　合并、分立、解散和清算

第四十九条　本社与他社合并，须经成员大会决议，自合并决议作出之日起十日内通知债权人。合并后的债权、债务由合并后存续或者新设的组织承继。

第五十条　经成员大会决议分立时，本社的财产作相应分割，并自分立决议作出之日起十日内通知债权人。分立前的债务由分立后的组织承担连带责任。但是，在分立前与债权人就债务清偿达成的书面协议另有约定的除外。

第五十一条　本社有下列情形之一，经成员大会决议，报登记机关核准后解散：

（一）本社成员人数少于五人；

（二）成员大会决议解散；

（三）本社分立或者与其他农民专业合作社合并后需要解散；

（四）因不可抗力因素致使本社无法继续经营；

（五）依法被吊销营业执照或者被撤销；

（六）成员共同议决的其他情形。【注：如不作具体规定此项可删除】

第五十二条　本社因前条第一项、第二项、第四项、第五项、第六项情形解散的，在解散情形发生之日起十五日内，由成员大会推举__名成员组成清算组接管本社，开始解散清算。逾期未能组成清算组时，成员、债权人可以向人民法院申请指定成员组成清算组进行清算。

第五十三条　清算组负责处理与清算有关未了结业务，清理本社的财产和债权、债务，制定清偿方案，分配清偿债务后的剩余财产，代表本社参与诉讼、仲裁或者其他法律程序，并在清算结束后，于__日内向成员公布清算情况，向原登记机关办理注销登记。

第五十四条　清算组自成立起十日内通知成员和债权人，并于六十日内在报纸上公告。

第五十五条　本社财产优先支付清算费用和共益债务后，按下列顺序清偿：

（一）与农民成员已发生交易所欠款项；

（二）所欠员工的工资及社会保险费用；

（三）所欠税款；

（四）所欠其他债务；

（五）归还成员出资、公积金；

（六）按清算方案分配剩余财产。

清算方案须经成员大会通过或者申请人民法院确认后实施。本社财产不足以清偿债务时，依法向人民法院申请破产。

第六章　附　则

第五十六条　本社需要向成员公告的事项，采取__方式发布，需要向社会公告的事项，采取__方式发布。

第五十七条　本章程由设立大会表决通过，全体设立人签字后生效。

第五十八条　修改本章程，须经半数以上成员或者理事会提出，理事长【注：或者理事会】负责修订，成员大会讨论通过后实施。

第五十九条　本章程由本社理事会【注：或者理事长】负责解释。

全体设立人签名、盖章。

附录三　农民专业合作社登记管理条例

第一章　总　　则

第一条　为了确认农民专业合作社的法人资格，规范农民专业合作社登记行为，依据《中华人民共和国农民专业合作社法》，制定本条例。

第二条　农民专业合作社的设立、变更和注销，应当依照《中华人民共和国农民专业合作社法》和本条例的规定办理登记。

申请办理农民专业合作社登记，申请人应当对申请材料的真实性负责。

第三条　农民专业合作社经登记机关依法登记，领取农民专业合作社法人营业执照（以下简称营业执照），取得法人资格。未经依法登记，不得以农民专业合作社名义从事经营活动。

第四条　工商行政管理部门是农民专业合作社登记机关。国务院工商行政管理部门负责全国的农民专业合作社登记管理工作。

农民专业合作社由所在地的县（市）、区工商行政管理部门登记。

国务院工商行政管理部门可以对规模较大或者跨地区的农民专业合作社的登记管辖做出特别规定。

第二章　登记事项

第五条　农民专业合作社的登记事项包括：

（一）名称；

（二）住所；

（三）成员出资总额；

（四）业务范围；

（五）法定代表人姓名。

第六条　农民专业合作社的名称应当含有“专业合作社”字样，并符合国家有关企业名称登记管理的规定。

第七条　农民专业合作社的住所是其主要办事机构所在地。

第八条　农民专业合作社成员可以用货币出资，也可以用实物、知识产权等能够用货币估价并可以依法转让的非货币财产作价出资。成员以非货币财产出资的，由全体成员评估作价。成员不得以劳务、信用、自然人姓名、商誉、特许经营权或者设定担保的财产等作价出资。

成员的出资额以及出资总额应当以人民币表示。成员出资额之和为成员出资总额。

第九条　农民专业合作社以其成员为主要服务对象，业务范围可以有农业生产资料购买，农产品销售、加工、运输、贮藏以及与农业生产经营有关的技术、信息等服务。

农民专业合作社的业务范围由其章程规定。

第十条　农民专业合作社理事长为农民专业合作社的法定代表人。

第三章 设立登记

第十一条 申请设立农民专业合作社，应当由全体设立人指定的代表或者委托的代理人向登记机关提交下列文件：

（一）设立登记申请书；

（二）全体设立人签名、盖章的设立大会纪要；

（三）全体设立人签名、盖章的章程；

（四）法定代表人、理事的任职文件和身份证明；

（五）载明成员的姓名或者名称、出资方式、出资额以及成员出资总额，并经全体出资成员签名、盖章予以确认的出资清单；

（六）载明成员的姓名或者名称、公民身份号码或者登记证书号码和住所的成员名册，以及成员身份证明；

（七）能够证明农民专业合作社对其住所享有使用权的住所使用证明；

（八）全体设立人指定代表或者委托代理人的证明。

农民专业合作社的业务范围有属于法律、行政法规或者国务院规定在登记前须经批准的项目的，应当提交有关批准文件。

第十二条 农民专业合作社章程含有违反《中华人民共和国农民专业合作社法》以及有关法律、行政法规规定的内容的，登记机关应当要求农民专业合作社做相应修改。

第十三条 具有民事行为能力的公民，以及从事与农民专业合作社业务直接有关的生产经营活动的企业、事业单位或者社会团体，能够利用农民专业合作社提供的服务，承认并遵守农民专业合作社章程，履行章程规定的入社手续的，可以成为农民专业合作社的成员。但是，具有管理公共事务职能的单位不得加入农民专业合作社。

第十四条 农民专业合作社应当有5名以上的成员，其中农民至少应当占成员总数的80%。

成员总数20人以下的，可以有1个企业、事业单位或者社会团体成员；成员总数超过20人的，企业、事业单位和社会团体成员不得超过成员总数的5%。

第十五条 农民专业合作社的成员为农民的，成员身份证明为农业人口户口簿；无农业人口户口簿的，成员身份证明为居民身份证和土地承包经营权证或者村民委员会（居民委员会）出具的身份证明。

农民专业合作社的成员不属于农民的，成员身份证明为居民身份证。

农民专业合作社的成员为企业、事业单位或者社会团体的，成员身份证明为企业法人营业执照或者其他登记证书。

第十六条 申请人提交的登记申请材料齐全、符合法定形式，登记机关能够当场登记的，应予当场登记，发给营业执照。

除前款规定情形外，登记机关应当自受理申请之日起20日内，做出是否登记的决定。予以登记的，发给营业执照；不予登记的，应当给予书面答复，并说明理由。

营业执照签发日期为农民专业合作社成立日期。

第十七条 营业执照分为正本和副本，正本和副本具有同等法律效力。

营业执照正本应当置于农民专业合作社住所的醒目位置。

第十八条　营业执照遗失或者毁坏的，农民专业合作社应当申请补领。

任何单位和个人不得伪造、变造、出租、出借、转让营业执照。

第十九条　农民专业合作社的登记文书格式以及营业执照的正本、副本样式，由国务院工商行政管理部门制订。

第四章　变更登记和注销登记

第二十条　农民专业合作社的名称、住所、成员出资总额、业务范围、法定代表人姓名发生变更的，应当自做出变更决定之日起 30 日内向原登记机关申请变更登记，并提交下列文件：

(一)法定代表人签署的变更登记申请书；

(二)成员大会或者成员代表大会做出的变更决议；

(三)法定代表人签署的修改后的章程或者章程修正案；

(四)法定代表人指定代表或者委托代理人的证明。

第二十一条　农民专业合作社变更业务范围涉及法律、行政法规或者国务院规定须经批准的项目的，应当自批准之日起 30 日内申请变更登记，并提交有关批准文件。

农民专业合作社的业务范围属于法律、行政法规或者国务院规定在登记前须经批准的项目有下列情形之一的，应当自事由发生之日起 30 日内申请变更登记或者依照本条例的规定办理注销登记：

(一)许可证或者其他批准文件被吊销、撤销的；

(二)许可证或者其他批准文件有效期届满的。

第二十二条　农民专业合作社成员发生变更的，应当自本财务年度终了之日起 30 日内，将法定代表人签署的修改后的成员名册报送登记机关备案。其中，新成员入社的还应当提交新成员的身份证明。

农民专业合作社因成员发生变更，使农民成员低于法定比例的，应当自事由发生之日起 6 个月内采取吸收新的农民成员入社等方式使农民成员达到法定比例。

第二十三条　农民专业合作社修改章程未涉及登记事项的，应当自做出修改决定之日起 30 日内，将法定代表人签署的修改后的章程或者章程修正案报送登记机关备案。

第二十四条　变更登记事项涉及营业执照变更的，登记机关应当换发营业执照。

第二十五条　成立清算组的农民专业合作社应当自清算结束之日起 30 日内，由清算组全体成员指定的代表或者委托的代理人向原登记机关申请注销登记，并提交下列文件：

(一)清算组负责人签署的注销登记申请书；

(二)农民专业合作社依法做出的解散决议，农民专业合作社依法被吊销营业执照或者被撤销的文件，人民法院的破产裁定、解散裁判文书；

(三)成员大会、成员代表大会或者人民法院确认的清算报告；

(四)营业执照；

(五)清算组全体成员指定代表或者委托代理人的证明。

因合并、分立而解散的农民专业合作社，应当自做出解散决议之日起 30 日内，向原登记机关申请注销登记，并提交法定代表人签署的注销登记申请书、成员大会或者成员代表大会做出的解散决议以及债务清偿或者债务担保情况的说明、营业执照和法定代表人指定代表或者委托代理人的证明。

经登记机关注销登记，农民专业合作社终止。

第五章 法律责任

第二十六条 提交虚假材料或者采取其他欺诈手段取得农民专业合作社登记的，由登记机关责令改正；情节严重的，撤销农民专业合作社登记。

第二十七条 农民专业合作社有下列行为之一的，由登记机关责令改正；情节严重的，吊销营业执照：

(一)登记事项发生变更，未申请变更登记的；

(二)因成员发生变更，使农民成员低于法定比例满6个月的；

(三)从事业务范围以外的经营活动的；

(四)变造、出租、出借、转让营业执照的。

第二十八条 农民专业合作社有下列行为之一的，由登记机关责令改正：

(一)未依法将修改后的成员名册报送登记机关备案的；

(二)未依法将修改后的章程或者章程修正案报送登记机关备案的。

第二十九条 登记机关对不符合规定条件的农民专业合作社登记申请予以登记，或者对符合规定条件的登记申请不予登记的，对直接负责的主管人员和其他直接责任人员，依法给予处分。

第六章 附 则

第三十条 农民专业合作社可以设立分支机构，并比照本条例有关农民专业合作社登记的规定，向分支机构所在地登记机关申请办理登记。农民专业合作社分支机构不具有法人资格。

农民专业合作社分支机构有违法行为的，适用本条例的规定进行处罚。

第三十一条 登记机关办理农民专业合作社登记不得收费。

第三十二条 本条例施行前设立的农民专业合作社，应当自本条例施行之日起1年内依法办理登记。

第三十三条 本条例自2007年7月1日起施行。

附录四 我国农民专业合作社适用优惠政策

《中华人民共和国农民专业合作社法》明确规定:农民专业合作社享受国家规定的对农业生产、加工、流通、服务和其他涉农经济活动相应的税收优惠。我国农民专业合作社适用优惠政策包含在许多文件中,当前我国农民专业合作社适用的税收优惠政策主要包括《财政部、国家税务总局关于农民专业合作社有关税收政策的通知》(财税[2008]81号)和各种涉农税收优惠政策。下面以税种为分类标准,解读当前涉合作社税收优惠政策。

★《中共中央国务院关于2009年促进农业稳定发展农民持续增收的若干意见》(2008年12月31日)提出,要"加强合作社人员培训,各级财政给予经费支持。将合作社纳入税务登记系统,免收税务登记工本费"。

★增值税

《财政部、国家税务总局关于农民专业合作社有关税收政策的通知》(财税[2008]81号)规定:对农民专业合作社销售本社成员生产的农业产品,视同农业生产者销售自产农业产品免征增值税;增值税一般纳税人从农民专业合作社购进的免税农业产品,可按13%的扣除率计算抵扣增值税进项税额;对农民专业合作社向本社成员销售的农膜、种子、种苗、化肥、农药、农机,免征增值税。

《中华人民共和国增值税暂行条例实施细则》(2009年1月1日起施行)规定:农业生产单位和个人销售自产的初级农产品可以免征增值税,包括种植业、养殖业、林业、牧业和水产业。

《财政部、国家税务总局关于若干农业生产资料征免增值税政策的通知》(财税[2001]113号)规定:对种子、种苗、化肥、农药、农机、农膜等货物的批发和零售实行免征增值税。

《中华人民共和国增值税暂行条例》(2009年1月1日起施行)规定:纳税人销售或者进口粮食、食用植物油及饲料、化肥、农药、农机、农膜可以享受13%的增值税优惠税率;直接用于科学研究、科学试验和教学的进口仪器、设备,免征增值税。

《海关总署关于进口种子、种畜、鱼种和非营利性野生动植物种源免征进口环节增值税的通知》(署税[1997]31号)规定:进口用于在农业、林业、牧业、渔业生产的科学研究的种子、种畜、鱼苗,可以暂免征收进口环节的增值税;改良种用的马、驴、牛、猪、羊、家畜、鱼苗、大麦、燕麦、高粱等农产品,最惠国最低税率为零。

《财政部、国家税务总局关于部分货物适用增值税低税率和简易办法征收增值税政策的通知》(财税[2009]9号)规定:增值税一般纳税人销售、进口农业产品,可以按13%的低税率征收增值税。

★印花税

《财政部、国家税务总局关于农民专业合作社有关税收政策的通知》(财税[2008]81号)规定:对农民专业合作社与本社成员签订的农业产品和农业生产资料购销合同,免征印花税。

《中华人民共和国印花税暂行条例施行细则》(财税字[1988]第225号)第十三条规定:国家指定的收购部门与村民委员会、农民个人书立的农副产品收购合同,免征印花税。

《国家税务局关于对保险公司征收印花税有关问题的通知》(国税地字[1988]37号)规定:农林作物、牧业畜类保险合同,免征印花税。

★企业所得税

《中华人民共和国企业所得税法实施条例》(2008年1月1日起施行)第八十六条规定,企业所得税法第二十七条第(一)项规定的企业从事农、林、牧、渔业项目的所得,可以免征、减征企业所得税,是指:(一)企业从事下列项目的所得,免征企业所得税:1. 蔬菜、谷物、薯类、油料、豆类、棉花、麻类、糖料、水果、坚果的种植;2. 农作物新品种的选育;3. 中药材的种植;4. 林木的培育和种植;5. 牲畜、家禽的饲养;6. 林产品的采集;7. 灌溉、农产品初加工、兽医、农技推广、农机作业和维修等农、林、牧、渔服务业项目;8. 远洋捕捞。(二)企业从事下列项目的所得,减半征收企业所得税:1. 花卉、茶以及其他饮料作物和香料作物的种植;2. 海水养殖、内陆养殖。按照财政部对全国人大代表有关建议的答复(财农便[2009]201号),农民专业合作社参照企业所得税法关于一般企业的规定,享受企业所得税的减免政策。

★个人所得税

《财政部、国家税务总局关于农村税费改革试点地区有关个人所得税问题的通知》(财税[2004]30号)规定:农村税费改革试点期间,取消农业特产税、减征或免征农业税后,对个人或个体户从事种植业、养殖业、饲养业、捕捞业,且经营项目属于农业税(包括农业特产税)、牧业税征税范围的,其取得的"四业"所得暂不征收个人所得税。

★营业税

《中华人民共和国营业税暂行条例》(2009年1月1日起施行)第八条第五款规定:农业机耕、排灌、病虫害防治、植物保护、农牧保险以及相关技术培训业务,家禽、牲畜、水生动物的配种和疾病防治,免征营业税。按照财政部对全国人大代表有关建议的答复(财农便[2009]201号),农民专业合作社参照营业税暂行条例等关于一般企业的规定,享受营业税的减免政策。

★城镇土地使用税和房产税

《中华人民共和国城镇土地使用税暂行条例》(1988年11月1日起施行,2006年12月31日修改)第六条规定:直接用于农、林、牧、渔业的生产用地免城镇土地使用税,由财政部另行规定免税的水利设施用地免城镇土地使用税。

《国家税务总局关于调整房产税和土地使用税具体征税范围解释规定的通知》(国税发[1999]44号)规定:对农林牧渔业用地和农民居住用房屋及土地,不征收房产税和土地使用税。

★耕地占用税

《中华人民共和国耕地占用税暂行条例》(2008年1月1日起施行)第十条规定:农村居民占用耕地新建住宅,按照当地适用税额减半征收耕地占用税;第十四条规定:建设直接为农业生产服务的生产设施占用的农用地(林地、牧草地、农田水利设施用地、养殖水面以及渔业水域滩涂等),不征收耕地占用税。

★契税

《中华人民共和国契税暂行条例细则》(财法字[1997]52号)第十五条规定:纳税人承受荒山、荒沟、荒丘、荒滩土地使用权,用于农、林、牧、渔业生产的,免征契税。

★车船税和车辆购置税

《中华人民共和国车船税暂行条例》(2007年1月1日起施行)第三条规定:拖拉机,捕捞、养殖的渔船,可以免征车船税。

《财政部、国家税务总局关于农用三轮车免征车辆购置税的通知》(财税[2004]66号)规定：对农用三轮车免征车辆购置税，农用三轮车是指：柴油发动机，功率不大于 7.4 kW，载重量不大于 500 kg，最高车速不大于 40 km/h 的三个车轮的机动车。

★关税

《财政部、国家税务总局关于农业部 2010 年度种子（苗）种畜（禽）鱼种（苗）和种用野生动植物种源免税进口计划的通知》（财关税[2010]11 号）规定：进口用于在农业、林业、牧业、渔业生产的科学研究的种子、种畜、鱼苗，改良种用的马、驴、牛、猪、羊、家畜、鱼苗、大麦、燕麦、高粱等农产品可以享受零关税。

附录五　农民专业合作社财务会计制度（试行）

一、总则

（一）为了规范农民专业合作社（以下简称合作社）会计工作，保护农民专业合作社及其成员的合法权益，根据《中华人民共和国会计法》、《中华人民共和国农民专业合作社法》及有关规定，结合合作社的实际情况，制定本制度。

（二）本制度适用于依照《中华人民共和国农民专业合作社法》设立并取得法人资格的合作社。

（三）合作社应根据本制度规定和会计业务需要，设置会计账簿，配备必要的会计人员。不具备条件的，也可以本着民主、自愿的原则，委托农村经营管理机构或代理记账机构代理记账、核算。

（四）合作社应按本制度规定，设置和使用会计科目，登记会计账簿，编制会计报表。

会计核算以人民币"元"为金额单位，"元"以下填至"分"。

（五）合作社的会计核算采用权责发生制。会计记账方法采用借贷记账法。

（六）合作社会计核算应当划分会计期间，分期结算账目。一个会计年度自公历 1 月 1 日起至 12 月 31 日止。

（七）合作社会计信息应定期、及时向本合作社成员公开，接受成员的监督。对于成员提出的问题，会计及管理人员应及时解答，确实存在错误的要立即纠正。

（八）财政部门依照《中华人民共和国会计法》规定职责，对合作社的会计工作进行管理和监督。

农村经营管理部门依照《中华人民共和国农民专业合作社法》和有关法规政策等，对合作社会计工作进行指导和监督。

（九）本制度自 2008 年 1 月 1 日起施行。

二、会计核算的基本要求

（一）合作社的资产分为流动资产、农业资产、对外投资、固定资产和无形资产等。

（二）合作社的流动资产包括现金、银行存款、应收款项、存货等。

（三）合作社必须根据有关法律法规，结合实际情况，建立健全货币资金内部控制制度。

合作社应当建立货币资金业务的岗位责任制，明确相关岗位的职责权限。明确审批人和经办人对货币资金业务的权限、程序、责任和相关控制措施。

合作社收取现金时手续要完备，使用统一规定的收款凭证。合作社取得的所有现金均应及时入账，不准以白条抵库，不准挪用，不准公款私存。

合作社要及时、准确地核算现金收入、支出和结存，做到账款相符。要组织专人定期或不定期清点核对现金。

合作社要定期与银行、信用社或其他金融机构核对账目。支票和财务印鉴不得由同一人保管。

（四）合作社的应收款项包括本社成员和非本社成员的各项应收及暂付款项。合作社对拖欠的应收款项要采取切实可行的措施积极催收。

（五）合作社应当建立健全销售业务内部控制制度，明确审批人和经办人的权限、程序、责任和相关控制措施。

合作社应当按照规定的程序办理销售和发货业务。应当在销售与发货各环节设置相关的记录、填制相应的凭证，并加强有关单据和凭证的相互核对工作。

合作社应当按照有关规定及时办理销售收款业务，应将销售收入及时入账，不得账外设账。

合作社应当加强销售合同、发货凭证、销售发票等文件和凭证的管理。

（六）合作社应当建立健全采购业务内部控制制度，明确审批人和经办人的权限、程序、责任和相关控制措施。

合作社应当按照规定的程序办理采购与付款业务。应当在采购与付款各环节设置相关的记录、填制相应的凭证，并加强有关单据和凭证的相互核对工作。在办理付款业务时，应当对采购发票、结算凭证、验收证明等相关凭证进行严格审核。

合作社应当加强对采购合同、验收证明、入库凭证、采购发票等文件和凭证的管理。

（七）合作社的存货包括种子、化肥、燃料、农药、原材料、机械零配件、低值易耗品、在产品、农产品、工业产成品、受托代销商品、受托代购商品、委托代销商品和委托加工物资等。

存货按照下列原则计价：购入的物资按照买价加运输费、装卸费等费用、运输途中的合理损耗等计价；受托代购商品视同购入的物资计价；生产入库的农产品和工业产成品，按生产过程中发生的实际支出计价；委托加工物资验收入库时，按照委托加工物资的成本加上实际支付的全部费用计价；受托代销商品按合同或协议约定的价格计价，出售受托代销商品时，实际收到的价款大于合同或协议约定价格的差额计入经营收入，实际收到的价款小于合同或协议约定价格的差额计入经营支出；委托代销商品按委托代销商品的实际成本计价。领用或出售的出库存货成本的确定，可在“先进先出法”、“加权平均法”、“个别计价法”等方法中任选一种，但是一经选定，不得随意变动。

合作社对存货要定期盘点核对，做到账实相符，年末必须进行一次全面的盘点清查。盘亏、毁损和报废的存货，按规定程序批准后，按实际成本扣除应由责任人或者保险公司赔偿的金额和残料价值后的余额，计入其他支出。

（八）合作社应当建立健全存货内部控制制度，建立保管人员岗位责任制。存货入库时，保管员清点验收入库，填写入库单；出库时，由保管员填写出库单，主管负责人批准，领用人签名盖章，保管员根据批准后的出库单出库。

（九）合作社根据国家法律、法规规定，可以采用货币资金、实物资产或者购买股票、债券等有价证券方式向其他单位投资。

（十）合作社的对外投资按照下列原则计价：

以现金、银行存款等货币资金方式向其他单位投资的，按照实际支付的款项计价。

以实物资产（含牲畜和林木）方式向其他单位投资的，按照评估确认或者合同、协议确定的价值计价。

合作社以实物资产方式对外投资，其评估确认或合同、协议确定的价值必须真实、合理，不得高估或低估资产价值。实物资产重估确认价值与其账面净值之间的差额，计入资本公积。

合作社对外投资分得的现金股利或利润、利息等计入投资收益。出售、转让和收回对外投资时，按实际收到的价款与其账面余额的差额，计入投资收益。

（十一）合作社应当建立健全对外投资业务内部控制制度，明确审批人和经办人的权限、程序、责任和相关控制措施。

合作社的对外投资业务（包括对外投资决策、评估及其收回、转让与核销），应当由理事会提交成员大会决策，严禁任何个人擅自决定对外投资或者改变成员大会的决策意见。

合作社应当建立对外投资责任追究制度，对在对外投资中出现重大决策失误、未履行集体审批程序和不按规定执行对外投资业务的人员，应当追究相应的责任。

合作社应当对对外投资业务各环节设置相应的记录或凭证，加强对审批文件、投资合同或协议、投资方案书、对外投资有关权益证书、对外投资处置决议等文件资料的管理，明确各种文件资料的取得、归档、保管、调阅等各个环节的管理规定及相关人员的职责权限。

合作社应当加强对投资收益的控制，对外投资获取的利息、股利以及其他收益，均应纳入会计核算，严禁设置账外账。

（十二）合作社要建立有价证券管理制度，加强对各种有价证券的管理。要建立有价证券登记簿，详细记载各有价证券的名称、券别、购买日期、号码、数量和金额。有价证券要由专人管理。

（十三）合作社的农业资产包括牲畜（禽）资产和林木资产等。

农业资产按下列原则计价：购入的农业资产按照购买价及相关税费等计价；幼畜及育肥畜的饲养费用、经济林木投产前的培植费用、非经济林木郁闭前的培植费用按实际成本计入相关资产成本；产役畜、经济林木投产后，应将其成本扣除预计残值后的部分在其正常生产周期内按直线法分期摊销，预计净残值率按照产役畜、经济林木成本的5%确定，已提足折耗但未处理仍继续使用的产役畜、经济林木不再摊销；农业资产死亡毁损时，按规定程序批准后，按实际成本扣除应由责任人或者保险公司赔偿的金额后的差额，计入其他收支；合作社其他农业资产，可比照牲畜（禽）资产和林木资产的计价原则处理。

（十四）合作社的房屋、建筑物、机器、设备、工具、器具和农业基本建设设施等，凡使用年限在一年以上，单位价值在500元以上的列为固定资产。有些主要生产工具和设备，单位价值虽低于规定标准，但使用年限在一年以上的，也可列为固定资产。

合作社以经营租赁方式租入和以融资租赁方式租出的固定资产，不应列作合作社的固定资产。

（十五）合作社应当根据具体情况分别确定固定资产的入账价值：

1. 购入的固定资产，不需要安装的，按实际支付的买价加采购费、包装费、运杂费、保险费和交纳的有关税金等计价；需要安装或改装的，还应加上安装费或改装费。

2. 新建的房屋及建筑物、农业基本建设设施等固定资产，按竣工验收的决算价计价。

3. 接受捐赠的全新固定资产，应按发票所列金额加上实际发生的运输费、保险费、安装调试费和应支付的相关税金等计价；无所附凭据的，按同类设备的市价加上应支付的相关税费计价。接受捐赠的旧固定资产，按照经过批准的评估价值或双方确认的价值计价。

4. 在原有固定资产基础上进行改造、扩建的，按原有固定资产的价值，加上改造、扩建工程而增加的支出，减去改造、扩建工程中发生的变价收入计价。

5. 投资者投入的固定资产，按照投资各方确认的价值计价。

（十六）合作社的在建工程指尚未完工或虽已完工但尚未办理竣工决算的工程项目。在建工程按实际消耗的支出或支付的工程价款计价。形成固定资产的在建工程完工交付使用后，计入固定资产。

在建工程部分发生报废或者毁损，按规定程序批准后，按照扣除残料价值和过失人及保险公司赔款后的净损失，计入工程成本。单项工程报废以及由于自然灾害等非常原因造成的报废或者毁损，其净损失计入其他支出。

（十七）合作社必须建立固定资产折旧制度，按年或按季、按月提取固定资产折旧。固定资产的折旧方法可在“平均年限法”、“工作量法”等方法中任选一种，但是一经选定，不得随意变动。

合作社应当对所有的固定资产计提折旧，但是，已提足折旧仍继续使用的固定资产除外。

合作社当月或当季度增加的固定资产，当月或当季度不提折旧，从下月或下季度起计提折旧；当月或当季度减少的固定资产，当月或当季度照提折旧，从下月或下季度起不提折旧。

固定资产提足折旧后，不管能否继续使用，均不再提取折旧；提前报废的固定资产，也不再补提折旧。

（十八）固定资产的修理费用直接计入有关支出项目。

固定资产变卖和清理报废的变价净收入与其账面净值的差额计入其他收支。固定资产变价净收入是指变卖和清理报废固定资产所取得的价款减清理费用后的净额。固定资产净值是指固定资产原值减累计折旧后的净额。

（十九）合作社应当建立健全固定资产内部控制制度，建立人员岗位责任制。应当定期对固定资产盘点清查，做到账实相符，年度终了前必须进行一次全面的盘点清查。盘亏及毁损的固定资产，应查明原因，按规定程序批准后，按其原价扣除累计折旧、变价收入、过失人及保险公司赔款之后，计入其他支出。

（二十）合作社的无形资产是指合作社长期使用但是没有实物形态的资产，包括专利权、商标权、非专利技术等。无形资产按取得时的实际成本计价，并从使用之日起，按照不超过10年的期限平均摊销，计入管理费用。转让无形资产取得的收入，计入其他收入；转让无形资产的成本，计入其他支出。

（二十一）每年年度终了，合作社应当对应收款项、存货、对外投资、农业资产、固定资产、在建工程、无形资产等资产进行全面检查，对于已发生损失但尚未批准核销的各项资产，应在资产负债表补充资料中予以披露。这些资产包括：1. 确实无法收回的应收款项；2. 盘亏、毁损和报废的存货；3. 无法收回的对外投资；4. 死亡毁损的农业资产；5. 盘亏、毁损和报废的固定资产；6. 毁损和报废的在建工程；7. 注销和无效的无形资产。

（二十二）合作社应当定期或不定期对与资产有关的内部控制制度进行监督检查，对发现的薄弱环节，应当及时采取措施，加以纠正和完善。

（二十三）合作社的负债分为流动负债和长期负债。

流动负债是指偿还期在一年以内（含一年）的债务，包括短期借款、应付款项、应付工资、应付盈余返还、应付剩余盈余等。

长期负债是指偿还期超过一年以上（不含一年）的债务，包括长期借款、专项应付款等。

合作社的负债按实际发生的数额计价，利息支出计入其他支出。对发生因债权人特殊原因确实无法支付的应付款项，计入其他收入。

（二十四）合作社应当建立健全借款业务内部控制制度，明确审批人和经办人的权限、程序、责任和相关控制措施。不得由同一人办理借款业务的全过程。

合作社应当对借款业务按章程规定进行决策和审批，并保留完整的书面记录。

合作社应当在借款各环节设置相关的记录、填制相应的凭证，并加强有关单据和凭证的相互核对工作。合作社应当加强对借款合同等文件和凭证的管理。

合作社应当定期或不定期对借款业务内部控制进行监督检查，对发现的薄弱环节，应当及时采取措施，加以纠正和完善。

（二十五）合作社的所有者权益包括股金、专项基金、资本公积、盈余公积、未分配盈余等。

（二十六）合作社对成员入社投入的资产要按有关规定确认和计量。合作社收到成员入社投入的资产，应按双方确认的价值计入相关资产，按享有合作社注册资本的份额计入股金，双方确认的价值与按享有合作社注册资本的份额计算的金额的差额，计入资本公积。

合作社接受国家财政直接补助形成的固定资产、农业资产和无形资产，以及接受他人捐赠、用途不受限制或已按约定使用的资产计入专项基金。

合作社从当年盈余中提取的公积金，计入盈余公积。

（二十七）合作社的生产成本是指合作社直接组织生产或对非成员提供劳务等活动所发生的各项生产费用和劳务成本。

（二十八）合作社的经营收入是指合作社为成员提供农业生产资料的购买，农产品的销售、加工、运输、贮藏以及与农业生产经营有关的技术、信息等服务取得的收入，以及销售合作社自己生产的产品、对非成员提供劳务等取得的收入。合作社一般应于产品物资已经发出，服务已经提供，同时收讫价款或取得收取价款的凭据时，确认经营收入的实现。

合作社的其他收入是指除经营收入以外的收入。

（二十九）合作社的经营支出是指合作社为成员提供农业生产资料的购买，农产品的销售、加工、运输、贮藏以及与农业生产经营有关的技术、信息等服务发生的实际支出，以及因销售合作社自己生产的产品、对非成员提供劳务等活动发生的实际成本。

管理费用是指合作社管理活动发生的各项支出，包括管理人员的工资、办公费、差旅费、管理用固定资产的折旧、业务招待费、无形资产摊销等。

其他支出是指合作社除经营支出、管理费用以外的支出。

（三十）合作社的本年盈余按照下列公式计算：

本年盈余＝经营收益＋其他收入－其他支出

其中：

经营收益＝经营收入＋投资收益－经营支出－管理费用

投资收益是指投资所取得的收益扣除发生的投资损失后的数额。

投资收益包括对外投资分得的利润、现金股利和债券利息，以及投资到期收回或者中途转让取得款项高于账面余额的差额等。投资损失包括投资到期收回或者中途转让取得款项低于账面余额的差额。

（三十一）合作社在进行年终盈余分配工作以前，要准确地核算全年的收入和支出；清理财产和债权、债务，真实完整地登记成员个人账户。

三、会计科目

(一)会计科目表

顺序号	科目编号	科目名称	顺序号	科目编号	科目名称
		一、资产类			二、负债类
1	101	库存现金	22	222	应付剩余盈余
2	102	银行存款	23	231	长期借款
3	113	应收款	24	235	专项应付款
4	114	成员往来			
5	121	产品物资			三、所有者权益类
6	124	委托加工物资	25	301	股金
7	125	委托代销商品	26	311	专项基金
8	127	受托代购商品	27	321	资本公积
9	128	受托代销商品	28	322	盈余公积
10	131	对外投资	29	331	本年盈余
11	141	牲畜(禽)资产	30	332	盈余分配
12	142	林木资产			
13	151	固定资产			四、成本类
14	152	累计折旧	31	401	生产成本
15	153	在建工程			
16	154	固定资产清理			五、损益类
17	161	无形资产	32	501	经营收入
			33	502	其他收入
		二、负债类	34	511	投资收益
18	201	短期借款	35	521	经营支出
19	211	应付款	36	522	管理费用
20	212	应付工资	37	529	其他支出
21	221	应付盈余返还			

附注:合作社在经营中涉及使用外埠存款、银行汇票存款、银行本票存款、信用卡存款、信用证保证金存款等各种其他货币资金的,可增设“其他货币资金”科目(科目编号109);合作社在经营中大量使用包装物,需要单独对其进行核算的,可增设“包装物”科目(科目编号122);合作社生产经营过程中,有牲畜(禽)资产、林木资产以外的其他农业资产,需要单独对其进行核算的,可增设“其他农业资产”科目(科目编号149),参照“牲畜(禽)资产”、“林木资产”进行核算;合作社需要分年摊销相关长期费用的,可增设“长期待摊费用”科目(科目编号171)。

(二)会计科目使用说明

101 库存现金

一、本科目核算合作社的库存现金。

二、合作社应严格按照国家有关现金管理的规定收支现金，超过库存现金限额的部分应当及时交存银行，并严格按照本制度规定核算现金的各项收支业务。

三、收到现金时，借记本科目，贷记有关科目；支出现金时，借记有关科目，贷记本科目。

四、本科目期末借方余额，反映合作社实际持有的库存现金。

102 银行存款

一、本科目核算合作社存入银行、信用社或其他金融机构的款项。

二、合作社应当严格按照国家有关支付结算办法，办理银行存款收支业务的结算，并按照本制度规定核算银行存款的各项收支业务。

三、合作社将款项存入银行、信用社或其他金融机构时，借记本科目，贷记有关科目；提取和支出存款时，借记有关科目，贷记本科目。

四、本科目应按银行、信用社或其他金融机构的名称设置明细科目，进行明细核算。

五、本科目期末借方余额，反映合作社实际存在银行、信用社或其他金融机构的款项。

113 应收款

一、本科目核算合作社与非成员之间发生的各种应收以及暂付款项，包括因销售产品物资、提供劳务应收取的款项以及应收的各种赔款、罚款、利息等。

二、合作社发生各种应收及暂付款项时，借记本科目，贷记“经营收入”、“库存现金”、“银行存款”等科目；收回款项时，借记“库存现金”、“银行存款”等科目，贷记本科目。取得用暂付款购得的产品物资、劳务时，借记“产品物资”等科目，贷记本科目。

三、对确实无法收回的应收及暂付款项，按规定程序批准核销时，借记“其他支出”科目，贷记本科目。

四、本科目应按应收及暂付款项的单位和个人设置明细科目，进行明细核算。

五、本科目期末借方余额，反映合作社尚未收回的应收及暂付款项。

114 成员往来

一、本科目核算合作社与其成员的经济往来业务。

二、合作社与其成员发生应收款项和偿还应付款项时，借记本科目，贷记“库存现金”、“银行存款”等科目；收回应收款项和发生应付款项时，借记“库存现金”、“银行存款”等科目，贷记本科目。

三、合作社为其成员提供农业生产资料购买服务，按实际支付或应付的款项，借记本科目，贷记“库存现金”、“银行存款”、“应付款”等科目；按为其成员提供农业生产资料购买而应收取的服务费，借记本科目，贷记“经营收入”等科目，收到成员给付的农业生产资料购买款项和服务费时，借记“库存现金”、“银行存款”等科目，贷记本科目。

四、合作社为其成员提供农产品销售服务，收到成员交来的产品时，按合同或协议约定的价格，借记“受托代销商品”等科目，贷记本科目。

五、本科目应按合作社成员设置明细科目，进行明细核算。

六、本科目下属各明细科目的期末借方余额合计数反映成员欠合作社的款项总额；期末贷方余额合计数反映合作社欠成员的款项总额。各明细科目年末借方余额合计数应在资产负债表“应收款项”反映；年末贷方余额合计数应在资产负债表“应付款项”反映。

121 产品物资

一、本科目核算合作社库存的各种产品和物资。

二、合作社购入并已验收入库的产品物资，按实际支付或应支付的价款，借记本科目，贷记“库存现金”、“银行存款”、“成员往来”、“应付款”等科目。

三、合作社生产完工以及委托外单位加工完成并已验收入库的产品物资，按实际成本，借记本科目，贷记“生产成本”、“委托加工物资”等科目。

四、产品物资销售时，按实现的销售收入，借记“库存现金”、“银行存款”、“应收款”等科目，贷记“经营收入”科目；按销售产品物资的实际成本，借记“经营支出”科目，贷记本科目。

五、产品物资领用时，借记“生产成本”、“在建工程”、“管理费用”等科目，贷记本科目。

六、合作社的产品物资应当定期清查盘点。盘亏和毁损产品物资，经审核批准后，按照责任人和保险公司赔偿的金额，借记“成员往来”、“应收款”等科目，按责任人或保险公司赔偿金额后的净损失，借记“其他支出”科目，按盘亏和毁损产品物资的账面余额，贷记本科目。

七、本科目应按产品物资品名设置明细科目，进行明细核算。

八、本科目期末借方余额，反映合作社库存产品物资的实际成本。

124 委托加工物资

一、本科目核算合作社委托外单位加工的各种物资的实际成本。

二、发给外单位加工的物资，按委托加工物资的实际成本，借记本科目，贷记“产品物资”等科目。

按合作社支付该项委托加工的全部费用（加工费、运杂费等），借记本科目，贷记“库存现金”、“银行存款”等科目。

三、加工完成验收入库的物资，按加工收回物资的实际成本和剩余物资的实际成本，借记“产品物资”等科目，贷记本科目。

四、本科目应按加工合同和受托加工单位等设置明细账，进行明细核算。

五、本科目期末借方余额，反映合作社委托外单位加工但尚未加工完成物资的实际成本。

125 委托代销商品

一、本科目核算合作社委托外单位销售的各种商品的实际成本。

二、发给外单位销售的商品时，按委托代销商品的实际成本，借记本科目，贷记“产品物资”等科目。

三、收到代销单位报来的代销清单时，按应收金额，借记“应收款”科目，按应确认的收入，贷记“经营收入”科目；按应支付的手续费等，借记“经营支出”科目，贷记“应收款”科目；同时，按代销商品的实际成本（或售价），借记“经营支出”等科目，贷记本科目；收到代销款时，借记“银行存款”等科目，贷记“应收款”科目。

四、本科目应按代销商品或委托单位等设置明细账，进行明细核算。

五、本科目期末借方余额，反映合作社委托外单位销售但尚未收到代销商品款的商品的实际成本。

127 受托代购商品

一、本科目核算合作社接受委托代为采购商品的实际成本。

二、合作社收到受托代购商品款时，借记“库存现金”、“银行存款”等科目，贷记“成员往来”等科目。

三、合作社受托采购商品时，按采购商品的价款，借记本科目，贷记“库存现金”、“银行存款”、“应付款”等科目。

四、合作社将受托代购商品交付给委托方时，按代购商品的实际成本，借记“成员往来”、“应付款”等科目，贷记本科目；如果受托代购商品收取手续费，按应收取的手续费，借记“成员往来”等科目，贷记“经营收入”科目。收到手续费时，借记“库存现金”、“银行存款”等科目，贷记“成员往来”等科目。

五、本科目应按受托方设置明细账，进行明细核算。

六、本科目期末借方余额，反映合作社受托采购尚未交付商品的实际成本。

128 受托代销商品

一、本科目核算合作社接受委托代销商品的实际成本。

二、合作社收到委托代销商品时，按合同或协议约定的价格，借记本科目，贷记“成员往来”等科目。

三、合作社售出受托代销商品时，按实际收到的价款，借记“库存现金”、“银行存款”等科目，按合同或协议约定的价格，贷记本科目，如果实际收到的价款大于合同或协议约定的价格，按其差额，贷记“经营收入”等科目；如果实际收到的价款小于合同或协议约定的价格，按其差额，借记“经营支出”等科目。

四、合作社给付委托方代销商品款时，借记“成员往来”等科目，贷记“库存现金”、“银行存款”等科目。

五、本科目应按委托代销方设置明细账，进行明细核算。

六、本科目期末借方余额，反映合作社尚未售出的受托代销商品的实际成本。

131 对外投资

一、本科目核算合作社持有的各种对外投资，包括股票投资、债券投资和合作社兴办企业等投资。

二、合作社以现金或实物资产（含牲畜和林木）等方式进行对外投资时，按照实际支付的价款或合同、协议确定的价值，借记本科目，贷记“库存现金”、“银行存款”等科目，合同或协议约定的实物资产价值与原账面余额之间的差额，借记或贷记“资本公积”科目。

三、收回投资时，按实际收回的价款或价值，借记“库存现金”、“银行存款”等科目，按投资的账面余额，贷记本科目，实际收回的价款或价值与账面余额的差额，借记或贷记“投资收益”科目。

四、被投资单位宣告分配现金股利或利润时，借记“应收款”等科目，贷记“投资收益”等科目；实际收到现金股利或利润时，借记“库存现金”、“银行存款”等科目，贷记“应收款”科目；获得股票股利时，不作账务处理，但应在备查簿中登记所增加的股份。

五、投资发生损失时，按规定程序批准后，按照应由责任人和保险公司赔偿的金额，借记“应收款”、“成员往来”等科目，按照扣除由责任人和保险公司赔偿的金额后的净损失，借记“投资收益”科目，按照发生损失对外投资的账面余额，贷记本科目。

六、本科目应按对外投资的种类设置明细科目，进行明细核算。

七、本科目期末借方余额，反映合作社对外投资的实际成本。

141 牲畜（禽）资产

一、本科目核算合作社购入或培育的牲畜（禽）的成本。牲畜（禽）资产分幼畜及育肥畜和产役畜两类。

二、合作社购入幼畜及育肥畜时，按购买价及相关税费，借记本科目（幼畜及育肥畜），贷记

"库存现金"、"银行存款"、"应付款"等科目；发生的饲养费用，借记本科目（幼畜及育肥畜），贷记"应付工资"、"产品物资"等科目。

三、幼畜成龄转作产役畜时，按实际成本，借记本科目（产役畜），贷记本科目（幼畜及育肥畜）。

四、产役畜的饲养费用不再记入本科目，借记"经营支出"科目，贷记"应付工资"、"产品物资"等科目。

五、产役畜的成本扣除预计残值后的部分应在其正常生产周期内，按照直线法分期摊销，借记"经营支出"科目，贷记本科目（产役畜）。

六、幼畜及育肥畜和产役畜对外销售时，按照实现的销售收入，借记"库存现金"、"银行存款"、"应收款"等科目，贷记"经营收入"科目；同时，按照销售牲畜的实际成本，借记"经营支出"科目，贷记本科目。

七、以幼畜及育肥畜和产役畜对外投资时，按照合同、协议确定的价值，借记"对外投资"科目，贷记本科目，合同或协议确定的价值与牲畜资产账面余额之间的差额，借记或贷记"资本公积"科目。

八、牲畜死亡毁损时，按规定程序批准后，按照过失人及保险公司应赔偿的金额，借记"成员往来"、"应收款"科目，如发生净损失，则按照扣除过失人和保险公司应赔偿金额后的净损失，借记"其他支出"科目，按照牲畜资产的账面余额，贷记本科目；如产生净收益，则按照牲畜资产的账面余额，贷记本科目，同时按照过失人及保险公司应赔偿金额超过牲畜资产账面余额的金额，贷记"其他收入"科目。

九、本科目应设置"幼畜及育肥畜"和"产役畜"两个二级科目，按牲畜（禽）的种类设置三级明细科目，进行明细核算。

十、本科目期末借方余额，反映合作社幼畜及育肥畜和产役畜的账面余额。

142 林木资产

一、本科目核算合作社购入或营造的林木成本。林木资产分经济林木和非经济林木两类。

二、合作社购入经济林木时，按购买价及相关税费，借记本科目（经济林木），贷记"库存现金"、"银行存款"、"应付款"等科目；购入或营造的经济林木投产前发生的培植费用，借记本科目（经济林木），贷记"应付工资"、"产品物资"等科目。

三、经济林木投产后发生的管护费用，不再记入本科目，借记"经营支出"科目，贷记"应付工资"、"产品物资"等科目。

四、经济林木投产后，其成本扣除预计残值后的部分应在其正常生产周期内，按照直线法摊销，借记"经营支出"科目，贷记本科目（经济林木）。

五、合作社购入非经济林木时，按购买价及相关税费，借记本科目（非经济林木），贷记"库存现金"、"银行存款"、"应付款"等科目；购入或营造的非经济林木在郁闭前发生的培植费用，借记本科目（非经济林木），贷记"应付工资"、"产品物资"等科目。

六、非经济林木郁闭后发生的管护费用，不再记入本科目，借记"其他支出"科目，贷记"应付工资"、"产品物资"等科目。

七、按规定程序批准后，林木采伐出售时，按照实现的销售收入，借记"库存现金"、"银行存款"、"应收款"等科目，贷记"经营收入"科目；同时，按照出售林木的实际成本，借记"经营支出"科目，贷记本科目。

八、以林木对外投资时，按照合同、协议确定的价值，借记“对外投资”科目，贷记本科目，合同或协议确定的价值与林木资产账面余额之间的差额，借记或贷记“资本公积”科目。

九、林木死亡毁损时，按规定程序批准后，按照过失人及保险公司应赔偿的金额，借记“成员往来”、“应收款”科目，如发生净损失，则按照扣除过失人和保险公司应赔偿金额后的净损失，借记“其他支出”科目，按照林木资产的账面余额，贷记本科目；如产生净收益，则按照林木资产的账面余额，贷记本科目，同时按照过失人及保险公司应赔偿金额超过林木资产账面余额的金额，贷记“其他收入”科目。

十、本科目应设置“经济林木”和“非经济林木”两个二级科目，按林木的种类设置三级科目，进行明细核算。

十一、本科目期末借方余额，反映合作社购入或营造林木的账面余额。

151 固定资产

一、本科目核算合作社固定资产的原值。

合作社的房屋、建筑物、机器、设备、工具、器具、农业基本建设设施等，凡使用年限在一年以上、单位价值在500元以上的列为固定资产。有些主要生产工具和设备，单位价值虽然低于规定标准，但使用年限在一年以上的，也可列为固定资产。

合作社以经营租赁方式租入和以融资租赁方式租出的固定资产，不应列作合作社的固定资产。

二、固定资产账务处理：

（一）购入不需要安装的固定资产，按原价加采购费、包装费、运杂费、保险费和相关税金等，借记本科目，贷记“银行存款”等科目。购入需要安装的固定资产，先记入“在建工程”科目，待安装完毕交付使用时，按照其实际成本，借记本科目，贷记“在建工程”科目。

（二）自行建造完成交付使用的固定资产，按建造该固定资产的实际成本，借记本科目，贷记“在建工程”科目。

（三）投资者投入的固定资产，按照投资各方确认的价值，借记本科目，按照经过批准的投资者所应拥有以合作社注册资本份额计算的资本金额，贷记“股金”科目，按照两者之间的差额，借记或贷记“资本公积”科目。

（四）收到捐赠的全新固定资产，按照所附发票所列金额加上应支付的相关税费，借记本科目，贷记“专项基金”科目；如果捐赠方未提供有关凭据，则按其市价或同类、类似固定资产的市场价格估计的金额，加上由合作社负担的运输费、保险费、安装调试费等作为固定资产成本，借记本科目，贷记“专项基金”科目。收到捐赠的旧固定资产，按照经过批准的评估价值或双方确认的价值，借记本科目，贷记“专项基金”科目。

（五）固定资产出售、报废和毁损等时，按固定资产账面净值，借记“固定资产清理”科目，按照应由责任人或保险公司赔偿的金额，借记“应收款”、“成员往来”等科目，按已提折旧，借记“累计折旧”科目，按固定资产原价，贷记本科目。

（六）对外投资投出固定资产时，按照投资各方确认的价值或者合同、协议约定的价值，借记“对外投资”科目，按已提折旧，借记“累计折旧”科目，按固定资产原价，贷记本科目，投资各方确认或协议价与固定资产账面净值之间的差额，借记或贷记“资本公积”科目。

（七）捐赠转出固定资产时，按固定资产净值，转入“固定资产清理”科目，应支付的相关税费，也通过“固定资产清理”科目进行归集，捐赠项目完成后，按“固定资产清理”科目的余额，借记“其他支出”科目，贷记“固定资产清理”科目。

三、合作社应当设置“固定资产登记簿”和“固定资产卡片”，按固定资产类别、使用部门和每项固定资产进行明细核算。

四、本科目期末借方余额，反映合作社期末固定资产的账面原价。

152 累计折旧

一、本科目核算合作社拥有的固定资产计提的累计折旧。

二、生产经营用的固定资产计提的折旧，借记“生产成本”科目，贷记本科目；管理用的固定资产计提的折旧，借记“管理费用”科目，贷记本科目；用于公益性用途的固定资产计提的折旧，借记“其他支出”科目，贷记本科目。

三、本科目只进行总分类核算，不进行明细分类核算。

四、本科目的期末贷方余额，反映合作社提取的固定资产折旧累计数。

153 在建工程

一、本科目核算合作社进行工程建设、设备安装、农业基本建设设施建造等发生的实际支出。购入不需要安装的固定资产，不通过本科目核算。

二、购入需要安装的固定资产，按其原价加上运输、保险、采购、安装等费用，借记本科目，贷记“库存现金”、“银行存款”、“应付款”等科目。

三、建造固定资产和兴建农业基本建设设施购买专用物资以及发生工程费用，按实际支出，借记本科目，贷记“库存现金”、“银行存款”、“产品物资”等科目。

发包工程建设，根据合同规定向承包企业预付工程款，按实际预付的价款，借记本科目，贷记“银行存款”等科目；以拨付材料抵作工程款的，应按材料的实际成本，借记本科目，贷记“产品物资”等科目；将需要安装的设备交付承包企业进行安装时，应按该设备的成本，借记本科目，贷记“产品物资”等科目。与承包企业办理工程价款结算，补付的工程款，借记本科目，贷记“银行存款”、“应付款”等科目。

自营的工程，领用物资或产品时，应按领用物资或产品的实际成本，借记本科目，贷记“产品物资”等科目。工程应负担的员工工资等人员费用，借记本科目，贷记“应付工资”、“成员往来”等科目。

四、购建和安装工程完成并交付使用时，借记“固定资产”科目，贷记本科目。

五、工程完成未形成固定资产时，借记“其他支出”等科目，贷记本科目。

六、本科目应按工程项目设置明细科目，进行明细核算。

七、本科目期末借方余额，反映合作社尚未交付使用的工程项目的实际支出。

154 固定资产清理

一、本科目核算合作社因出售、捐赠、报废和毁损等原因转入清理的固定资产净值及其在清理过程中所发生的清理费用和清理收入。

二、出售、捐赠、报废和毁损的固定资产转入清理时，按固定资产账面净值，借记本科目，按已提折旧，借记“累计折旧”科目，按固定资产原值，贷记“固定资产”科目。

清理过程中发生的费用，借记本科目，贷记“库存现金”、“银行存款”等科目；收回出售固定资产的价款、残料价值和变价收入等，借记“银行存款”、“产品物资”等科目，贷记本科目；应当由保险公司或过失人赔偿的损失，借记“应收款”、“成员往来”等科目，贷记本科目。

三、清理完毕后发生的净收益，借记本科目，贷记“其他收入”科目；清理完毕后发生的净损失,借记“其他支出”科目,贷记本科目。

四、本科目应按被清理的固定资产设置明细科目,进行明细核算。

五、本科目期末余额,反映合作社转入清理但尚未清理完毕的固定资产净值,以及固定资产清理过程中所发生的清理费用和变价收入等各项金额的差额。

161 无形资产

一、本科目核算合作社持有的专利权、商标权、非专利技术等各种无形资产的价值。

二、无形资产应按取得时的实际成本计价。合作社按下列原则确定取得无形资产的实际成本,登记入账:

(一)购入的无形资产,按实际支付的价款,借记本科目,贷记“库存现金”、“银行存款”等科目。

(二)自行开发并按法律程序申请取得的无形资产,按依法取得时发生的注册费、律师费等实际支出,借记本科目,贷记“库存现金”、“银行存款”等科目。

(三)接受捐赠的无形资产,按照所附发票所列金额加上应支付的相关税费,无所附单据的,按经过批准的价值,借记本科目,贷记“专项基金”、“银行存款”等科目。

(四)投资者投入的无形资产,按照投资各方确认的价值,借记本科目,按经过批准的投资者所应拥有的以合作社注册资本份额计算的资本金额,贷记“股金”等科目,按两者之间的差额,借记或贷记“资本公积”科目。

三、无形资产从使用之日起,按直线法分期平均摊销,摊销年限不应超过10年。摊销时,借记“管理费用”科目,贷记本科目。

四、出租无形资产所取得的租金收入,借记“银行存款”等科目,贷记“其他收入”科目;结转出租无形资产的成本时,借记“其他支出”科目,贷记本科目。

五、出售无形资产,按实际取得的转让价款,借记“银行存款”等科目,按照无形资产的账面余额,贷记本科目,按应支付的相关税费,贷记“银行存款”等科目,按其差额,贷记“其他收入”或借记“其他支出”科目。

六、本科目应按无形资产类别设置明细科目,进行明细核算。

七、本科目期末借方余额,反映合作社所拥有的无形资产摊余价值。

201 短期借款

一、本科目核算合作社从银行、信用社或其他金融机构,以及外部单位和个人借入的期限在1年以下(含1年)的各种借款。

二、合作社借入各种短期借款时,借记“库存现金”、“银行存款”科目,贷记本科目。

三、合作社发生的短期借款利息支出,直接计入当期损益,借记“其他支出”科目,贷记“库存现金”、“银行存款”等科目。

四、归还短期借款时,借记本科目,贷记“库存现金”、“银行存款”科目。

五、本科目应按借款单位和个人设置明细科目,进行明细核算。

六、本科目期末贷方余额,反映合作社尚未归还的短期借款本金。

211 应付款

一、本科目核算合作社与非成员之间发生的各种应付以及暂收款项,包括因购买产品物资和接受劳务、服务等应付的款项以及应付的赔款、利息等。

二、合作社发生以上应付以及暂收款项时,借记“库存现金”、“银行存款”、“产品物资”等科目，贷记本科目。

三、合作社偿还应付及暂收款项时，借记本科目，贷记“库存现金”、“银行存款”等科目。

四、合作社确有无法支付的应付款时，按规定程序审批后，借记本科目，贷记“其他收入”科目。

五、本科目应按发生应付款的非成员单位和个人设置明细账，进行明细核算。

六、本科目期末贷方余额，反映合作社应付但尚未付给非成员的应付及暂收款项。

212 应付工资

一、本科目核算合作社应支付给管理人员及固定员工的工资总额。包括在工资总额内的各种工资、奖金、津贴、补助等，不论是否在当月支付，都应通过本科目核算。

二、合作社应按劳动工资制度规定，编制“工资表”，计算各种工资。再由合作社财务会计人员将“工资表”进行汇总，编制“工资汇总表”。

三、提取工资时，根据人员岗位进行工资分配，借记“生产成本”、“管理费用”、“在建工程”等科目，贷记本科目。

四、实际支付工资时，借记本科目，贷记“库存现金”等科目。

五、合作社应当设置“应付工资明细账”，按照管理人员和固定员工的姓名、类别以及应付工资的组成内容进行明细核算。

六、本科目期末一般应无余额，如有贷方余额，反映合作社已提取但尚未支付的工资额。

221 应付盈余返还

一、本科目核算合作社按成员与本社交易量(额)比例返还给成员的盈余，返还给成员的盈余不得低于可分配盈余的百分之六十。

二、合作社根据章程规定的盈余分配方案，按成员与本社交易量(额)提取返还盈余时，借记“盈余分配”科目，贷记本科目。实际支付时，借记本科目，贷记“库存现金”、“银行存款”等科目。

三、本科目应按成员设置明细账，进行明细核算。

四、本科目期末贷方余额，反映合作社尚未支付的盈余返还。

222 应付剩余盈余

一、本科目核算合作社以成员账户中记载的出资额和公积金份额，以及本社接受国家财政直接补助和他人捐赠形成的财产平均量化到本社成员的份额，按比例分配给本社成员的剩余可分配盈余。

二、合作社按交易量(额)返还盈余后，根据章程规定或者成员大会决定分配剩余盈余时，借记“盈余分配”科目，贷记本科目。实际支付时，借记本科目，贷记“库存现金”、“银行存款”等科目。

三、本科目应按成员设置明细账，进行明细核算。

四、本科目期末贷方余额，反映合作社尚未支付给成员的剩余盈余。

231 长期借款

一、本科目核算合作社从银行等金融机构及外部单位和个人借入的期限在1年以上(不含1年)的各项借款。

二、合作社借入长期借款时，借记“库存现金”、“银行存款”科目，贷记本科目。

三、合作社长期借款利息应按期计提，借记“其他支出”科目，贷记“应付款”科目。

四、合作社偿还长期借款时，借记本科目，贷记“库存现金”、“银行存款”科目。支付长期借款利息时，借记“应付款”科目，贷记“库存现金”、“银行存款”科目。

五、本科目应按借款单位和个人设置明细账，进行明细核算。

六、本科目期末贷方余额，反映合作社尚未偿还的长期借款本金。

235 专项应付款

一、本科目核算合作社接受国家财政直接补助的资金。

二、合作社收到国家财政补助的资金时，借记“库存现金”、“银行存款”等科目，贷记本科目。

三、合作社按照国家财政补助资金的项目用途，取得固定资产、农业资产、无形资产等时，按实际支出，借记“固定资产”、“牲畜（禽）资产”、“林木资产”、“无形资产”等科目，贷记“库存现金”、“银行存款”等科目，同时借记本科目，贷记“专项基金”科目；用于开展信息、培训、农产品质量标准与认证、农业生产基础设施建设、市场营销和技术推广等项目支出时，借记本科目，贷记“库存现金”、“银行存款”等科目。

四、本科目应按国家财政补助资金项目设置明细科目，进行明细核算。

五、本科目期末贷方余额，反映合作社尚未使用和结转的国家财政补助资金数额。

301 股金

一、本科目核算合作社通过成员入社出资、投资入股、公积金转增等所形成的股金。

二、合作社收到成员以货币资金投入的股金，按实际收到的金额，借记“库存现金”、“银行存款”科目，按成员应享有合作社注册资本的份额计算的金额，贷记本科目，按两者之间的差额，贷记“资本公积”科目。

三、合作社收到成员投资入股的非货币资产，按投资各方确认的价值，借记“产品物资”、“固定资产”、“无形资产”等科目，按成员应享有合作社注册资本的份额计算的金额，贷记本科目，按两者之间的差额，贷记或借记“资本公积”科目。

四、合作社按照法定程序减少注册资本或成员退股时，借记本科目，贷记“库存现金”、“银行存款”、“固定资产”、“产品物资”等科目，并在有关明细账及备查簿中详细记录股金发生的变动情况。

五、成员按规定转让出资的，应在成员账户和有关明细账及备查簿中记录受让方。

六、本科目应按成员设置明细科目，进行明细核算。

七、本科目期末贷方余额，反映合作社实有的股金数额。

311 专项基金

一、本科目核算合作社通过国家财政直接补助转入和他人捐赠形成的专项基金。

二、合作社使用国家财政直接补助资金取得固定资产、农业资产和无形资产等时，按实际使用国家财政直接补助资金的数额，借记“专项应付款”科目，贷记本科目。

三、合作社实际收到他人捐赠的货币资金时，借记“库存现金”、“银行存款”科目，贷记本科目。

合作社收到他人捐赠的非货币资产时，按照所附发票记载金额加上应支付的相关税费，借记“固定资产”、“产品物资”等科目，贷记本科目；无所附发票的，按照经过批准的评估价值，借记“固定资产”、“产品物资”等科目，贷记本科目。

四、本科目应按专项基金的来源设置明细科目，进行明细核算。

五、本科目期末贷方余额，反映合作社实有的专项基金数额。

321 资本公积

一、本科目核算合作社形成的资本公积。

二、成员入社投入货币资金和实物资产时，按实际收到的金额和投资各方确认的价值，借记“库存现金”、“银行存款”、“固定资产”、“产品物资”等科目，按其应享有合作社注册资本的份额计算的金额，贷记“股金”科目，按两者之间的差额，贷记或借记本科目。

三、合作社以实物资产方式进行对外投资时，按照投资各方确认的价值，借记“对外投资”科目，按投出实物资产的账面余额，贷记“固定资产”、“产品物资”等科目，按两者之间的差额，借记或贷记本科目。

四、合作社用资本公积转增股金时，借记本科目，贷记“股金”科目。

五、本科目应按资本公积的来源设置明细科目，进行明细核算。

六、本科目期末贷方余额，反映合作社实有的资本公积数额。

322 盈余公积

一、本科目核算合作社从盈余中提取的盈余公积。

二、合作社提取盈余公积时，借记“盈余分配”科目，贷记本科目。

三、合作社用盈余公积转增股金或弥补亏损等时，借记本科目，贷记“股金”、“盈余分配”等科目。

四、本科目应按用途设置明细科目，进行明细核算。

五、本科目期末贷方余额，反映合作社实有的盈余公积数额。

331 本年盈余

一、本科目核算合作社本年度实现的盈余。

二、会计期末结转盈余时，应将“经营收入”、“其他收入”科目的余额转入本科目的贷方，借记“经营收入”、“其他收入”科目，贷记本科目；同时将“经营支出”、“管理费用”、“其他支出”科目的余额转入本科目的借方，借记本科目，贷记“经营支出”、“管理费用”、“其他支出”科目。“投资收益”科目的净收益转入本科目的贷方，借记“投资收益”科目，贷记本科目；如为投资净损失，转入本科目的借方，借记本科目，贷记“投资收益”科目。

三、年度终了，应将本年收入和支出相抵后结出的本年实现的净盈余，转入“盈余分配”科目，借记本科目，贷记“盈余分配—未分配盈余”科目；如为净亏损，做相反会计分录，结转后本科目应无余额。

332 盈余分配

一、本科目核算合作社当年盈余的分配（或亏损的弥补）和历年分配后的结存余额。本科目设置“各项分配”和“未分配盈余”两个二级科目。

二、合作社用盈余公积弥补亏损时，借记“盈余公积”科目，贷记本科目（未分配盈余）。

三、按规定提取盈余公积时，借记本科目（各项分配），贷记“盈余公积”等科目。

四、按交易量（额）向成员返还盈余时，借记本科目（各项分配），贷记“应付盈余返还”科目。

五、以合作社成员账户中记载的出资额和公积金份额，以及本社接受国家财政直接补助和他人捐赠形成的财产平均量化到成员的份额，按比例分配剩余盈余时，借记本科目（各项分配），贷记“应付剩余盈余”科目。

六、年终，合作社应将全年实现的盈余总额，自“本年盈余”科目转入本科目，借记“本年盈余”科目，贷记本科目（未分配盈余），如为净亏损，做相反会计分录。同时，将本科目下的“各项分配”明细科目的余额转入本科目“未分配盈余”明细科目，借记本科目（未分配盈余），贷记本科目（各项分配）。年度终了，本科目的“各项分配”明细科目应无余额，“未分配盈余”明细科目的贷方余额表示未分配的盈余，借方余额表示未弥补的亏损。

七、本科目应按盈余的用途设置明细科目，进行明细核算。

八、本科目余额为合作社历年积存的未分配盈余（或未弥补亏损）。

401 生产成本

一、本科目核算合作社直接组织生产或提供劳务服务所发生的各项生产费用和劳务服务成本。

二、合作社发生各项生产费用和劳务服务成本时，应按成本核算对象和成本项目分别归集，借记本科目，贷记“库存现金”、“银行存款”、“产品物资”、“应付工资”、“成员往来”、“应付款”等科目。

三、会计期间终了，合作社已经生产完成并已验收入库的产成品，按实际成本，借记“产品物资”科目，贷记本科目。

四、合作社提供劳务服务实现销售时，借记“经营支出”科目，贷记本科目。

五、本科目应按生产费用和劳务服务成本种类设置明细科目，进行明细核算。

六、本科目期末借方余额，反映合作社尚未生产完成的各项在产品和尚未完成的劳务服务成本。

501 经营收入

一、本科目核算合作社销售产品、提供劳务，以及为成员代购代销、向成员提供技术、信息服务等活动取得的收入。

二、合作社实现经营收入时，应按实际收到或应收的价款，借记“库存现金”、“银行存款”、“应收款”、“成员往来”等科目，贷记本科目。

三、本科目应按经营项目设置明细科目，进行明细核算。

四、年终，应将本科目的余额转入“本年盈余”科目的贷方，结转后本科目应无余额。

502 其他收入

一、本科目核算合作社除经营收入以外的其他收入。

二、合作社发生其他收入时，借记“库存现金”、“银行存款”等科目，贷记本科目。

三、本科目应按其他收入的来源设置明细科目，进行明细核算。

四、年终，应将本科目的余额转入“本年盈余”科目的贷方，结转后本科目应无余额。

511 投资收益

一、本科目核算合作社对外投资取得的收益或发生的损失。

二、合作社取得投资收益时，借记“库存现金”、“银行存款”等科目，贷记本科目；到期收回或转让对外投资时，按实际取得的价款，借记“库存现金”、“银行存款”等科目，按原账面余额，贷记“对外投资”科目，按实际取得价款和原账面余额的差额，借记或贷记本科目。

三、本科目应按投资项目设置明细科目，进行明细核算。

四、年终，应将本科目的余额转入“本年盈余”科目的贷方；如为净损失，转入“本年盈余”科目的借方，结转后本科目应无余额。

521 经营支出

一、本科目核算合作社因销售产品、提供劳务，以及为成员代购代销，向成员提供技术、信息服务等活动发生的支出。

二、合作社发生经营支出时，借记本科目，贷记“产品物资”、“生产成本”、“应付工资”、“成员往来”、“应付款”等科目。

三、本科目应按经营项目设置明细科目，进行明细核算。

四、年终，应将本科目的余额转入“本年盈余”科目的借方，结转后本科目应无余额。

522 管理费用

一、本科目核算合作社为组织和管理生产经营活动而发生的各项支出，包括合作社管理人员的工资、办公费、差旅费、管理用固定资产的折旧、业务招待费、无形资产摊销等。

二、合作社发生管理费用时，借记本科目，贷记“应付工资”、“库存现金”、“银行存款”、“累计折旧”、“无形资产”等科目。

三、本科目应按管理费用的项目设置明细科目，进行明细核算。

四、年终，应将本科目的余额转入“本年盈余”科目的借方，结转后本科目应无余额。

529 其他支出

一、本科目核算合作社发生的除“经营支出”、“管理费用”以外的其他各项支出，如农业资产死亡毁损支出、损失、固定资产及产品物资的盘亏、损失、罚款支出、利息支出、捐赠支出、无法收回的应收款项损失等。

二、合作社发生其他支出时，借记本科目，贷记“库存现金”、“银行存款”、“产品物资”、“累计折旧”、“应付款”、“固定资产清理”等科目。

三、本科目应按其他支出的项目设置明细科目，进行明细核算。

四、年终，应将本科目的余额转入“本年盈余”科目的借方，结转后本科目应无余额。

四、会计报表

(一)会计报表是反映合作社某一特定日期财务状况和某一会计期间经营成果的书面报告。合作社应按照规定准确、及时、完整地编制会计报表，向登记机关、农村经营管理部门和有关单位报送，并按时置备于办公地点，供成员查阅。

(二)合作社应编制资产负债表、盈余及盈余分配表、成员权益变动表、科目余额表和收支明细表、财务状况说明书等。

合作社应按登记机关规定的时限和要求，及时报送资产负债表、盈余及盈余分配表和成员权益变动表。

各级农村经营管理部门，应对所辖地区报送的合作社资产负债表、盈余及盈余分配表和成员权益变动表进行审查，然后逐级汇总上报，同时附送财务状况说明书，按规定时间报农业部。

(三)资产负债表、盈余及盈余分配表和成员权益变动表格式及编制说明如下，科目余额表和收支明细表的格式及编制说明由各省、自治区、直辖市财政部门和农村经营管理部门根据本制度进行规定。

资产负债表格式：

资产负债表

年　月　日　　　　　　　　　　　　　　　　　　　　会农社01表

编制单位：　　　　　　　　　　　　　　　　　　　　　　单位：元

资产	行次	年初数	年末数	负债及所有者权益	行次	年初数	年末数
流动资产：				流动负债：			
货币资金	1			短期借款	30		
应收款项	5			应付款项	31		
存货	6			应付工资	32		
流动资产合计	10			应付盈余返还	33		
				应付剩余盈余	35		
长期资产：				流动负债合计	36		
对外投资	11						
农业资产：							
牲畜（禽）资产	12			长期负债：			
林木资产	13			长期借款	40		
农业资产合计	15			专项应付款	41		
固定资产：				长期负债合计	42		
固定资产原值	16			负债合计	43		
减：累计折旧	17						
固定资产净值	20						
固定资产清理	21			所有者权益：			
在建工程	22			股金	44		
固定资产合计	25			专项基金	45		
其他资产：				资本公积	46		
无形资产	27			盈余公积	47		
长期资产合计	28			未分配盈余	50		
资产总计	29			所有者权益合计	51		
				负债和所有者权益总计	54		

补充资料：

项目	金额
无法收回、尚未批准核销的应收款项	
盘亏、毁损和报废、尚未批准核销的存货	
无法收回、尚未批准核销的对外投资	
死亡毁损、尚未批准核销的农业资产	
盘亏、毁损和报废、尚未批准核销的固定资产	
毁损和报废、尚未批准核销的在建工程	
注销和无效、尚未批准核销的无形资产	

资产负债表编制说明：

1. 本表反映合作社一定日期全部资产、负债和所有者权益状况。

2. 本表“年初数”栏内各项数字，应根据上年末资产负债表“年末数”栏内所列数字填列。如果本年度资产负债表规定的各个项目的名称和内容同上年度不相一致，应对上年末资产负债表各项目的名称和数字按照本年度的规定进行调整，填入本表“年初数”栏内，并加以书面说明。

3. 本表“年末数”各项目的内容及其填列方法：

(1)“货币资金”项目，反映合作社库存现金、银行结算账户存款等货币资金的合计数。本项目应根据“库存现金”、“银行存款”科目的年末余额合计填列。

(2)“应收款项”项目，反映合作社应收而未收回和暂付的各种款项。本项目应根据“应收款”和“成员往来”各明细科目年末借方余额合计数合计填列。

(3)“存货”项目，反映合作社年末在库、在途和在加工中的各项存货的价值，包括各种材料、燃料、机械零配件、包装物、种子、化肥、农药、农产品、在产品、半成品、产成品等。本项目应根据“产品物资”、“受托代销商品”、“受托代购商品”、“委托加工物资”、“委托代销商品”、“生产成本”科目年末余额合计填列。

(4)“对外投资”项目，反映合作社的各种投资的账面余额。本项目应根据“对外投资”科目的年末余额填列。

(5)“牲畜(禽)资产”项目，反映合作社购入或培育的幼畜及育肥畜和产役畜的账面余额。本项目应根据“牲畜(禽)资产”科目的年末余额填列。

(6)“林木资产”项目，反映合作社购入或营造的林木的账面余额。本项目应根据“林木资产”科目的年末余额填列。

(7)“固定资产原值”项目和“累计折旧”项目，反映合作社各种固定资产原值及累计折旧。这两个项目应根据“固定资产”科目和“累计折旧”科目的年末余额填列。

(8)“固定资产清理”项目，反映合作社因出售、报废、毁损等原因转入清理但尚未清理完毕的固定资产的账面净值，以及固定资产清理过程中所发生的清理费用和变价收入等各项金额的差额。本项目应根据“固定资产清理”科目的年末借方余额填列；如为贷方余额，本项目数字应以“-”号表示。

(9)“在建工程”项目，反映合作社各项尚未完工或虽已完工但尚未办理竣工决算和交付使用的工程项目实际成本。本项目应根据“在建工程”科目的年末余额填列。

(10)“无形资产”项目，反映合作社持有的各项无形资产的账面余额。本项目应根据“无形资产”科目的年末余额填列。

(11)“短期借款”项目，反映合作社借入尚未归还的一年期以下(含一年)的借款。本项目应根据“短期借款”科目的年末余额填列。

(12)“应付款项”项目，反映合作社应付而未付及暂收的各种款项。本项目应根据“应付款”科目年末余额和“成员往来”各明细科目年末贷方余额合计数合计填列。

(13)“应付工资”项目，反映合作社已提取但尚未支付的人员工资。本项目应根据“应付工资”科目的年末余额填列。

(14)“应付盈余返还”项目，反映合作社按交易量(额)应支付但尚未支付给成员的可分配盈余返还。本项目应根据“应付盈余返还”科目的年末余额填列。

(15)“应付剩余盈余”项目，反映合作社以成员账户中记载的出资额和公积金份额，以及本社接受国家财政直接补助和他人捐赠形成的财产平均量化到本社成员的、应支付但尚未支付给成员的剩余盈余。本项目应根据“应付剩余盈余”科目的年末余额填列。

(16)“长期借款”项目，反映合作社借入尚未归还的一年期以上(不含一年)的借款。本项目应根据“长期借款”科目的年末余额填列。

(17)“专项应付款”项目，反映合作社实际收到国家财政直接补助而尚未使用和结转的资金数额。本项目应根据“专项应付款”科目的年末余额填列。

(18)“股金”项目，反映合作社实际收到成员投入的股金总额。本项目应根据“股金”科目的年末余额填列。

(19)“专项基金”项目，反映合作社通过国家财政直接补助转入和他人捐赠形成的专项基金总额。本项目应根据“专项基金”科目年末余额填列。

(20)“资本公积”项目，反映合作社资本公积的账面余额。本项目应根据“资本公积”科目的年末余额填列。

(21)“盈余公积”项目，反映合作社盈余公积的账面余额。本项目应根据“盈余公积”科目的年末余额填列。

(22)“未分配盈余”项目，反映合作社尚未分配的盈余。本项目应根据“本年盈余”科目和“盈余分配”科目的年末余额计算填列；未弥补的亏损，在本项目内数字以“-”号表示。

盈余及盈余分配表格式：

盈余及盈余分配表

年　　　　会农社 02 表

编制单位：　　　　单位：元

项目	行次	金额	项目	行次	金额
本年盈余			**盈余分配**		
一、经营收入	1		四、本年盈余	16	
加：投资收益	2		加：年初未分配盈余	17	
减：经营支出	5		其他转入	18	
管理费用	6		五、可分配盈余	21	
二、经营收益	10		减：提取盈余公积	22	
加：其他收入	11		盈余返还	23	
减：其他支出	12		剩余盈余分配	24	
三、本年盈余	15				
			六、年末未分配盈余	28	

盈余及盈余分配表编制说明：

1. 本表反映合作社一定期间内实现盈余及其分配的实际情况。

2. 本表主要项目的内容及填列方法如下：

(1)“经营收入”项目，反映合作社进行生产、销售、服务、劳务等活动取得的收入总额。本项目应根据“经营收入”科目的发生额分析填列。

(2)“投资收益”项目，反映合作社以各种方式对外投资所取得的收益。本项目应根据“投资收益”科目的发生额分析填列；如为投资损失，以“-”号填列。

(3)“经营支出”项目，反映合作社进行生产、销售、服务、劳务等活动发生的支出。本项目应根据“经营支出”科目的发生额分析填列。

(4)“管理费用”项目，反映合作社为组织和管理生产经营服务活动而发生的费用。本项目应根据“管理费用”科目的发生额分析填列。

(5)“其他收入”项目和“其他支出”项目，反映合作社除从事主要生产经营活动以外而取得的收入和支出，本项目应根据“其他收入”和“其他支出”科目的发生额分析填列。

(6)“本年盈余”项目，反映合作社本年实现的盈余总额。如为亏损总额，本项目数字以“-”号填列。

(7)“年初未分配盈余”项目，反映合作社上年度未分配的盈余。本项目应根据上年度盈余及盈余分配表中的“年末未分配盈余”数额填列。

(8)“其他转入”项目，反映合作社按规定用公积金弥补亏损等转入的数额。本项目应根据实际转入的公积金数额填列。

(9)“可分配盈余”项目，反映合作社年末可供分配的盈余总额。本项目应根据“本年盈余”项目、“年初未分配盈余”项目和“其他转入”项目的合计数填列。

(10)“提取盈余公积”项目，反映合作社按规定提取的盈余公积数额。本项目应根据实际提取的盈余公积数额填列。

(11)“盈余返还”项目，反映按交易量(额)应返还给成员的盈余。本项目应根据“盈余分配”科目的发生额分析填列。

(12)“剩余盈余分配”项目，反映按规定应分配给成员的剩余可分配盈余。本项目应根据“盈余分配”科目的发生额分析填列。

(13)“年末未分配盈余”项目，反映合作社年末累计未分配的盈余。如为未弥补的亏损，本项目数字以“-”号填列。本项目应根据“可分配盈余”项目扣除各项分配数额的差额填列。

成员权益变动表格式：

成员权益变动表

年　　　　　　　　　　　　　　　　　　　　　　　　　　　　会农社 03 表

编制单位：　　　　　　　　　　　　　　　　　　　　　　　　单位：元

项目	股金	专项基金	资本公积	盈余公积	未分配盈余	合计
年初余额						
本年增加数						
	其中：	其中：	其中：	其中：		
	资本公积转赠	国家财政直接补助	股金溢价	从盈余中提取		
	盈余公积转赠	接受捐赠转入	资产评估增值			
	成员增加出资					
本年减少数						
					其中：	
					按交易量（额）分配的盈余：	
					剩余盈余分配	
年末余额						

成员权益变动表编制说明

(1)本表反映合作社报告年度成员权益增减变动的情况。

(2)本表各项目应根据“股金”、“专项基金”、“资本公积”、“盈余公积”、“盈余分配”科目的发生额分析填列。

(3)未分配盈余的本年增加数是指本年实现盈余数(净亏损以“－”号填列)。

成员账户

成员姓名：　　　　　　　　　　　　　　联系地址：　　　　　　　　　　　　　第　页

<table>
<tr><th rowspan="2">编号</th><th colspan="2">年</th><th rowspan="2">摘要</th><th rowspan="2">成员出资</th><th rowspan="2">公积金份额</th><th rowspan="2">形成财产的财政补助资金量化份额</th><th rowspan="2">捐赠财产量化份额</th><th colspan="2">交易量</th><th colspan="2">交易额</th><th rowspan="2">盈余返还金额</th><th rowspan="2">剩余盈余返还金额</th></tr>
<tr><th>月</th><th>日</th><th>产品 1</th><th>产品 2</th><th>产品 1</th><th>产品 2</th></tr>
<tr><td>1</td><td></td><td></td><td></td><td></td><td></td><td></td><td></td><td></td><td></td><td></td><td></td><td></td><td></td></tr>
<tr><td>2</td><td></td><td></td><td></td><td></td><td></td><td></td><td></td><td></td><td></td><td></td><td></td><td></td><td></td></tr>
<tr><td>3</td><td></td><td></td><td></td><td></td><td></td><td></td><td></td><td></td><td></td><td></td><td></td><td></td><td></td></tr>
<tr><td>4</td><td></td><td></td><td></td><td></td><td></td><td></td><td></td><td></td><td></td><td></td><td></td><td></td><td></td></tr>
<tr><td>5</td><td></td><td></td><td></td><td></td><td></td><td></td><td></td><td></td><td></td><td></td><td></td><td></td><td></td></tr>
<tr><td></td><td></td><td></td><td></td><td></td><td></td><td></td><td></td><td></td><td></td><td></td><td></td><td></td><td></td></tr>
<tr><td colspan="4" rowspan="2">年终合计</td><td></td><td></td><td></td><td></td><td></td><td></td><td></td><td></td><td></td><td></td></tr>
<tr><td colspan="4">公积金总额：</td><td colspan="6">盈余返还总额：</td></tr>
</table>

成员账户编制说明：

(1)本表反映合作社成员入社的出资额、量化到成员的公积金份额、成员与本社的交易量(额)以及返还给成员的盈余和剩余盈余金额。

(2)年初将上年各项公积金数额转入，本年发生公积金份额变化时，按实际发生变化数填列调整。“形成财产的财政补助资金量化份额”、“捐赠财产量化份额”在年度终了，或合作社进行剩余盈余分配时，根据实际发生情况或变化情况计算填列调整。

(3)成员与合作社发生经济业务往来时，“交易量(额)”按实际发生数填列。

(4)年度终了，以“成员出资”、“公积金份额”、“形成财产的财政补助资金量化份额”、“捐赠财产量化份额”合计数汇总成员应享有的合作社公积金份额，以“盈余返还金额”和“剩余盈余返还金额”合计数汇总成员全年盈余返还总额。

(四)财务状况说明书

财务状况说明书是对合作社一定会计期间生产经营、提供劳务服务以及财务、成本情况进行分析说明的书面文字报告。合作社应于年末编制财务状况说明书，对年度内财务状况做出书面分析报告，进行全面系统的分析说明。财务状况说明书没有统一的格式，但其内容至少应涵盖以下几个方面：

1. 合作社生产经营服务的基本情况

包括：合作社的股金总额、成员总数、农民成员数及所占的比例、主要服务对象、主要经营项目等情况。

2. 成员权益结构

(1)理事长、理事、执行监事、监事会成员名单及变动情况；

(2)各成员的出资额，量化为各成员的公积金份额，以及成员入社和退社情况；

(3)企事业单位或社会团体成员个数及所占的比例；

(4)成员权益变动情况。

3. 其他重要事项

(1)变更主要经营项目；

(2)从事的进出口贸易；

(3)重大财产处理、大额举债、对外投资和担保；

(4)接受捐赠；

(5)国家财政支持和税收优惠；

(6)与成员的交易量(额)和与利用其提供的服务的非成员的交易量(额)；

(7)提取盈余公积的比例；

(8)盈余分配方案、亏损处理方案；

(9)未决诉讼、仲裁。

五、会计凭证、会计账簿和会计档案

(一)会计凭证是记载经济业务发生、明确经济责任的书面文件，是记账的依据。合作社每发生一项经济业务，都要取得原始凭证，并据以编制记账凭证。各种原始凭证必须具备：凭证名称、填制日期、填制凭证单位名称或者填制人姓名、经办人员的签名或者盖章、接受凭证单位名称、经济业务内容、数量单价金额。记账凭证必须具备：填制日期、凭证编号、经济业务摘要、会计科目、金额、所附原始凭证张数等，并须由填制和审核人员签名盖章。

(二)所有会计凭证都要按规定手续和时间送会计人员审核处理。填制有误和不符合要求的会计凭证，应要求修正和重填。无效、不合法和不符合财务制度规定的凭证，不能作为收付款项、办理财务手续和记账的依据。会计人员应根据审核无误的原始凭证，填制记账凭证，并据以登记账簿。记账凭证可以根据每一原始凭证单独填制，也可以根据原始凭证汇总表填制。一定时期终了，应将已经登记过账簿的原始凭证和记账凭证，分类装订成册，妥善保管。

(三)会计账簿是记录经济业务的簿籍，是编制会计报表的依据。合作社应设置现金日记账和银行存款日记账、总分类账和各种必要的明细分类账。

现金日记账和银行存款日记账，应由出纳人员根据收、付款凭证，按有关经济业务完成时间的先后顺序进行登记，一律采用订本账。总分类账按照总账科目设置，对全部经济业务进行总括分类登记；明细分类账按明细科目设置，对有关经济业务进行明细分类登记。总分类账可用订本账或活页账；明细分类账可用活页账或卡片账。

对于不能在日记账和分类账中记录的，而又需要查考的经济事项，合作社必须另设备查账簿进行账外登记。

(四)合作社所使用的各种会计凭证和会计账簿的内容和格式，应符合《中华人民共和国会计法》、《会计基础工作规范》(财会字[1996]19 号)和《会计档案管理办法》(财会字[1998]32 号)等规定。

(五)账簿登记要做到数字正确、摘要清楚、登记及时。各种账簿的记录，应定期核对，做到账证相符、账实相符、账款相符、账账相符和账表相符。

(六)启用新账，必须填写账簿启用表，并编制目录。旧账结清后，要及时整理，装订成册，归档保管。

(七)合作社的会计档案包括经济合同或协议，各项财务计划及盈余分配方案，各种会计凭证、会计账簿和会计报表、会计人员交接清单、会计档案销毁清单等。

(八)合作社要按照《会计档案管理办法》(财会字[1998]32号)的规定,加强对会计档案的管理。建立会计档案室(柜),实行统一管理,专人负责,做到完整无缺、存放有序、方便查找。

附:会计档案保管期限

会计档案名称	保管期限	备注
一、会计凭证类		
1. 原始凭证、记账凭证和汇总凭证	15年	
其中:涉及外事和其他重要的会计凭证	永久	
2. 银行存款余额调节表	3年	
二、会计账簿类		
1. 日记账	15年	
其中:现金和银行存款日记账	25年	
2. 明细账	15年	
3. 总账	15年	包括日记总账
4. 固定资产卡片		固定资产报废清理后保存5年
5. 辅助账簿	15年	
三、会计报表类		
年度会计报表	永久	包括文字分析
四、其他类		
1. 会计移交清册	15年	
2. 会计档案保管清册	25年	
3. 会计档案销毁清册	25年	